Historia y mitología celtas

Una guía apasionante sobre los celtas y sus mitos, dioses y diosas

© Copyright 2024

Todos los derechos reservados. Ninguna parte de este libro puede ser reproducida de ninguna forma sin el permiso escrito del autor. Los revisores pueden citar breves pasajes en las reseñas.

Descargo de responsabilidad: Ninguna parte de esta publicación puede ser reproducida o transmitida de ninguna forma o por ningún medio, mecánico o electrónico, incluyendo fotocopias o grabaciones, o por ningún sistema de almacenamiento y recuperación de información, o transmitida por correo electrónico sin permiso escrito del editor.

Si bien se ha hecho todo lo posible por verificar la información proporcionada en esta publicación, ni el autor ni el editor asumen responsabilidad alguna por los errores, omisiones o interpretaciones contrarias al tema aquí tratado.

Este libro es solo para fines de entretenimiento. Las opiniones expresadas son únicamente las del autor y no deben tomarse como instrucciones u órdenes de expertos. El lector es responsable de sus propias acciones.

La adhesión a todas las leyes y regulaciones aplicables, incluyendo las leyes internacionales, federales, estatales y locales que rigen la concesión de licencias profesionales, las prácticas comerciales, la publicidad y todos los demás aspectos de la realización de negocios en los EE. UU., Canadá, Reino Unido o cualquier otra jurisdicción es responsabilidad exclusiva del comprador o del lector.

Ni el autor ni el editor asumen responsabilidad alguna en nombre del comprador o lector de estos materiales. Cualquier desaire percibido de cualquier individuo u organización es puramente involuntario.

Índice

PRIMERA PARTE: HISTORIA DE LOS CELTAS 1
INTRODUCCIÓN 2
PRIMERA SECCIÓN: LA IRLANDA CELTA: LO BÁSICO
(500 A. E. C. - 400 E. C.) 4
CAPÍTULO 1: ¿QUIÉNES ERAN LOS CELTAS? UN REPASO 5
CAPÍTULO 2: LA LLEGADA DE LOS CELTAS A IRLANDA 16
CAPÍTULO 3: LA VIDA COTIDIANA EN LA IRLANDA CELTA................ 23
SEGUNDA SECCIÓN: MITO, FOLCLORE Y RELIGIÓN 32
CAPÍTULO 4: DIOSES Y DIOSAS PAGANOS 33
CAPÍTULO 5: FIESTAS TRADICIONALES CELTAS 46
CAPÍTULO 6: BESTIAS Y ENTIDADES MITOLÓGICAS CELTAS 54
CAPÍTULO 7: LEYENDAS E HISTORIAS CELTAS 67
CAPÍTULO 8: HISTORIAS FAMOSAS: LOS HIJOS DE LIR, CÚ
CHULAINN Y TÍR NA NÓG 71
CAPÍTULO 9: ORÍGENES DE LA LENGUA IRLANDESA 84
CAPÍTULO 10: ARTE CELTA 88
CAPÍTULO 11: RITUALES CELTAS 94
TERCERA SECCIÓN: PATRONES DE CAMBIO (430- 600 E. C..) 99
CAPÍTULO 12: LLEGA SAN PATRICIO, 432 E. C. 100
CAPÍTULO 13: PAGANISMO FRENTE A CRISTIANISMO 105
CAPÍTULO 14: EL DECLIVE DE LOS CELTAS Y EL PAGANISMO 110
CAPÍTULO 15: INFLUENCIA CELTA Y PAGANA EN LA IRLANDA
MODERNA 116

CONCLUSIÓN 120
SEGUNDA PARTE: MITOLOGÍA CELTA 123
   INTRODUCCIÓN 124
   PRIMERA SECCIÓN: DIOSES, DIOSAS Y MITOLOGÍA: UNA
   VISIÓN GENERAL 126
   CAPÍTULO 1: ¿QUÉ ES LA MITOLOGÍA? 127
   CAPÍTULO 2: EL PAGANISMO Y LA CREENCIA EN MÚLTIPLES
   DIOSES 137
   CAPÍTULO 3: MITO, LEYENDA Y FOLCLORE: LAS DIFERENCIAS 147
   CAPÍTULO 4: EL PAPEL DEL MITO EN EL MUNDO MODERNO 156
   SEGUNDA SECCIÓN: MITOS IRLANDESES 163
   CAPÍTULO 5: LOS HIJOS DE LIR 164
   CAPÍTULO 6: OTROS MITOS IRLANDESES IMPORTANTES 172
   CAPÍTULO 7: SAMHAIN Y SUS MÚLTIPLES TRADICIONES 182
   CAPÍTULO 8: CUENTOS POPULARES BOTÁNICOS 191
   TERCERA SECCIÓN: MITOS ESCOCESES Y GALESES 199
   CAPÍTULO 9: CAILLEACH 200
   CAPÍTULO 10: UN MONSTRUO EN EL LAGO NESS 210
   CAPÍTULO 11: KELPIES Y SELKIES 219
   CAPÍTULO 12: NUEVE DONCELLAS Y UN GAITERO FANTASMA 227
   CUARTA SECCIÓN: PODERES SUPERIORES Y SUPERSTICIONES 237
   CAPÍTULO 13: DIOSES Y DIOSAS IRLANDESES 238
   CAPÍTULO 14: DIOSES Y DIOSAS BRITÁNICOS 246
   CAPÍTULO 15: DEIDADES CELTAS IRLANDESAS 255
   CAPÍTULO 16: DEIDADES CELTAS BRITÁNICAS 265
   CONCLUSIÓN 274
VEA MÁS LIBROS ESCRITOS POR ENTHRALLING HISTORY 275
OBRAS CITADAS 276

Primera Parte: Historia de los celtas

Un apasionante retrato de los celtas

Introducción

Sería difícil encontrar a alguien en el mundo anglosajón que no se haya sentido encantado o, al menos, interesado por la historia de Irlanda en un momento u otro. Irlanda es una tierra de magia, misterio y costumbres milenarias.

Lo que hace tan fascinante a la isla Esmeralda puede atribuirse en gran medida a los celtas, el antiguo pueblo que habitó lo que hoy se conoce como Irlanda desde el año 500 a. e. c.; incluso empezaron a llegar a la isla quinientos años antes.

En los siguientes capítulos, analizaremos qué hizo de los celtas la quintaesencia de la historia de Irlanda: su vida cotidiana, el folclore y las leyendas celtas, la lengua, las fiestas y los rituales celtas, y cómo era la cultura celta una vez que el cristianismo llegó a la isla. Afortunadamente, aún quedan muchos vestigios de la cultura y las creencias celtas, de los que también hablaremos.

El propósito de este libro es ofrecer una visión general accesible e interesante de los celtas, su cultura, su sociedad y los efectos de su presencia, que aún se dejan sentir hoy en día. Pretende ser una visión histórica de quiénes eran los celtas, cómo y por qué llegaron a Irlanda (o Hibernia, como la llamaban los romanos), y lo que eso significó para la gente que ya vivía en la isla Esmeralda.

A través de este libro, descubrirá la historia de los celtas con un lenguaje fácil de entender; puede disfrutar de este libro tanto si usted es un aficionado a la historia, como si acaba de empezar a descubrir sus raíces irlandesas o es un principiante en la lectura histórica.

Pero, ¿por qué deberíamos querer saber sobre los celtas? Cualquier recurso sobre historia, especialmente sobre un pueblo tan influyente y fundamental en el curso de los acontecimientos regionales y mundiales, es esencial para comprender los sucesos que ocurren a nuestro alrededor en la actualidad. Solo podemos entender el presente conociendo primero el pasado. Los celtas son la razón por la que celebramos Halloween cada año. También son la razón por la que el gaélico irlandés persiste como lengua. Los celtas nos legaron intrincados diseños de metalistería y escultura, e incluso puede que sean la razón por la que los europeos empezaron a llevar pantalones.

Este libro, *Historia de los celtas: Un apasionante retrato de los celtas*, es el recurso esencial que necesita para sumergirse en el estudio de esta intrigante e influyente cultura. Disfrútelo.

PRIMERA SECCIÓN:
La Irlanda celta: lo básico
(500 a. e. c. - 400 e. c.)

Capítulo 1: ¿Quiénes eran los celtas? Un repaso

Los celtas eran en realidad un conglomerado de varios grupos étnicos y tribus que ahora se identifican como un grupo de personas que compartían una lengua y unas raíces lingüísticas comunes. Por ejemplo, los galos, un grupo étnico que con el tiempo se fusionó con las tribus germánicas, era un grupo celta conquistado por los romanos. Las influencias germánicas, romanas y galas acabaron dando lugar al pueblo francés.

En la actualidad se acepta ampliamente que los celtas, aunque diversos y extendidos por Gran Bretaña, Irlanda y Europa occidental durante su apogeo, estaban unidos por sus creencias y similitudes lingüísticas.

¿Quién es un «celta»?

La primera vez que se utilizó la palabra que podemos identificar como «celta» para identificar a un grupo de personas fue por el geógrafo e historiador griego Hecateo. Utilizó el término *Keltoi* para referirse a un grupo de personas que vivían en lo que hoy es el sur de Francia. Heródoto, el célebre historiador, también escribió sobre los *keltoi* en el siglo V antes de Cristo.

Estos pueblos, los *keltoi*, se autodenominaban celtas. Hay varias teorías sobre el origen del nombre, pero los investigadores suelen coincidir en que «celta» procede de la lengua celta, no de algo que los pueblos de fuera los llamaran así. Por ejemplo, los apaches de Estados Unidos se llaman a sí mismos «diné», que significa «el pueblo». El término apache les fue asignado por sus enemigos, y apropiadamente, eso es lo que significa «apache».

Los celtas pueden o no haber inventado este demónimo (un nombre para un pueblo), pero es seguro que utilizaron el nombre para referirse a sí mismos, incluso si no lo inventaron originalmente. Es cierto que galos y celtas coincidían en cuanto a costumbres tribales, lengua, similitudes culturales, estilos de lucha y zonas que habitaban. Estas sociedades tan estrechamente relacionadas solo se separaron tras la ocupación romana de Gran Bretaña y Europa occidental.

¿De dónde procede el término «celta»?

Existen varias teorías sobre cómo los celtas podrían haber adaptado el griego *Keltoi*. Una teoría es que el nombre «celta» podría provenir de «el vástago del oculto» porque los galos (intercambiables con los celtas cuando los griegos escribieron en el 500 a. e. c.) profesaban ser descendientes del gobernante del inframundo. Después de todo, Hel es de origen germánico y se utiliza para describir el lugar del inframundo y para referirse a la diosa Hela.

Otra teoría sobre el nombre celta es que procede de una palabra raíz de la lengua celta que significa «esconder» o «calentar». Puede que nunca lleguemos a conocer el origen exacto del nombre, pero podemos suponer que, además de ser el término griego para referirse a estos europeos occidentales, el griego *Keltoi* significa «los altos».

Inventaran o no su demónimo, lo cierto es que los celtas utilizaban ese nombre para referirse a sí mismos. De hecho, en lo que hoy es España y Portugal, el naturalista romano Plinio el Viejo observó que las familias utilizaban *Celtici* como apellido. Esto permitiría concluir que estos pueblos se identificaban cultural y étnicamente como celtas incluso antes del siglo I a. e. c., cuando Julio César y Plinio el Viejo registraron estos hallazgos.

«Celtas» y «célticos» en la actualidad

En la actualidad, el término «celta» hace referencia a las antiguas tribus de las que hemos hablado anteriormente. El adjetivo «céltico» suele referirse a sus similitudes culturales y estilos artísticos, pero más a menudo significa una lengua compartida que unía a estas tribus dispares y lejanas.

En el mundo moderno actual, el término «celta» se refiere simplemente a las lenguas, culturas, antiguas creencias paganas, inscripciones y, sobre todo, a los estilos artísticos de Irlanda, Gales, Escocia, Cornualles, Bretaña y la isla de Man. Estos diferentes lugares reflejan el amplio dominio de la cultura celta desde hace milenios.

Los celtas y sus orígenes

El pueblo que acabó formando las numerosas tribus y grupos finalmente conocidos como celtas se originó en Europa central en el siglo XIII a. e. c., mucho antes de llegar a Irlanda a través de las aguas. Las pruebas arqueológicas son escasas y no empiezan a aparecer hasta aproximadamente el siglo VIII a. e. c. cerca de Salzburgo (Austria).

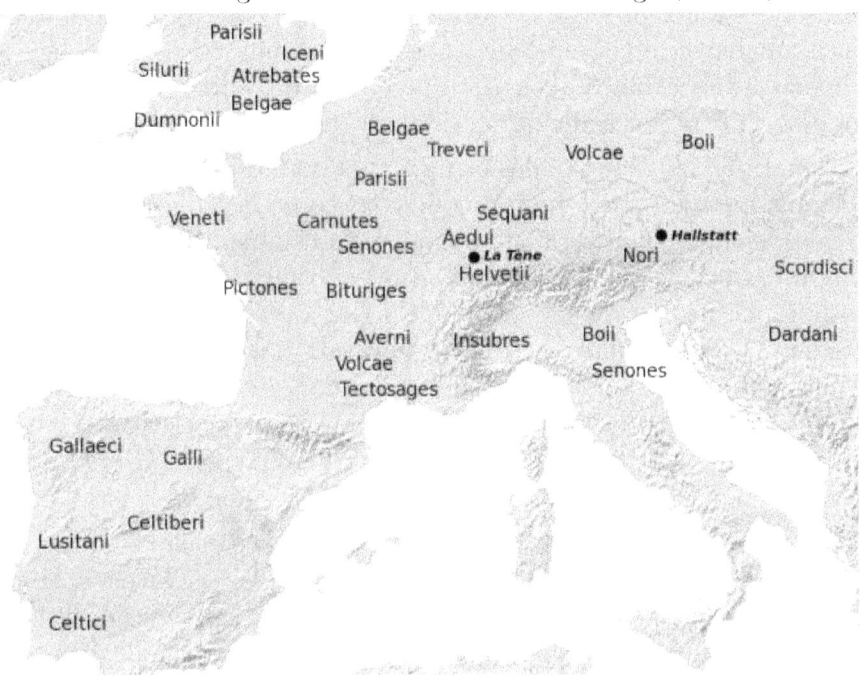

Cultura de Hallstatt

Dbachmann, CC BY-SA 3.0 <http://creativecommons.org/licenses/by-sa/3.0>, vía Wikimedia Commons; https://commons.wikimedia.org/wiki/File:Hallstatt_LaTene.png

Sin embargo, antes de esas pruebas tan bien conservadas, sabemos que los celtas emigraron desde Europa central porque tenemos pruebas de sus asentamientos hasta lo que hoy se conoce como Chequia (la República Checa). Se abrieron paso hasta el oeste de Francia y, con el tiempo, la enorme variedad de tribus celtas se extendió por toda Europa occidental. Abarcaron lo que hoy conocemos como Francia, Alemania, España y Portugal.

Los celtas establecieron su hogar en la región del Alto Danubio. El agua es esencial para la vida, y estos pueblos descubrieron que podían comerciar y viajar utilizando el río Danubio. También podían utilizarlo para regar sus cultivos. El temprano éxito de los celtas y su posterior explosión por todo el continente europeo puede atribuirse en gran parte a la seguridad y prosperidad que les proporcionaba el río Danubio.

Es en esta cuna del Danubio donde los historiadores y arqueólogos se refieren a los primeros celtas como la cultura de los campos de urnas de la Edad de Bronce tardía. El nombre de «los campos de urnas» procede de su práctica funeraria, única pero unificada, de enterrar urnas con los restos incinerados de sus muertos. Esta forma de enterrar a los difuntos es prácticamente la única evidencia arqueológica que se conserva de estas primeras tribus celtas (y recuerde que el nombre «celta» no fue utilizado por esta gente ni por nadie durante otros ochocientos años).

A partir de la cultura de los campos de urnas, esta personas emigraron y cambiaron, y entonces fueron conocidas como la siguiente cuenta celta en la cadena de culturas celtas, la cultura de Hallstatt. Esta cultura recibió su nombre por el asombroso yacimiento encontrado cerca de Salzburgo, Austria, que hemos mencionado antes. Este otro precursor de los celtas tuvo éxito y fue poderoso en torno a lo que hoy es Austria occidental, algunas partes de Chequia y Austria oriental, Suiza, el sur de Alemania y el este de Francia, territorio bastante grande. Los que vivían en la parte occidental de esta extensa zona eran los pueblos que con el tiempo se extenderían más al oeste hasta Gran Bretaña e Irlanda: los celtas oficiales.

Los protoceltas de Hallstatt no prosperaron por la conquista o la violencia. Tenían guerreros valientes y no rehuían la lucha cuando la situación requería violencia, pero este pueblo prosperó gracias a los increíbles yacimientos de minerales de las zonas que habitaban. Estos yacimientos incluían cobre, hierro y sal, que siempre han sido mercancías valiosas y atractivas. Los Hallstatt comerciaban con las tribus vecinas y, a cambio, recibían cosas como oro y ámbar. De hecho, la intercalación de todas estas mercancías por toda Europa e incluso tan al sur como el Mediterráneo (donde vivían culturas como los etruscos) ayudó a los Hallstatt a tener una existencia estable y próspera durante cerca de ochocientos años.

Collar de ámbar de Hallstatt hallado en la tumba de una mujer
Wolfgang Sauber, CC BY-SA 4.0 <https://creativecommons.org/licenses/by-sa/4.0>, vía Wikimedia Commons; https://commons.wikimedia.org/wiki/File:NBAM_Hallstattzeit_-_Bernsteinkollier_2.jpg

Este comercio es evidente en el oro y el ámbar hallados en los enterramientos de Hallstatt, así como en el hierro y el cobre del Danubio encontrados dispersos al sur y al este de los territorios de Hallstatt. Los Hallstatt no se extinguieron. Simplemente evolucionaron y se adaptaron a los tiempos. La cultura Hallstatt decayó hacia el 400 a. e. c. simplemente porque los recursos naturales empezaron a agotarse. Era el momento de que surgiera un hijo de los Hallstatt y un nieto de la cultura de los campos de urnas: los celtas.

La sociedad celta

La sociedad celta funcionaba de forma muy parecida a las culturas que la precedieron. Era una época anterior a que las monarquías, las dinastías y el feudalismo invadieran Europa. Era una época de alianzas tribales, relativa facilidad para emigrar y flexibilidad de fronteras, una época anterior a la obsesión de los romanos por la conquista y el control.

Las tribus establecían alianzas mediante matrimonios entre miembros importantes (los hijos de los caciques y los vástagos de los consejeros, equivalentes a los nobles y la realeza), que a menudo propiciaban el desarrollo del comercio entre tribus. También significaba que si había rivalidades entre tribus que debían resolverse mediante la batalla, esas tribus aliadas podían luchar juntas contra un enemigo común.

Los celtas eran muchas tribus diferentes que se extendieron por Gran Bretaña, Irlanda y Europa occidental durante unos ochocientos o novecientos años, desde el 500 a. e. c. hasta la llegada del cristianismo a Irlanda (pero incluso entonces, esto solo cambió su dominio cultural, no la existencia de los celtas en sí).

Estas tribus nunca estuvieron centralizadas con un gobernante o una oligarquía, pero estaban unidas por códigos tribales similares, una colorida mitología y un sistema de creencias, estrechos vínculos con los cambios estacionales y las cosechas y, sobre todo, una lengua común.

Los celtas se organizaban dentro de cada tribu mediante una jerarquía basada en la capacidad del jefe para proteger a la tribu y tomar decisiones acertadas en función de las disputas por la propiedad, las actividades de cosecha e incluso los delitos penales cuando era necesario. Más adelante, una vez que los celtas tuvieron más interacciones (normalmente en forma de guerras o conquistas) con los romanos, empezaron a tomar forma estructuras de gobierno oligárquicas, aunque estas siempre conservaron un sabor exclusivamente celta. Los guerreros más valientes y fuertes se convertían en consejeros del jefe, junto con los misteriosos druidas que dirigían la religión celta.

Curiosamente, los celtas (a diferencia de muchos de sus homólogos sincrónicos) no definían gran parte de sus vidas en función de los roles de género. Mujeres y hombres podían heredar propiedades por igual, y el matrimonio se consideraba una asociación más que un contrato comercial o político. Las mujeres no podían casarse en contra de su voluntad; un futuro marido necesitaba contar con la aprobación abyecta de su futura esposa antes de que pudiera celebrarse cualquier acuerdo matrimonial.

Aparte del contraste de que las mujeres tenían más derechos que sus homólogas en otras sociedades, poco más sabemos sobre cómo los celtas llevaban sus asuntos como hombres y mujeres antes de su llegada a la isla Esmeralda. Los registros son escasos, y lo que existe habla de una sociedad matriarcal, pero no son de fuentes fiables, ya que proceden de autores románticos y de las primeras feministas de los últimos trescientos años.

Sin embargo, lo que mencionan las fuentes contemporáneas sobre los celtas es interesante. Estrabón, un geógrafo griego nacido en el año 64 a. e. c., escribió: «Los hombres y las mujeres bailan juntos, cogidos de la mano», algo totalmente distinto a lo que hacían griegos y romanos. En esas culturas, los géneros estaban fuertemente separados por medidas legales y culturales. Los escritores romanos y griegos también escribieron que las mujeres celtas eran tan feroces, altas y fuertes como los hombres, como atestigua la historia de la reina celta Boudica, famosa por liderar una rebelión contra los romanos en el año 60 de la era cristiana.

Aunque las diosas paganas a las que adoraban los celtas, así como las mujeres en su vida cotidiana, lo tenían mejor que sus homólogas femeninas en otras sociedades, esto seguía estando muy lejos de los derechos de las mujeres de hoy en día. Lo que era «igualitario» o «matriarcal» para los extremadamente patriarcales griegos y romanos, enemigos número uno de los celtas, podría haber sido algo tan simple como que una mujer no tuviera un matrimonio concertado. No podemos tomar estas fuentes externas al pie de la letra: siempre deben examinarse utilizando las lentes a través de las cuales se observaron originalmente.

Las antiguas mujeres celtas: Un gran misterio

Dado que la mayor parte de lo que sabemos sobre las primeras culturas celtas (y no sabemos casi nada sobre la cultura de los campos de urna o los Hallstatt) fue escrito por forasteros, tenemos que tenerlo en cuenta a la hora de hablar de los papeles de hombres y mujeres en la sociedad.

La diosa celta ideal era poderosa, tanto en la guerra como por su capacidad de dar vida; no podemos asegurar que las mujeres celtas corrientes fueran veneradas del mismo modo. Sin embargo, como ya hemos dicho, las mujeres celtas gozaban de una libertad extraordinaria en comparación con las romanas y, sobre todo, con las británicas que vinieron después. «Extraordinaria» es un término que podemos aplicar liberalmente. La sociedad celta no estaba estrictamente separada entre los sexos como otras culturas de la misma época, así como las sociedades antiguas que vinieron antes y después.

Las fuentes que tenemos sobre las mujeres celtas fueron escritas con el sesgo innegable de que los celtas, galos y germanos eran bárbaros, y los puntos de vista de los escritores no pueden evitar estar aderezados por sus propias opiniones.

Por ejemplo, lo más probable es que la ferocidad de las mujeres celtas para defender a sus familias y propiedades surgiera de los mitos que eran muy populares sobre los celtas durante el periodo medieval, muy posterior a estos primeros escritos. Las mejores fuentes que tenemos para indicar la posición de las mujeres en la sociedad celta antes de su llegada a suelo irlandés son los artefactos que se han encontrado en sus tumbas.

Como ocurría a menudo en el pasado (pensemos en los siglos XVIII, XIX e incluso XX), los arqueólogos, todos varones, daban por sentado que si una tumba estaba adornada con objetos de valor precioso, como armas, joyas y fragmentos de tejidos caros, y si la tumba era grandiosa y/o estaba intrincadamente decorada, esa tumba pertenecía a un hombre. Solo en el último siglo, más o menos, los antropólogos y arqueólogos se han molestado en examinar si los restos humanos eran de hombres o de mujeres.

Desde que se ha descubierto el sexo tradicional de estas personas enterradas, ha sido sumamente esclarecedor descubrir que las mujeres celtas, especialmente en la próspera cultura de Hallstatt, eran enterradas con todos los honores y bienes para su uso en la otra vida, como la enorme crátera mezcladora de bronce (un cuenco con un asa a cada lado importado de Grecia) que se encontró en la tumba de una mujer de Hallstatt en Francia. Junto con este objeto ridículamente caro y valioso, fue enterrada con lo que era típico de las mujeres: pinzas de depilar, curetas, peines y joyas. Sin embargo, esta mujer en concreto, apodada la dama de Vix, por ser Vix el nombre del yacimiento, también tenía enterradas con ella numerosas figuras de perros y niñas. Estas figuras estaban moldeadas y talladas en materiales caros, como el vidrio y el bronce, y en materiales más ordinarios, como la arcilla y el azabache. Desconocemos su finalidad.

Una cabeza de gorgona decora una crátera (urna enorme) hallada en la tumba de Vix
WikiRigaou, CC BY-SA 4.0 <https://creativecommons.org/licenses/by-sa/4.0>, vía Wikimedia Commons; https://commons.wikimedia.org/wiki/File:Vix_krater.jpg

La dama de Vix no es el único ejemplo de una antigua mujer celta que recibe un lujoso entierro; es simplemente el más famoso. Sin las lentes misóginas e imperiales del pasado y poniéndose unas lentes más objetivas y utilizando los instrumentos modernos que tienen a mano, los arqueólogos pueden afirmar con seguridad que las mujeres celtas eran ampliamente honradas a su muerte, lo que nos lleva a creer que sí gozaban de un estatus superior al de sus contemporáneas.

Creencias celtas básicas

En primer lugar, los celtas estaban unidos a través de vastos territorios y de la historia por su lengua, pero el siguiente factor vinculante eran sus creencias religiosas. Es difícil describir un sistema de creencias celtas centralizado; más bien, los pueblos celtas de todas las épocas, incluidos los actuales, tienen creencias similares que los unen.

Una de las creencias más importantes de los celtas era la santidad de los lugares naturales, como las arboledas sagradas y los manantiales cristalinos y frescos. Ciertas arboledas se consideraban sagradas porque se creía que eran la morada de los dioses, a menudo de la diosa Nemétona. Una vez encontradas y limpiadas ceremonialmente, estas arboledas sagradas se bloqueaban por los cuatro costados para marcarlas como lugares sagrados.

Una creencia religiosa que los que leemos esto hoy podemos encontrar intensa es la importancia que los celtas daban a la cabeza humana, de la que se decía que era la sede del alma. Esa idea en sí misma puede no ser tan asombrosa, pero de ella surgieron prácticas que pueden parecer cuestionables a nuestros ojos modernos. Los escritores romanos afirman que los celtas adoraban los cráneos de sus antepasados, pero lo más probable es que embalsamaran y conservaran las cabezas de sus enemigos tras la victoria en la batalla. Conservar las cabezas y los cráneos de los enemigos conquistados es mucho más probable que cortar las cabezas de los antepasados amados.

Los druidas: Una Introducción

Algunas personas hoy en día afirman practicar la religión druídica, pero es simplemente una interpretación moderna de lo que los antiguos druidas celtas hicieron durante el apogeo de su poder religioso y prominencia. La conclusión es que no sabemos mucho con seguridad sobre el antiguo sistema religioso celta, especialmente antes de que los celtas se trasladaran hacia el oeste y se establecieran en Gran Bretaña e Irlanda. No existe ningún escrito celta centralizado que haya sobrevivido.

De hecho, los druidas, los líderes de la sociedad como caciques, eran tan reservados que su conjunto de creencias, rituales, prácticas y conocimientos sobre hierbas se transmitía a sus acólitos de forma oral.

La palabra «druida» está rodeada de misterio. Incluso hoy en día, no estamos seguros de por qué los jueces celtas, jefes, curanderos, sacerdotes, maestros y cualquier otra posición de aprendizaje se conocen como «druidas». El nombre se atribuye a la raíz celta que significa «saber», ya que los druidas eran el nivel más erudito de la sociedad celta.

Sin embargo, a diferencia de muchos de los grupos de personas a los que nos referimos hoy en día, los druidas probablemente se llamaban a sí mismos algo que sonaba como ese nombre. Hay un término galés que se refiere a los profetas como *dryw*, que tiene una pronunciación similar. En la mitología irlandesa, las druidas se llamaban *ban-druí*.

La idea principal de introducir aquí a los druidas es que, a medida que los celtas (a los que los romanos llamaban galos) se abrían camino hacia el oeste a lo largo de los siglos (al final de la Edad de Hierro y en lo que llamamos la Era Clásica), los druidas eran los poseedores del conocimiento, los guardianes de los secretos y los narradores de historias. Incluso hoy tenemos una cierta idea de los rituales místicos en el bosque realizados bajo la luna llena, el culto a la naturaleza e incluso los sacrificios humanos. Los druidas formaban parte del estrato más alto de la sociedad celta, junto con los nobles celtas, pero se aseguraban de mantener en secreto la mayor parte de sus conocimientos. Lo que creemos saber procede de la mitología irlandesa (al fin y al cabo, en todo mito hay algo de verdad), que se promulgó por la isla Esmeralda y el mundo medieval mucho después de que los celtas formaran parte de la narrativa irlandesa.

Representación de un druida en el siglo XIX
https://commons.wikimedia.org/wiki/File:An_Arch_Druid_in_His_Judicial_Habit.jpg

Capítulo 2: La llegada de los celtas a Irlanda

El pueblo que vamos a conocer, los celtas, comenzó a llegar a Irlanda alrededor del año 500 a. e. c.. No fue una migración repentina, ni se caracterizó por el éxodo masivo de personas a un mismo lugar. La migración celta a Irlanda puede compararse a un pequeño goteo de personas que navegaron durante un periodo de varios cientos de años. Algunos historiadores creen que algunos celtas empezaron a llegar a Irlanda antes del año 500 a. e. c. —la ventana común se sitúa entre el 800 y el 400 a. e. c.—, pero se trata de una idea poco establecida. El año 500 a. e. c. es lo que generalmente se acepta como la época aproximada en que los celtas empezaron a llamar a Irlanda su hogar.

Puede parecer extraño que un pueblo tan extenso y extendido como para cubrir zonas de lo que hoy es Francia, Alemania, Suiza, Austria, España, Portugal e incluso tan al sur como Turquía se detuviera simplemente en unas islas en las que desembarcaron. ¿Por qué los celtas no continuaron su expansión hacia el oeste más allá de Gran Bretaña e Irlanda? Hay varios factores que contribuyeron a la expansión de los celtas hacia Gran Bretaña e Irlanda y a su asentamiento allí, especialmente en Irlanda.

Una de las razones por las que no pudieron continuar hacia el oeste fue que en Europa aún no existía la tecnología marítima necesaria para realizar viajes oceánicos tan agotadores como los que tendrían que realizar los navegantes desde Irlanda hasta América. Otra razón es que aproximadamente un milenio después de que los celtas llegaran y se establecieran en Irlanda, los romanos pusieron fin a cualquier posibilidad de que la cultura celta se expandiera a cualquier otro lugar.

¿Invadieron los celtas Irlanda?

Desde nuestra perspectiva actual, a primera vista, la expansión celta desde Europa occidental y central puede recordarnos a un pueblo ávido de conquistas como los nórdicos o los normandos, pero la expansión celta y su asentamiento en Irlanda fueron lentos, graduales y, en general, pacíficos.

Los nórdicos, o vikingos como los llamamos comúnmente, invadieron Inglaterra violentamente a finales del siglo VIII de nuestra era, mucho después de la llegada de los celtas a Irlanda. Existen marcadas diferencias entre estos dos grupos de pueblos que llegaron a suelo británico e irlandés (los nórdicos también conquistaron Irlanda, y llamaron célebremente a Dublín con las palabras de su propia lengua, que significan «laguna negra»). «Vikingo» es en realidad una profesión, de ahí que a los invasores se los conozca como vikingos. Los escandinavos que llegaron rápida y violentamente a Gran Bretaña y otras partes de Europa se llaman en realidad nórdicos (una distorsión de «Northmen», traducido del inglés como «hombre del norte»). Vikingo es un título como marinero, granjero o adivino.

Contrariamente a la rimbombante y sangrienta invasión nórdica de tierras en Europa, los celtas se asentaron más o menos lentamente en Irlanda y la convirtieron en su principal base de operaciones. Al fin y al cabo, es más fácil sentirse en casa en una tierra donde se puede construir una cultura, una sociedad, una vida y una historia compartida sin verse amenazado por todas partes por imperios hambrientos (como los griegos, los romanos e incluso los escitas en ocasiones).

Los normandos también llegaron a llamar a Gran Bretaña su hogar, pero eso ocurrió más de doscientos años después de que los nórdicos invadieran Inglaterra de la mano de Guillermo el Conquistador, lo que ocurrió en 1066. Tanto los nórdicos como los normandos llegaron para apoderarse por la fuerza de las tierras, convertir a los lugareños en esclavos y súbditos, y gobernar el país a su antojo. A veces hubo negociaciones, pero, en general, la llegada de estos dos grupos sanguinarios siglos después de la llegada de los celtas a suelo irlandés supuso la muerte y la destrucción de quienes habitaban las islas, incluidos los propios pueblos celtas.

Sin embargo, los celtas que se asentaron en Irlanda y Gran Bretaña lo hicieron sin pretensiones, integrándose en el sistema que ya existía o encontrando tierras que estaban deshabitadas para hacerlas suyas. Estos celtas irlandeses son en los que pensamos hoy cuando hablamos del antiguo pueblo y la cultura celtas.

La llegada de los celtas a Irlanda les permitió construir una conexión cultural más fuerte entre tribus y jefaturas. Nunca llegaron a centralizarse del todo, pero se dieron cuenta de que los aliados eran mejores que los enemigos, sobre todo con los romanos, siempre al acecho, al otro lado de un corto tramo de agua.

Viajes y comercio

Al igual que las culturas protoceltas antes que ellos, los celtas irlandeses se introdujeron en la sociedad irlandesa existente, convirtiéndose en la cultura dominante desde unos doscientos años después de su llegada hasta aproximadamente el año 400 de nuestra era. Galos y celtas (el solapamiento en el continente europeo era tal que casi no había rasgos distintivos entre ambos pueblos hasta que los celtas se marcharon a Irlanda; los galos vivían en la actual Francia bajo ocupación romana) siempre prosperaron gracias a las alianzas y el comercio. Esto no fue diferente una vez que los celtas llegaron a Irlanda.

Los celtas llevaron a Irlanda herramientas de hierro y el conocimiento de cómo forjarlas y utilizarlas. Aunque la mayoría de las herramientas eran aperos de labranza y cocina, no cabe duda de que los celtas introdujeron armas entre los objetos que llevaron a los habitantes de Irlanda.

Cuando los celtas llegaron a Irlanda, lo más probable es que al principio buscaran nuevos puntos de comercio, pero finalmente empezaron a asentarse. Hoy en día se puede ir a Irlanda y ver por qué los celtas estaban encantados con el verde y exuberante paisaje. Ellos mismos contribuyeron en gran medida a la lengua y la cultura irlandesas que hoy conocemos y amamos.

Lo que probablemente comenzó como un reconocimiento para una misión comercial permitió a los celtas emigrantes forjar más alianzas hacia el oeste, terminando como una especie de vuelta a casa para los antiguos celtas.

¿Quiénes eran los habitantes de Irlanda cuando llegaron los celtas? En realidad, no sabemos mucho sobre ellos. Sabemos que los celtas encontraron habitantes irlandeses por las tumbas y los restos de antiguos poblados. No sabemos mucho más porque, aunque los celtas desarrollaron un sistema de escritura, el *ogham*, no se conservan registros escritos sobre con quién comerciaban.

Sistema de escritura

Aunque es probable que la lengua ogámica se inscribiera en objetos perecederos como telas y madera, los ejemplos de *ogham* que se conservan están tallados en monumentos de piedra. La mayoría de estos ejemplos representan nombres personales. La razón de esta suposición es que faltan varios sonidos de la lengua en los monumentos de piedra, aunque obviamente se utilizaron y sobrevivieron. Por lo tanto, es probable que existieran muchos escritos celtas en *ogham* demasiado frágiles para haber sobrevivido durante tanto tiempo.

Sin embargo, existen otras teorías sobre el origen de la escritura ogámica entre los celtas de Irlanda. Como el *ogham* se parece más que ligeramente a lo que conocemos como alfabeto rúnico germánico (en la cultura popular, son las «runas vikingas», como las de los mapas de Tolkien y los tatuajes de los metaleros), antropólogos, lingüistas e historiadores han sugerido que quizá el *ogham* sea simplemente una copia de las runas germánicas. Dado que el alfabeto rúnico germánico contiene los sonidos que faltan en los ejemplos escritos de *ogham* que se conservan, esta teoría explica que los sonidos nunca desaparecieron.

Otra teoría es que el *ogham* es simplemente una transliteración del alfabeto latino, aunque las consonantes celtas como «z» y «w» no existen en el alfabeto latino. La razón por la que esta teoría es válida es que sabemos que hubo mucho contacto entre los romanos y los británicos, sobre todo cuando se inscribieron los monumentos *ogham*.

Monumentos *ogham* en Dunloe, Irlanda
Berthold Strucken, CC BY-SA 4.0 <https://creativecommons.org/licenses/by-sa/4.0>, vía Wikimedia Commons; https://commons.wikimedia.org/wiki/File:Dunloe_(Ogham_Stones).jpg

Desde el descubrimiento (o quizá recuperación) de este sistema, se han propuesto innumerables teorías sobre sus orígenes, entre ellas las dos mencionadas anteriormente. Es importante señalar que la palabra *ogham* solo se refiere al método de escritura: el acto de utilizar una cuchilla para tallar en una superficie dura. El grupo de letras en sí se conoce como *Beith-luis-nin*, que es como decir «alfabeto» (alfa y beta son las primeras letras del alfabeto griego). *Beith-luis-nin* recibe su nombre de las tres primeras letras del sistema de escritura.

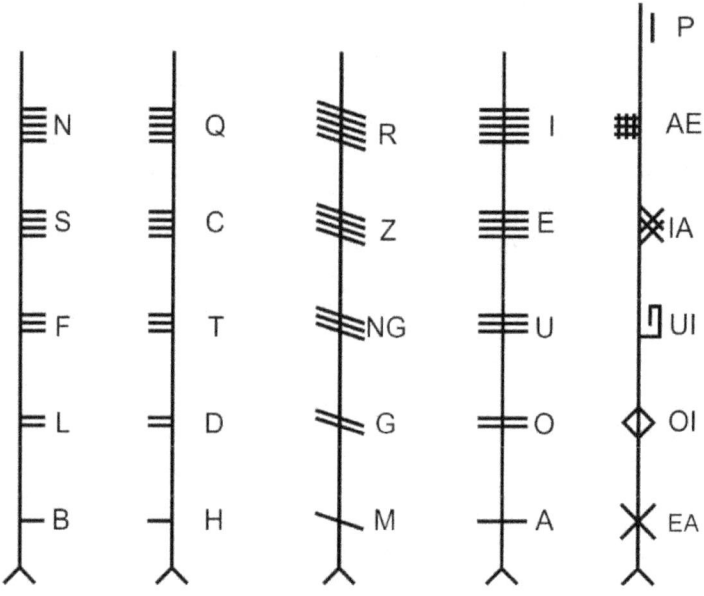

Alfabeto ogámico
Runologe, CC BY-SA 4.0 <https://creativecommons.org/licenses/by-sa/4.0>, vía Wikimedia Commons; https://commons.wikimedia.org/wiki/File:All_Ogham_letters_including_Forfeda_-_%C3%9Cbersicht_aller_Ogham-Zeichen_einschlie%C3%9Flich_Forfeda.jpg

Lamentablemente, es mucho más lo que desconocemos sobre la escritura celta y el *ogham* que lo que sabemos. Al igual que la desaparición de los colonos ingleses en Roanoke, Virginia, y la ubicación del Arca de la Alianza, los celtas siguen guardando muchos secretos, incluso después de todos estos siglos.

La vida después de llegar a Irlanda

A pesar de lo que estaba por venir, los romanos no molestaron a los celtas y, en general, se llevaron bien con otros pueblos tribales de Europa, como las vastas tribus germánicas y los pueblos galos (que eran un grupo celta, pero desarrollaron una identidad más separada que la de los celtas irlandeses). Sin embargo, esto no significa que los celtas no supieran luchar. Eran fieros guerreros que ponían a prueba sus habilidades metalúrgicas creando cascos, grebas, guanteletes, lanzas y espadas para la batalla. Veían la sabiduría en la no violencia, pero podían defender a sus familias, granjas, hogares y aldeas si era necesario.

La mayoría de los celtas eran agricultores y complementaban sus cosechas con la caza salvaje en los frondosos bosques de Irlanda. Cultivaban maíz, cebada y centeno, pero con el tiempo el trigo cobró más importancia. En cuanto a la caza, el jabalí era un alimento básico, pero el venado también gozaba de gran popularidad. Los celtas también cazaban zorros, castores e incluso osos. Un oso proporcionaba grasa para ayudar a cicatrizar las heridas, pieles para la ropa y la cama, y carne para todo un poblado.

Para cocinar estos bocados, los celtas utilizaban un método de cocción en el que dejaban caer piedras calientes en una olla grande para hacer hervir el agua. Añadían carne, verduras y hierbas a esta mezcla, que se cocinaba con piedras. Mantenían el fuego de las piedras muy caliente para que el agua estuviera siempre hirviendo.

Influencia celta en la cultura irlandesa

Como hemos mencionado anteriormente, se sabe muy poco sobre los habitantes de Irlanda antes de que los celtas llegaran a tener una presencia importante en la isla. Sin embargo, sí sabemos que la lengua que acabó convirtiéndose en el gaélico irlandés (que aún se enseña en Irlanda hoy en día) procedía de una mezcla de varias lenguas celtas y lenguas irlandesas autóctonas. Cuando los celtas se convirtieron en un pueblo más irlandés y menos nómada, adoptaron el gaélico irlandés como lengua de unión.

Aunque se sabe muy poco sobre los habitantes autóctonos de Irlanda anteriores a los celtas, se dice que llevaban allí unos siete u ocho mil años antes de la llegada de estos. La topografía de Irlanda no es la mejor para conservar materiales orgánicos (salvo en las turberas), por lo que no se sabe mucho de la cultura que reinaba en Irlanda antes de los celtas. Hubo un pueblo de la Edad de Bronce perteneciente a la cultura vaso campaniforme, así llamado por su estilo de cerámica en forma de vaso, que sí sobrevive hoy en día. Es posible que mostraran a los primeros irlandeses cómo trabajar el bronce y que enseñaran lo mismo a los celtas.

Sin embargo, dado que los celtas fueron una importante cultura de la Edad de Hierro por derecho propio, quedan muchos artefactos y yacimientos arqueológicos de su civilización. Además de la evolución lingüística, que aún hoy puede verse y estudiarse, los celtas aportaron un sentido único del arte, la artesanía, la mitología e incluso los métodos de lucha, todos ellos reconocidos hoy en día. Los pueblos celtas que se asentaron en Irlanda hace más de 2.500 años son los antepasados de la mayor parte de la población irlandesa, por lo que cualquier grupo indígena que les precediera se ha desvanecido en la historia. De hecho, el ADN de los irlandeses modernos es mayoritariamente celta/gaélico; esto incluye también a la población de Irlanda del Norte. Los nómadas irlandeses (romaníes) son la excepción, pero eran genéticamente similares hasta alrededor del siglo XVII.

Esencialmente, lo que sabemos es que la cultura irlandesa primitiva influyó en los celtas aportándoles características lingüísticas que se convirtieron en gaélico irlandés, pero, en definitiva, los celtas se convirtieron en una cultura irlandesa unos cientos de años después de su llegada a suelo irlandés.

Capítulo 3: La vida cotidiana en la Irlanda celta

La agricultura

La mayoría de los habitantes de Irlanda durante la Edad de Bronce eran agricultores. La Edad de Hierro, que le siguió, no fue realmente diferente. Las aleaciones metálicas podían utilizarse para crear aperos de labranza, lo que facilitaba la realización de más trabajo en menos tiempo. Los agricultores no solo podían alimentar a sus familias, sino que también podían comerciar con los excedentes de sus cosechas para comprar más aperos de labranza o ganado, o también para ampliar sus casas. A veces, los excedentes de las cosechas servían incluso para comprar esclavos.

La agricultura en la Irlanda celta durante esta época era prácticamente la misma que en Gran Bretaña. Estos métodos siguieron siendo los mismos durante siglos. Los celtas empezaron a organizar las parcelas de tierra de labranza en formas rectangulares regulares, en las que sembraban diferentes cultivos y utilizaban algunas para el pastoreo de animales y otras para cultivar heno. Los animales que criaban los celtas dormían normalmente bajo techo por la noche, ya fuera en un precursor de un pequeño granero o bajo el techo familiar. Los celtas cultivaban cebada, maíz, trigo, distintos tipos de judías, chirivías, espinacas, zanahorias, ajo y cereales para la alimentación animal (centeno, mijo y espelta). Con el tiempo cultivaron lino para fabricar tejidos.

Aperos de labranza

Antes de utilizar herramientas de metal para acelerar el proceso de cultivo, los celtas (y todos los demás) fabricaban herramientas agrícolas, como azadas, rastrillos y hoces, con huesos de animales. Estas herramientas fueron eficaces durante un tiempo, pero se desafilaban más rápida y fácilmente que el metal. Las herramientas de metal permitieron a los pueblos de la Edad de Bronce y de Hierro trabajar con mayor rapidez y eficacia, ya que no tenían que sustituirlas constantemente. Las rejas de arado que utilizaban los agricultores eran de hierro, pero el hombre seguía siendo el músculo que trabajaba la tierra; los animales aún no se utilizaban como bestias de carga.

Para poder adquirir tierras de labranza, los celtas tuvieron que talar y despejar partes de bosques o incluso enormes extensiones de árboles que encontraban en sus nuevas tierras. Como los bosques se consideraban una parte sagrada de su cultura y su sistema de creencias, no arrasaron toda la tierra, pero aun así tuvieron que hacer sitio para cultivar sus cosechas y pastar sus animales. La herramienta celta más reconocible hoy y entonces era el hacha. Como las cabezas podían ser de bronce o hierro en lugar de piedra o hueso, talar árboles nunca había sido tan fácil. Los celtas utilizaban parte de la madera para delimitar sus pequeños campos de cultivo.

Los celtas son conocidos por su azadón móvil, que permitía a los agricultores arar y labrar sus campos al mismo tiempo. La pértiga, una herramienta afilada en forma de cuchilla situada en el extremo de la reja del arado, cortaba la tierra verticalmente, mientras que el arado removía la tierra cortada con su barra horizontal. Este tipo de combinación se utilizó durante siglos por su eficacia.

Otro asombroso invento agrícola celta fue el arado de ruedas. Cuando pensamos en los pueblos antiguos que araban y labraban la tierra a mano, a menudo pensamos en el modelo romano, que era lo bastante ligero para que una persona lo llevara y lo empujara laboriosamente a través de la tierra. Los celtas inventaron un modelo más pesado, pero sostenido a ambos lados por una rueda, lo que hacía que el peso adicional fuera insignificante para el trabajador, pero excelente para remover la tierra.

Técnicas agrícolas

El agotamiento de los nutrientes del suelo siempre ha sido un problema desde que se inventó la agricultura hace unos doce mil años. A lo largo de los milenios, los agricultores han descubierto (y siguen descubriendo) nuevas y mejores formas de cultivar alimentos y otros cultivos. Los agricultores británicos y celtas aprendieron que, si el suelo se estaba agotando, podían fertilizar los campos con pozos profundos de tiza y marga. La marga forma parte de la capa superficial del suelo y está compuesta, dependiendo de dónde se encuentre, por diversos porcentajes de limo, arcilla y arena, lo que significa que se encuentra cerca del agua o donde solían estar las fuentes de agua. La marga aporta al suelo los nutrientes que tanto necesita, y la creta eleva el pH del suelo. Por supuesto, los antiguos celtas no tenían ni idea de lo que era un nivel de pH, pero ciertos cultivos, como las judías, las espinacas, la col rizada y los espárragos, crecen muy bien en suelos alcalinos.

Cuando los agricultores celtas tenían un excedente de grano, utilizaban graneros para almacenar el producto extra. La mayoría se construían bajo tierra. Antes de llenarlos de grano seco, los agricultores solían colocar una ofrenda de algún tipo a los dioses en el fondo del granero.

Ganadería

Los celtas mantenían rebaños de ganado, del que obtenían carne, leche y ropa. También tenían algún tipo de cerdo domesticado cuya especie ya no existe, y criaban ovejas por su lana y cabras por su leche, que también consumían.

De hecho, los celtas tenían todos los animales de granja que conocemos hoy en día: gallinas, gansos e incluso conejos, aunque probablemente se parecían más a las liebres salvajes que a los esponjosos conejitos actuales. Se ha especulado con la posibilidad de que los celtas utilizaran gallos para jugar, ya que en sus asentamientos se han encontrado pequeños recintos sin techo que apenas difieren de las jaulas para gallos que se utilizan hoy en día.

Julio César, quizá erróneamente, pensaba que los celtas solo tenían aves como mascotas, no para el consumo. Estableció conexiones entre los animales y ciertos dioses celtas, pero debemos recordar que los observadores externos griegos y romanos se equivocaban continuamente acerca de aquellos sobre los que escribían. Lo más probable es que los celtas se comieran todos los animales que tenían.

Naturalmente, los graneros atraían a los ratones, por lo que es probable que los celtas tuvieran una estrecha relación con los gatos. Podría decirse que los gatos se domesticaron a sí mismos: son oportunistas que se dieron cuenta de que la vida junto a los humanos les ofrecería seguridad alimentaria y cobijo. Los perros se utilizaban para cazar y formaban parte importante de las epopeyas heroicas celtas, ya que el héroe solía tener algún tipo de compañero canino.

Construcción de viviendas

Al igual que en otras sociedades europeas de la Edad del Bronce, el principal método de construcción de casas y estructuras menores (como corrales techados para animales) era el de zarzo y el barro. En este método se utilizaban principalmente postes de madera y palos flexibles recogidos en los bosques cercanos. Estos postes y palos se entretejían como una gran cesta. Los celtas clavaban los postes en el suelo para conseguir estabilidad, aunque a veces tenían que cavar agujeros para empezar, dependiendo de la dureza del terreno.

Luego colocaban los postes en un círculo tan grande como deseaban que fuera la casa o la estructura. Entrelazaban las ramitas y los palos formando algo más delgado que los postes principales del esqueleto; era como si su casa fuera una cesta estable.

Para rellenar los huecos entre los tejidos se utilizaba una mezcla de barro, arcilla e incluso estiércol animal. Los constructores hacían una mezcla de estos materiales para «embadurnar» el «zarzo» con el que se construía la casa. La mezcla de barro, arcilla y estiércol se endurecía de forma increíble, aunque de vez en cuando había que repararla, sobre todo tras las inclemencias del tiempo.

El suelo era plano y de tierra compactada. Con el tiempo, esta tierra compactada se volvería dura y resistente tras generaciones de pies caminando sobre ella y gente durmiendo encima. Los tejados de estas viviendas redondas y más bien humildes eran de paja. Para ello había que secar paja y recoger ramitas para colocarlas unas sobre otras. A continuación, unían estos haces de paja y ramas en capas para impermeabilizar el tejado. Algunas casas tenían pequeños agujeros en la parte superior para que saliera el humo. Otras familias preferían no mojarse cuando llovía, así que hacían respiraderos en sus tejados de paja para que saliera el humo. No querían tener que alejarse del centro de la casa cada vez que se abría el cielo.

En cuanto a la privacidad, la verdad es que no había mucha. La mayoría de estas casas redondas con techos de paja tenían una habitación en la que la familia hacía todo: cocinar, comer, hacer y reparar la ropa y cuidar a los niños. Por lo demás, las actividades se realizaban en el exterior, a menos que hiciera mucho frío.

Puede resultar sorprendente pensar en familias enteras, a menudo multigeneracionales, que pasaban horas y horas juntas dentro de una pequeña casa de una sola habitación. Sin embargo, las sociedades de la Edad del Bronce eran muy comunales y diferentes de lo que estamos acostumbrados hoy en día, incluso para cosas como el crecimiento de la familia. Es probable que la pareja estuviera separada de los demás durmientes simplemente por una cortina. La familia se calentaba y charlaba alrededor del fuego y, como hemos mencionado antes, utilizaban el método de la piedra caliente para cocinar guisos. En lugar de colgar directamente una olla sobre el fuego, los cocineros celtas colocaban piedras en un fuego al rojo vivo y luego dejaban que esas piedras se calentaran lo suficiente como para hervir el agua del guiso. Si la temperatura de la comida bajaba, simplemente añadían otra piedra. Los celtas también asaban carcasas enteras en espetones sobre el fuego.

Caza, pesca y búsqueda de alimentos

Aunque los celtas eran agricultores prolíficos, nunca dejaron de cazar animales salvajes. Los animales que más cazaban en los bosques eran el ciervo y el jabalí. La carne asada favorita de los celtas era la de jabalí, que era incluso mejor que la de los cerdos domésticos que criaban. A veces, los celtas también consumían carne de oso. No está claro si cazaban osos a propósito para consumirlos o si estas muertes se producían como acto de defensa propia.

Los celtas también comían zorros y castores. Estos animales eran abundantes y, a ojos de los celtas, comestibles y útiles por sus pieles, por lo que eran presa fácil, por así decirlo. Los celtas no cazaban a caballo, sino que utilizaban perros de caza para acechar a sus presas, como zorros o ciervos. A veces se dividían en dos grupos y un grupo de cazadores perseguía a su presa hasta las lanzas del otro grupo. Los celtas siempre cazaban a pie, pero como no lo hacían solos, podían vigilarse unos a otros, advirtiéndose de peligros como el oso errante o el jabalí iracundo. Normalmente, las lanzas eran las armas preferidas para cazar y pescar.

Es natural que los asentamientos celtas se desarrollaran cerca de fuentes de agua dulce, que solían ser ríos, pero a veces grandes lagos. Esto significa que una gran parte de su dieta procedía de pescados grasos de agua dulce, como el salmón, la trucha y la caballa. Estos pescados proporcionaban a los celtas los ácidos grasos omega-3 y la vitamina C que tanto necesitaban. Los celtas también solían comer anguilas. Capturaban los peces normalmente de uno en uno utilizando lanzas, pero también desarrollaron métodos de captura al igual que las sociedades antiguas de todo el mundo. Tejían cestas en las que los peces nadaban, pero no podían escapar. Esta era una forma de ahorrar trabajo para capturar peces mientras se realizaban otras tareas.

Los celtas complementaban su dieta de carne, pescado y cereales con productos dulces. Buscaban frutas (sin cultivarlas hasta mucho más tarde), como muchos tipos de bayas, como moras, grosellas y arándanos. También buscaban setas, comían huevos de pájaros silvestres y manzanas que podían alcanzar o que caían de los árboles. Incluso consumían ortigas, que pueden ser espinosas y peligrosas al tacto. Las ortigas se utilizaban probablemente con fines medicinales.

Aunque otras sociedades mucho más antiguas que la celta, como los antiguos egipcios, los griegos y algunas sociedades de Oriente Medio, consiguieron criar/domesticar abejas en colmenas artificiales, los celtas buscaban miel. La cera de abejas siempre ha sido útil y muy apreciada, al igual que la miel por su delicioso dulzor y sus propiedades medicinales. Por lo que sabemos, los celtas no criaban abejas domésticamente, pero aun así se beneficiaban de su duro trabajo consumiendo miel y utilizando cera de abejas.

Un día normal

Ahora que hemos hablado de los arreglos típicos de la dieta y la vivienda, ¿cómo era un día normal para un campesino celta? La nobleza tenía personal doméstico y estaban muy ocupados decidiendo sobre el futuro del asentamiento, así que examinemos cómo sería un día típico para una campesina en un poblado celta de la Edad del Bronce.

- Si imaginamos a una campesina en la Edad de Bronce, lo primero que haría sería sacar agua de un pozo o del río para sus tareas matutinas, como cocinar y refrescarse. También la utilizaría su familia.
- El desayuno podía consistir en algún guiso sobrante de la noche anterior, algo de fruta, pan o incluso leche fresca de vaca o cabra.
- Es probable que, aunque se trate de una niña, ella y sus hermanos sabrían fabricar herramientas con sílex y huesos de animales. Probablemente empezaría el día afilando sus agujas de hueso y remendando ropa o mantas, o quizás continuando su trabajo de curtido de pieles de animales del día anterior.
- La alimentación de los animales es muy importante. Los cerdos reciben las sobras, y las vacas y las ovejas suelen arreglárselas

- solas, aunque agradecerían un poco de heno o paja. Las gallinas pueden alimentarse de maíz y otras semillas que se les da.
- Es probable que el almuerzo consista en un guiso de carne hervida con verduras, pero tal vez toda la familia haya optado por carne salada de cerdo, venado o pescado para mantenerse a mitad de la jornada.
- Si resulta que es tiempo de cosecha, ella y toda tu familia estarían en el campo recogiendo los cultivos que están listos para ser utilizados o comercializados como excedentes. Es un trabajo duro, pero por suerte, almorzaron ese guiso.
- A última hora de la tarde o por la noche, hay que volver a alimentar a los animales y traer a los que están en el campo desde los pastos. Probablemente ella deba ayudar con esa tarea.
- La cena ya se está cocinando en el fuego, dentro de casa, en un asador. Los hermanos pequeños están jugando con los hombres de palo que han hecho, convirtiéndolos en feroces guerreros con lanzas que van tras un jabalí. Antes de sentarse alrededor del fuego, se enjuaga con un trapo mojado y su familia charla sobre las distintas tareas del día y lo que todos piensan hacer con sus cosechas. El asado está hecho, y todos comen con las manos, saboreando la grasienta delicia de la carne.
- Cuando todo el mundo está lleno, se entierra el cadáver y llega la hora de dormir. La niña se acurruca en el montón de mantas y pieles que probablemente comparte con sus hermanos y se quedas profundamente dormida, con la mente y el cuerpo deseando descansar. Todavía es temprano para nosotros, los que disponemos de electricidad, pero ella se levanta con el sol y trabajas todo el día. Es mejor dormir temprano para tener energía suficiente para volver a hacerlo todo.

Artesanos celtas

Además de ser hábiles cazadores, pescadores, recolectores y, lo que es más importante, agricultores y domesticadores de animales, no podemos pasar por alto la propensión de los celtas a crear arte e incluso a impregnar objetos ordinarios con magníficas decoraciones. Los celtas fabricaban intrincados adornos personales, como broches, que utilizaban para sujetar sus capas alrededor de los hombros. También hacían collares llamados torques, como el collar Broighter. Es el ejemplo más famoso de orfebrería irlandesa al estilo irlandés/celta durante la Edad de Bronce.

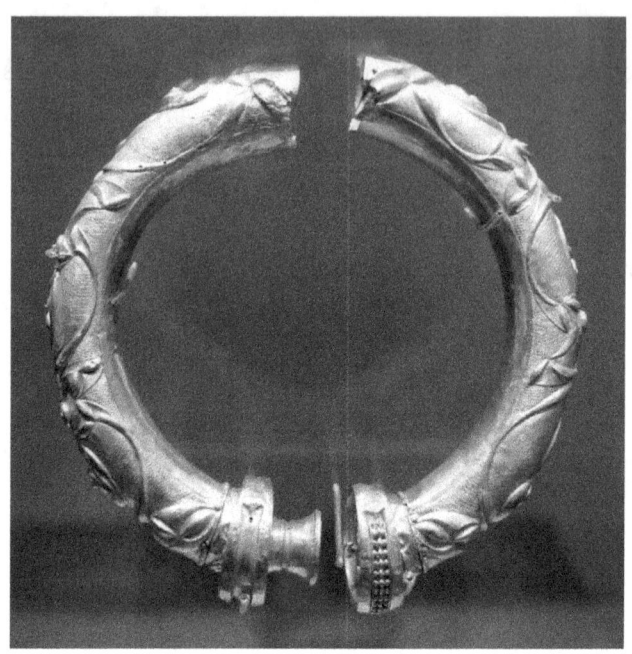

Collar Broighter de oro (torque)
Sailko, CC BY 3.0 <https://creativecommons.org/licenses/by/3.0>, vía Wikimedia Commons; https://commons.wikimedia.org/wiki/File:Tesoro_di_oggetti_d%27oro_di_broighter,_contea_di_derry,_I_secolo_ac,_bracciale_con_viticci.jpg

Los celtas también hacían extraordinarios los objetos ordinarios dándoles un toque artístico extra. Las lanzas y espadas se grababan con diseños arremolinados y, a veces, con animales como ciervos, lobos, osos y zorros. Las empuñaduras de las espadas también llevaban incrustaciones de piedras semipreciosas o materiales como hueso, marfil y ámbar, y a menudo también estaban talladas de forma intrincada. Hay varios ejemplos de estas empuñaduras minuciosamente talladas en espadas celtas pesadas. En ellas se representaba una forma humana, y el torso era donde el empuñador colocaba su empuñadura, con los brazos y las piernas del humano ayudando a estabilizar la espada durante la batalla. Los celtas tenían una veneración especial por la cabeza humana (que los griegos y los romanos enfatizaron de formas extrañas que pueden o no ser ciertas), y el pomo de la espada se hacía a veces en forma de cabeza humana. Muchos de estos pomos de cabeza humana llevaban expresiones temibles y grotescas, pero otros eran más neutros y sosos. Probablemente dependía de lo que prefiriese el guerrero al encargar una espada.

Las espadas celtas se decoraban con dedicación, pero también sus vainas (la funda de un arma afilada). Toda la superficie podía decorarse.

Como las vainas eran de un material más blando que el hierro o el bronce, como el cuero o la madera, resultaba más fácil trabajar con ellas para crear diseños intrincados. Los dragones girando y enroscándose eran motivos populares y se encontraban en muchas vainas. Otros diseños populares incluían enredaderas trepadoras y enroscadas, algunas de ellas con figuras de animales ocultas o escenas famosas de la mitología celta.

Con el tiempo, los caballos adquirieron una gran importancia para los celtas, que también los utilizaban para tirar de los carros de guerra. Por ello, las bridas, las sillas de montar, las anillas de los carros, las riendas y cualquier otra parafernalia relacionada con los caballos se decoraban para los jefes y los guerreros celtas de alto rango que los encargaban. Los diseños que adornaban estos caballos y sus equipos eran espirales y nudos, los motivos florales antes mencionados y, a veces, escenas de una batalla.

El oro era un material muy popular para joyas, torques, anillos (dispositivos utilizados para sujetar el pelo), broches e incluso elegantes aperos de montar para los jefes.

El estilo artístico celta también era evidente en los tejidos e incluso en las herramientas. Los celtas decoraban sus herramientas, que luego utilizaban para decorar otras cosas en sus casas. Hay algo intrigante en embellecer un objeto ordinario, ya sea con un propósito espiritual, para marcar una posesión o simplemente por su belleza.

SEGUNDA SECCIÓN:
Mito, folclore y religión

Capítulo 4: Dioses y diosas paganos

Ningún material sobre los celtas estaría completo sin hablar de su panteón de fascinantes dioses y diosas. Estas entidades desempeñaban papeles de enorme importancia en la vida de los celtas, ya que se ocupaban de sus asuntos cotidianos, interactuaban con la naturaleza y creaban utensilios que invocaban la buena suerte o la reverencia a estas deidades.

Los que tomaban las decisiones, los nobles y los druidas estaban aún más influidos por este poderoso panteón. Muchas familias nobles insistían en que su linaje se remontaba a la raza sobrenatural a la que pertenecen los dioses y diosas, los Tuatha Dé Danann —hablaremos más sobre ellos más adelante. Echemos un vistazo a las deidades más importantes e interesantes que conforman los principales actores de la creencia y el misticismo celtas.

El Dagda

El Dagda es el patriarca del panteón celta. Se parece al dios nórdico Odín en que es el responsable de engendrar a muchos, es el dios de la sabiduría y lleva un bastón. Pero aquí acaban las similitudes entre ambos.

El Dagda es el típico dios ecuánime con un sentido del humor despreocupado. Los humanos pueden bromear a su costa, y su misericordia le permite apreciar la broma y no buscar venganza. Los epítetos utilizados por los celtas para referirse a Dagda incluyen palabras y frases con los siguientes significados: el gran dios, el fértil, el gran padre, el padre todopoderoso y el señor del gran conocimiento.

Además de su barba y su larga capa, que son las únicas características que definen su aspecto, junto con su enorme tamaño, el Dagda está asociado a varios objetos poderosos. Los objetos más importantes que posee el Dagda son su bastón, su caldero y su arpa.

Con el bastón, que es extremadamente largo, puede matar a muchos hombres solo con el extremo del arma. Pero si el Dagda lo desea, puede resucitar a los muertos con el mango del bastón. Literalmente, tiene el poder de la vida y la muerte en sus manos. El bastón es la principal razón por la que Dagda es tan poderoso y puede ahuyentar a los fomoré, una raza mitológica de criaturas mágicas que los druidas creían que habitaban Irlanda antes de que sus dioses los derrotaran. En realidad, no está claro, debido a los problemas de traducción, si el Dagda empuña un bastón, un garrote o un mazo. Todos los expertos de la tradición celta coinciden en que contiene el poder de la muerte y la vida y que es un arma del tamaño del Dagda.

El segundo artefacto que se sabe que posee el Dagda es un caldero apodado «el caldero sin fondo», ya que siempre está lleno. Nadie se irá con el estómago vacío después de comer de ese caldero: no tiene fondo, y no solo eso, sino que puede albergar a una docena de humanos, ya que en el propio cucharón caben cómodamente dos. El caldero puede considerarse un símbolo del dominio de Dagda sobre la agricultura y las estaciones. El caldero nunca estaba vacío, por lo que se puede extrapolar de esta idea que su deseo para los celtas era que no hubiera hambruna, sino siempre abundancia.

¿Cómo controlaba el Dagda el cambio de las estaciones? Tenía un arpa de roble con la que mantenía las estaciones a su debido tiempo. Algunas leyendas dicen que el arpa agitaba los corazones de los hombres para que fueran valientes al lanzarse a las batallas. El Dagda también tenía árboles frutales que siempre producían.

¿Dónde se podía encontrar al Dagda, su poder y sabiduría, y toda esta abundancia? Newgrange es una tumba de la Edad de Piedra situada al este de Irlanda. Se dice que este monumento, que sigue recibiendo unos cientos de miles de visitantes al año, es el hogar del Dagda. Se diseñó para que, en el solsticio de invierno, la luz del sol brillara a través del agujero construido en el techo e iluminara sus pasadizos. Ha sido un lugar de culto y significado pagano durante más de cinco mil años.

La Cailleach

A la Cailleach también se la conoce simplemente como «la vieja», y es la diosa del invierno. No es de extrañar que un lugar con inviernos tan húmedos, sombríos y a veces prolongados como Irlanda tenga su propia diosa para esa estación en particular.

La Cailleach
Sin restricciones;
https://commons.wikimedia.org/wiki/File:Wonder_tales_from_Scottish_myth_and_legend_(1917)_(14566397697).jpg

Su dominio sobre la estación invernal comienza justo después del final de lo que hoy conocemos como Halloween, el 31 de octubre, que los celtas iniciaron y aún llaman Samhain. En realidad, la Cailleach controla la duración del invierno, y por eso era tan importante para los celtas no caerle mal. Si algo disgustaba a la vieja del invierno, podía hacer que los vientos soplaran con fuerza sobre la tierra y sumirla en un invierno más largo y profundo.

A pesar de que la apodan la vieja y de que tiene un aspecto bastante alarmante, al igual que el Dagda, se la representa como una personalidad en el lado neutro del espectro; no es ni buena ni mala. Esos atributos suelen reservarse para deidades menores, criaturas místicas y humanos. La Cailleach tiene un solo ojo y la piel extremadamente pálida, del color de la nieve, pero es extremadamente poderosa, a pesar de tener una extraña forma coja de saltar y escalar el paisaje. Puede incluso excavar valles y crear montañas. Esta descripción la hace parecer una giganta, del tamaño incluso del Dagda. Las rocas y los desprendimientos de tierra pueden salirse de su delantal, donde sujeta estas estructuras.

El aspecto más importante de Cailleach es su velo. De hecho, en gaélico irlandés y escocés actual, su nombre significa literalmente «vieja». Sin embargo, la etimología del término es mucho más antigua, pues originalmente significaba «velo». La Cailleach es, de hecho, también conocida como «la vieja que lleva velo» y la más halagadora reina del Invierno. Se dice que el antiguo significado gaélico de «velo» procede de la raíz latina *pallium*, que significa capa de lana.

Al igual que el Dagda, la Cailleach también tiene un bastón, aunque este carece del poder de conceder vida y resurrección instantáneas. Congela el suelo o lo que toca. Según la tradición escocesa, también lleva un martillo para destrozar y dar forma al paisaje. La Cailleach no tiene cuernos, como a veces los tiene el Dagda, pero controla a los ciervos y otros animales con cuernos. Los pastorea e incluso cuida de ellos durante los duros meses de invierno. Esto la convierte en la segunda deidad más importante del panteón celta. Al Dagda se lo llama el padre de los dioses, y a la Cailleach se la considera la madre.

Se dice que el hogar de la Cailleach está en la península de Beara o cerca de ella, en el sur de Irlanda.

Como la Cailleach controla el invierno, trabaja junto con la diosa Brigid, que gobierna el verano. Según algunas leyendas, son la misma diosa y Brigid toma el relevo cuando termina el invierno y viceversa. Otras leyendas comparan a la Cailleach con una deidad mucho más inhumana que Brigid y dicen que se convierte en piedra cada año cuando termina su trabajo, permitiendo que la humanoide (y mucho más agradable estéticamente) Brigid gobierne las estaciones más cálidas.

Brigid

La Cailleach gobierna durante el invierno y Brigid durante el verano. Brigid es la hija del Dagda, y hay cierta confusión sobre si Brigid (o Brigit o Brighid) era una diosa o una diosa trina; sin embargo, la mayor parte de la literatura y las tradiciones orales transmitidas dicen que esta Brigid, la diosa del verano, era también la diosa de la sabiduría, los poetas y la protección. Sus dos hermanas, también llamadas Brigid, se llamaban Brigid la médica o sanadora y Brigid la herrera. Por eso a veces se la considera una diosa trina o tripartita, que sería una entidad con tres funciones diferentes.

Brigid, representada en 1917
https://commons.wikimedia.org/wiki/File:Thecomingofbrideduncan1917.jpg

Sin embargo, la literatura posterior escrita por los cristianos de Irlanda sugiere que «Brigit» era el título de una diosa, por lo que Brigid bien pudo haber sido tres hermanas distintas.

Así como la estación de Cailleach se recibe al final de Samhain, la de Brigid se inicia en Imbolc, el 1 de febrero de cada año. Es entonces cuando la bruja deja su bastón y, según muchas leyendas, se convierte en piedra hasta el próximo Samhain. Ahora es el turno de Brigid.

Sus principales funciones son la curación, la protección y el cuidado de los animales domésticos. Mientras que el Cailleach cuida de los ciervos y los animales salvajes, ocupándose también del ganado durante los meses de invierno, Brigid actúa como pastor del ganado doméstico de los celtas, alertándoles si hay alguna enfermedad que se propague entre ellos y manteniendo los rebaños unidos.

Cuando se fusiona con sus dos hermanas en una sola entidad, se convierte en la diosa de la curación y la herrería, lo que la convierte en una persona de gran talento. Brigid se asocia con la primavera porque Imbolc, que es su celebración anual, venera la fertilidad y es tradicionalmente el comienzo de la estación en la que las ovejas empiezan a parir. Como patrona de los animales domésticos y de la fertilidad, Brigid está muy ocupada durante los meses de primavera.

Cualquier sección sobre la diosa Brigid estaría incompleta sin la mención de santa Brígida de Kildare, que los católicos fusionaron con la diosa celta Brigid. Aún existen algunos roces entre las comunidades católica y pagana, que siguen celebrando el 1 de febrero como Imbolc en lugar de la fiesta de Santa Brígida.

La Morrigan

La Morrigan es otra deidad celta que en realidad pueden ser tres diosas separadas o una única deidad con tres facetas o aspectos principales. La Morrigan puede compararse con el dios griego Ares, el dios de la guerra. Se entromete y agita los corazones de los hombres, lo que conduce a conflictos, batallas y, en última instancia, a la muerte. Se la conoce como la diosa de la guerra y la muerte. Sin embargo, como la Morrigan es la esposa de Dagda, y ambos son poderosas deidades guerreras, su unión se celebra en Samhain, cuando se da la bienvenida al Cailleach.

La Morrigan tiene el poder de transformarse en cualquier ser vivo, incluidos los bellos y terroríficos humanos, peces, pájaros, mamíferos o incluso el viento, que, según los celtas, podía considerarse vivo. Su apariencia típica inspira terror y temor, ya que es la diosa de la guerra y la muerte. Sin embargo, puede adoptar la apariencia que desee ante quien la vea, ya sea la de un lobo, un cuervo, una mujer joven, una horrible bruja o cualquier otra. Según el *Táin Bó Regamna*, una historia que relata un robo de ganado y que forma parte de todo un género de relatos celtas escritos mucho más tarde, describe a la Morrigan como una mujer pelirroja con un manto rojo, que recuerda a Melisandre de *Juego de Tronos*.

No se conservan representaciones de la Morrigan de la época de su apogeo, lo cual, si nos atenemos a las terroríficas descripciones, podría ser lo mejor. Dado que puede aparecer de la forma que quiera, ¿tiene realmente una forma verdadera?

La Morrigan y el Dagda son la verdadera definición de una pareja poderosa, y tuvieron varios hijos juntos, incluida Brigid. Tienen tres hijos: Aengus, Cermait y Aed, y otra hija, Bodb Derg. Sin embargo, que estén casados no significa que el Dagda y la Morrigan sean fieles el uno al otro.

La Morrigan tuvo hijos con otros, y es famoso su intento de seducir a uno de los héroes celtas más famosos, Cú Chulainn, pero fracasó.

Cuenta la leyenda que el Dagda se preguntaba cuál sería la mejor manera de ganar una batalla, una época que con el tiempo se celebraría como Samhain. Había una mujer bañándose en el río Unis, en Connacht, que no estaba lejos de su casa, sobre todo si él era un gigante. Era atractiva y él quedó prendado de ella casi de inmediato. La mujer le dijo cómo ganar su batalla. Se casó con ella, y esa mujer, la Morrigan, y el Dagda predijeron lo bien que iría la cosecha cada Samhain cumpliendo con sus deberes maritales.

Es una yuxtaposición interesante: el Dagda es más temido que admirado, aunque controla casi todos los aspectos de la vida y la muerte. La Morrigan, en cambio, es más compleja, pero tiene menos control. Es la diosa de las sacerdotisas, los hechizos, la adivinación, la guerra, los conflictos, el derramamiento de sangre y la violencia. No tiene el poder de resucitar, a diferencia de su esposo, el señor de la agricultura, las estaciones, el tiempo, la vida y el renacimiento.

Cernunnos

Cernunnos es un dios de la religión celta que parece más antiguo y un poco más oscuro que los anteriores. Esencialmente, su nombre significa «el cornudo», y se lo conoce como el dios de todas las cosas salvajes. Suele ir acompañado de un ciervo; el propio Cernunnos tiene dos cuernos.

Cernunnos

Nationalmuseet, CC BY-SA 3.0 <https://creativecommons.org/licenses/by-sa/3.0>, vía Wikimedia Commons; https://commons.wikimedia.org/wiki/File:Gundestrupkedlen-_00054_(cropped).jpg

Esto puede resultar confuso, ya que Brigid cuida de los animales domésticos, y el Cailleach también cuida de los animales, pero Cernunnos no tiene un periodo de inactividad durante el año como las diosas mencionadas. Está activo todo el año.

Cernunnos prefiere la vida con los animales, lejos de los humanos, en lo profundo del bosque. Aunque Cernunnos parece misterioso, podría ser incluso más antiguo que la Dagda y la Morrigan, ya que se han encontrado representaciones suyas en el arte desde Rumanía hasta Irlanda. De hecho, cuando los cristianos llegaron a Irlanda, ya se le rendía culto. No es raro que la devoción a determinados dioses y diosas aumente y disminuya con el tiempo, y Cernunnos parece ser uno de los dioses originales de los primeros celtas, así como uno de los más populares hacia el final del dominio celta en Irlanda.

Se lo asocia con la fertilidad, el bosque, la flora y la fauna. Se lo puede comparar con el dios griego Dioniso por su amor al bosque, pero ahí se acaba la comparación. A Cernunnos no le preocupan las estridentes celebraciones a la luz de la luna en su honor, y prefiere la compañía de los animales a la de los humanos. Esto no significa que Cernunnos el cornudo no haya sido venerado tanto como se merece: es una de las figuras más representadas en el arte celta a lo largo de toda la Edad del Bronce y la Edad del Hierro. Es fácilmente reconocible por sus cuernos de ciervo.

Cuando Julio César escribió sobre los «celtas bárbaros», comparó a Cernunnos con Dis Pater, el padre romano de Júpiter (Zeus). De este modo, también podemos ver que Cernunnos es quizás incluso más antiguo que el Dagda y es donde se origina el panteón principal de deidades celtas.

Una teoría interesante sobre el origen de la idea de un demonio con cuernos en la tradición cristiana es la de los monjes cristianos que llegaron a Irlanda. El culto a Cernunnos había ido ganando adeptos durante un tiempo, y los cristianos llegaron a llamarlo el Anticristo y a utilizar su imagen cornuda como representación del diablo (un monstruo con cuernos es una construcción medieval de Lucifer; antes solo era un ángel caído). Es probable que varios factores confluyeran para vilipendiar al «salvaje del bosque», y es muy posible que esta sea una consecuencia de la calumnia.

Aunque Cernunnos es conocido hoy en día como una deidad celta importante debido a la reacción de los cristianos más tarde, así como las persistentes representaciones de él a lo largo de la historia celta en piezas de arte, es posible que nunca fuera un dios en primer lugar. No hay casi nada escrito sobre él en las fuentes celtas. Ninguna de las obras literarias o artísticas que se conservan identifican al cornudo como un dios, por lo que es posible que se trate de un gran error de identidad. Cernunnos podría ser simplemente un chamán venerado, un druida con enorme poder y sabiduría con un culto propio (que incluye sacrificios de animales y a veces humanos) simplemente por sus propios logros humanos, que se han perdido en los anales del tiempo. Esto simplemente se añade al misterio de los druidas, los celtas, y su antigua religión pagana.

Lug

Lug es un dios conocido por su dominio de las habilidades atléticas; de hecho, uno de sus apodos, Samildanach, significa literalmente «igual de bueno en todas las habilidades/artes». El origen de su nombre, Lug o Lugh, es confuso, y ningún erudito se pone de acuerdo sobre su procedencia. Algunos dicen que proviene de una raíz que significa «jurar un contrato», mientras que otros dicen que proviene de una raíz que significa «luz intermitente». Los argumentos a favor de unos y otros son débiles en el mejor de los casos; una vez más, esto no hace sino aumentar el misterio de la teología celta que quizá nunca lleguemos a descubrir.

A menudo se representa a Lug montando a caballo y blandiendo una lanza. Es famoso por ser bueno en todo, pero lanzar lanzas es una habilidad especial que practica a diario. Lug es más grande que un humano, pero no se lo considera un gigante como el Dagda. En una de las leyendas del famoso héroe irlandés Cú Chulainn, se describe a Lug como alguien de aspecto joven, con el pelo rubio rizado y vestido con una capa verde. Por supuesto, va sentado a caballo. También lleva una lanza de cinco puntas y una jabalina en la misma mano.

A pesar de la letalidad de las armas favoritas de Lug (de hecho, eran las armas de caza preferidas de los celtas), la mayoría de las veces hace juegos y concursos con ellas en lugar de provocar derramamientos de sangre.

Lug es hijo del dios Cian y de la diosa Eithné, y esto es notable porque Eithné es hija de Balor. Balor es el soberano de los fomoré, las desagradables bestias que habitaban Irlanda antes de que las deidades, los Tuatha Dé Danann, los expulsaran. Lug acaba matando a su abuelo Balor. En algunas leyendas también se menciona a Lug como el padre de Cú Chulainn, siendo la madre de este una mujer mortal. Esto explicaría la fuerza, astucia y habilidad como guerrero de Cú Chulainn, aunque eso lo mencionaremos un poco más adelante.

A veces, Lug es recordado como un dios embaucador, un poco como el dios nórdico Loki. Se dice que cuando se producen tormentas eléctricas, los rayos y truenos son Lug y Balor luchando.

Epona

En pocas palabras, Epona es la diosa de los caballos. La raíz gala (recordemos que el gaélico y el gaélico irlandés se separaron de un grupo lingüístico gaélico mayor) *epo-* significa caballo. El sufijo *-ona* significa sobre. Ella está literalmente «sobre un caballo». Puede parecernos una tontería que la gente tenga una diosa totalmente dedicada a los equinos (caballos, burros y mulas), pero esto tiene mucho sentido para una cultura de la Edad de Piedra y de Bronce durante una época en la que se estaban descubriendo e implementando en la vida cotidiana desarrollos monumentales en la agricultura, el pastoreo y la guerra. El caballo era fundamental en la vida celta. Con el tiempo, la devoción a Epona llegó hasta Roma. El Imperio romano la veneraba, a pesar de que originalmente era una diosa celta.

La diosa Epona con sus caballos

Rosemania, CC BY 2.0 <https://creativecommons.org/licenses/by/2.0>, vía Wikimedia Commons; https://commons.wikimedia.org/wiki/File:Epona.jpg

Cuando se representa a Epona, suele ir acompañada de un caballo o un asno con la mano apoyada en su cabeza, sentada regiamente junto a la bestia.

Epona era venerada en los pueblos celtas, donde las familias disponían de uno o dos caballos y algunos asnos para ayudar en el trabajo y vigilar sus tierras. Se acudía a Epona cuando una yegua estaba de parto para que el potro naciera sano y para que la yegua se recuperara rápidamente.

Aunque era una diosa celta, hay que recordar que los galos y los celtas formaron un solo pueblo en una época, y que seguían estrechamente relacionados en lengua y cultura. Los galos confiaban mucho en su culto a Epona por su feroz caballería, que derrotaba una y otra vez a los conquistadores romanos. Así, Epona se convirtió en diosa patrona de las caballerías militares debido a su dependencia de sus nobles monturas. Cuando los romanos tomaron el poder, adoptaron a Epona en su panteón y la rebautizaron Augusta.

Goibniu

Muchos dioses y diosas celtas eran guerreros, y lo que más necesitaban era metal y reparaciones para sus armas. Aquí es donde entra Goibniu. Es el dios de la orfebrería y, como tal, era el dios patrón de los herreros humanos. Pero lo más importante es que era el herrero de los Tuatha Dé Danann. El panteón celta necesitaba armas, lanzas, mantenimiento de equipos y, por supuesto, herraduras.

¿Quién mejor para equipar a los dioses y diosas con sus objetos de metal que un dios de la herrería? Goibniu también está incluido en el trío de los dioses del arte, que también incluye a un platero y a un carpintero. Este trío fue esencial para que los Tuatha Dé Danann derrotaran a los fomoré (de lo que hablaremos más tarde, no se preocupe).

Aparte de su papel absolutamente crucial como herrero de los dioses, Goibniu también es conocido como maestro cervecero y por su legendaria hospitalidad. Como tal, era el dios patrón de taberneros, cerveceros y posaderos. Su habilidad para organizar banquetes para los dioses y diosas le ha valido un lugar sin dramas en el panteón. Un dato curioso que hace aún más interesante a Goibniu es que, durante una batalla, uno de los hijos de Brigid lo apuñaló con una lanza. Goibniu simplemente retiró la lanza, apuñaló con ella al hijo de Brigid y lo mató.

Ériu

El propio nombre de Ériu es la raíz del nombre de la tierra de Irlanda, que en gaélico irlandés moderno es Éire. Es la encarnación de la tierra de

Irlanda. Se dice que los míticos milesianos fueron los primeros humanos que habitaron Irlanda y acabaron convirtiéndose en los celtas. Sabemos que todo esto es una leyenda. Irlanda tuvo habitantes humanos normales antes de la llegada de los celtas, pero no tenemos muchos datos arqueológicos que nos permitan saber quiénes eran realmente.

Sin embargo, según la mitología celta, los Tuatha Dé Danann habitaron Irlanda antes que los humanos, y fueron los milesianos quienes los obligaron a esconderse. Los dioses y diosas seguían presentes y trabajando, pero no eran los habitantes dominantes de la tierra. Al igual que la Dagda, los dioses y diosas habitaban túmulos funerarios, arboledas sagradas y otros lugares sagrados para los celtas, en lugar de desfilar por la tierra como hacían antes de que los milesianos los derrotaran.

Esto es importante porque las últimas palabras de Ériu antes de ser conducida bajo tierra con el resto de los Tuatha Dé Danann es que la tierra llevaría su nombre. Ériu escaló una colina llamada Uisneach, que en la actualidad es el centro sagrado de Irlanda para los paganos. La colina se encuentra en el condado de Westmeath. En la colina de Uisneach, Ériu exigió a los milesianos que bautizaran la tierra con su nombre, y así fue. Desde entonces, se la conoce como Éire.

Ériu es la diosa de la fertilidad y la abundancia. La raíz de su nombre significa abundancia o generosidad, lo que tiene mucho sentido, ya que las verdes colinas y las fértiles tierras de cultivo de Irlanda perduran hasta nuestros días. También se la conoce como la diosa de la soberanía, ya que consiguió que toda la isla llevara su nombre. Como tal, también tiene la responsabilidad y el privilegio de ser la diosa matrona de la propia tierra de Irlanda.

Áine

La última deidad de esta lista merece un lugar porque es una de las diosas más veneradas de Irlanda occidental. Varios lugares llevan el nombre de Áine por todo el condado de Limerick, entre ellos la colina de Cnoc Áine y al menos otros tres nombres de pueblos. ¿Por qué es tan querida Áine? Es la diosa del calor, la fertilidad y el sol. Estas tres cosas eran muy importantes para los pueblos antiguos, especialmente para los celtas. Sin estos tres aspectos del mundo natural, sobrevendría la muerte.

El solsticio de verano se celebra en honor de Áine; la última fiesta de la que se tiene constancia tuvo lugar hace menos de doscientos años. Áine no solo es querida por las características que representa (cosecha abundante, nuevo crecimiento, riqueza y prosperidad), sino también por su personalidad. Se dice que fue violada por un rey, pero le arrancó la oreja de un mordisco para que todo el mundo supiera lo que había hecho. En la actualidad, muchas familias irlandesas cuentan con antepasados de la diosa Áine.

Capítulo 5: Fiestas tradicionales celtas

Como muchas culturas y tradiciones antiguas, los festivales y fiestas celtas seguían la luna en lugar del sol. El calendario gregoriano, que hoy utilizamos en todo el mundo, no se adoptó hasta la época de Shakespeare. Es por ello que, incluso en fechas tan recientes como la Edad Media, se disputan a menudo las fechas concretas de acontecimientos importantes (el calendario juliano era el calendario solar en uso antes de que se adoptara el gregoriano).

Los judíos, los musulmanes, los chinos y los paganos siguen utilizando la luna para dictar las fechas de sus fiestas importantes, lo que significa que las fechas de estos festivales cambian cada año. Los celtas no eran diferentes. Aunque sus fiestas y festivales tradicionales se basaban en las estaciones, acontecimientos como los solsticios de invierno o verano no caen en la misma fecha gregoriana cada año.

Hay que decir que las celebraciones modernas de las fiestas celtas tradicionales sí tienen fechas fijas (Samhain el 1 de noviembre, Imbolc el 1 de febrero, etc.) debido a la cristianización de Irlanda, ya que los sacerdotes y misioneros intentaron ser más comprensivos con los celtas alineando el Día de Todos los Santos y la Fiesta de Santa Brígida con Samhain e Imbolc. Así pues, en el mundo moderno estos dos días tienen fechas específicas.

Sin embargo, como los antiguos celtas no marcaban el tiempo del mismo modo que nosotros, sino que se basaban en el sol, la luna, las estrellas y los cambios estacionales para marcar el año, estas importantes fiestas caían cada vez que se producía un acontecimiento estacional significativo. Y como estas tradiciones eran tan antiguas y los celtas construyeron monumentos como Newgrange para marcar los solsticios y equinoccios, podían seguir los movimientos del año y celebrarlos en consecuencia.

Aquí trataremos los cuatro festivales celtas tradicionales esenciales, así como cuatro festivales menores. Todos ellos eran acontecimientos importantes para marcar diferentes aspectos de lo que ocurría en la naturaleza alrededor de los celtas, para honrar a sus deidades y para obtener el favor de las nuevas estaciones. La comunidad pagana moderna que se identifica como druidas y brujas practicantes modernos celebra estas fiestas en la actualidad, aunque de forma muy diferente (hay menos sacrificios, para empezar). Hay ocho fiestas principales en la rueda del año celta, y una rueda de ocho radios, muy parecida a la del budismo, es utilizada por los neopaganos para representar el ciclo anual. Veamos cómo celebraban los antiguos celtas estas ocho importantes fiestas.

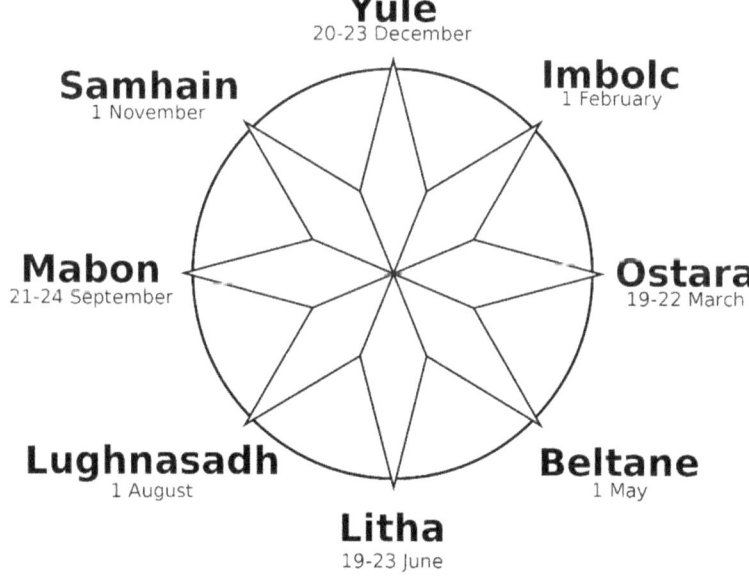

La Rueda del Año
https://commons.wikimedia.org/wiki/File:Wheel_of_the_Year.svg

Yule

Yule se celebra con la llegada del solsticio de invierno. Debido al acortamiento de los días, representaba el renacimiento del sol (y de cualquier deidad que los pueblos de las Edades de Piedra y Bronce asociaran con el sol) y era un presagio que anunciaba el regreso del nuevo crecimiento y la primavera. No se veía como una época estéril y vacía, sino como un tiempo de esperanza para nuevos comienzos, un tiempo para que el sol descansara y pudiera regresar en toda su gloria para revivir la tierra y ayudar a florecer a todos los seres vivos.

Con el tiempo, las asociaciones con Yule, el solsticio de invierno, cambiaron. Los celtas, sin duda ayudados por su representación de la bruja invernal Cailleach, empezaron a asociar el comienzo del invierno con la muerte y la crudeza que trae consigo. Seguían celebrando Yule en yacimientos de la Edad de Piedra como Newgrange y Stonehenge, pero la idea era más sombría y menos llena de esperanza que cuando se celebraba en generaciones pasadas.

Si Yule le resulta familiar, a veces utilizamos el término *Yuletide* para describir la llegada de la Navidad. La asociación de plantas de hoja perenne, acebo y sus bayas, muérdago, hiedra y coronas proviene de esta antigua festividad. Los celtas hacían coronas y unían ramitas de estas plantas de invierno y las daban como ofrenda. También las utilizaban para decorar sus casas. Además, decoraban los árboles, ¿le parece familiar?

Para contrarrestar la tristeza del invierno, que es otro nombre para Yule y el solsticio de invierno, los celtas celebraban muchas fiestas en sus casas y en las de sus familiares y amigos. También hacían regalos. Si esto le suena a Navidad, es prácticamente lo mismo, menos la tradición de colgar calcetines. Además, hoy en día no solemos sacrificar animales a ninguna deidad durante la Navidad.

Imbolc (Primavera)

Esta festividad, conocida modernamente como la fiesta de Santa Brígida, coincide con el Día de la Marmota norteamericano, que se celebra un día después. Ambas simbolizan la inminente llegada de la primavera, que es como comenzó la asociación. Sin embargo, Imbolc es la celebración original de la diosa Brigid, y se sitúa justo entre el solsticio de invierno y el equinoccio de primavera.

Imbolc se celebraba para dar paso a la primavera tras el largo invierno. Aunque el tiempo aún recuerde a su gélido carácter invernal, al dar la bienvenida a la primavera el 1 de febrero, los celtas esperaban con optimismo tiempos más cálidos y fértiles. Como Brigid, hija del Dagda, es la diosa de la riqueza, la prosperidad, los animales domésticos y la fertilidad, es la patrona perfecta para la primavera. Como hemos dicho antes, hay varias maneras de contar la historia, pero Brigid controla la mitad luminosa del año, tomando el manto del tiempo y las estaciones de la Cailleach, que controla la mitad oscura del año.

No ha sobrevivido mucha literatura de la misma época que las antiguas prácticas celtas de Imbolc, pero un tema continuo es el embarazo de las ovejas y el nacimiento de los corderos por estas fechas. Ya hemos hablado de la importancia de las ovejas para los celtas como fuente de lana, carne y, a veces, leche. Como las ovejas parían antes que el ganado, la llegada de los corderos estaba inextricablemente ligada a la llegada de la primavera.

Ostara

Aunque Ostara tiene lugar en el equinoccio de primavera, Imbolc es la fiesta asociada a la llegada de la primavera. Como los días empezaban a alargarse, Ostara era una celebración de la llegada de esos días luminosos, y no solo un símbolo de esperanza en la llegada de tiempos más cálidos. Ostara solía llegar durante lo que ahora es la tercera semana de marzo en el calendario gregoriano, que sería el momento en el que las verdes colinas de Irlanda y toda su gloria natural se mostraban en todo su esplendor.

Esta festividad no es tan antigua como las demás, ya que se tiene constancia de su celebración en torno al siglo VIII. Se trata de una grafía corrupta del nombre de la diosa Eostre, de la que algunos dicen que procede el nombre de Pascua (hay muchas teorías etimológicas para el nombre Pascua; esta es simplemente la que procede de Gran Bretaña e Irlanda). Eostre es una diosa germánica que representa la primavera. Al ser importada, es lógico que su festividad se añadiera más tarde al calendario celta. Sin embargo, se la asocia con conejos y huevos, símbolos de fertilidad.

Beltane (verano)

Beltane suele celebrarse en torno al 1 de mayo, entre Ostara (equinoccio de primavera) y Litha, una de las principales fiestas solares celtas. Su celebración por los celtas estuvo influida en gran medida por las tribus germánicas, con alguna influencia romana. Los romanos veneraban entonces a la diosa Flora, y esta adoración se trasladó a Irlanda. En lugar de tener una diosa específica con el nombre de Flora, los celtas celebraban el concepto de fertilidad en general. La fertilidad era un aspecto clave de la vida antigua en todas las culturas, y los celtas no eran una excepción.

La celebración y la alegría estaban a flor de piel, llenas de hogueras por la pureza. La gente bailaba y hacía música alrededor de las hogueras, fomentando y celebrando la fertilidad. La razón por la que las hogueras eran tan importantes en los festivales celtas es que representaban el poder del sol, y los celtas creían que el fuego tenía propiedades purificadoras. En Beltane encendían dos grandes hogueras y paseaban al ganado entre ellas, purificándolo y asegurándose de que produjera mucha leche y terneros.

La iteración moderna de esta fiesta pagana consiste en bailar alrededor de *maypoles*, ponerse coronas de flores y celebrar la llegada del verano. Se conoce como Primero de Mayo.

Litha

Litha, o solsticio de verano, es el día más largo del año, y se celebra el sol en todo su poder y magnificencia. También se le llama solsticio de verano y suele coincidir con la tercera semana de junio. A los celtas les encantaban las hogueras, y Litha era un día especial para ellos. Los celtas encendían hogueras en lo alto de las colinas para que pudieran verse a kilómetros de distancia, y los más atrevidos intentaban saltar a través de las hogueras en el solsticio de verano para atraer la buena suerte. Parece un precio muy alto por la suerte, pero los pueblos antiguos eran muy meticulosos a la hora de asegurarse la prosperidad.

Algunas leyendas dicen que, al ser el día más largo del año, es una batalla entre la luz y la oscuridad. Al fin y al cabo, en la antigua tradición celta, el año se divide en dos: la mitad luminosa y la mitad oscura. Pero, por supuesto, inevitablemente, el lado oscuro del año gana; el día más largo del año acaba llegando a su fin, y los días se acortan a partir de Litha. Hay constancia de celebraciones en las que se prendía fuego a enormes ruedas que luego rodaban (e incluso corrían) colina abajo hasta las orillas de un río cercano. El fuego y la luz reinaban durante Litha, que significa «luz».

Lugnasad (Otoño)

Lugnasad es una de las tres fiestas de la cosecha que celebran los paganos, pero en la tradición celta, esta fiesta marcaba más recientemente el comienzo de la temporada de cosechas. Esta fiesta suele celebrarse el 1 de agosto, lo que la convierte en otra «fiesta de entremedio», esta vez entre el solsticio de verano y el equinoccio de otoño. Sin embargo, en la antigua práctica celta, Lugnasad caía entre la época de la cosecha y la de la siembra, lo que significa que la sociedad celta, mayoritariamente agrícola, estaba un poco parada. Así nació el festival de Lugnasad.

Como ya se habrá imaginado, la fiesta lleva el nombre del dios Lug, el maestro de todas las habilidades. Los celtas aprovechaban este tiempo de ocio entre la cosecha y la siembra para organizar juegos, reuniendo a distintos pueblos y comunidades para las competiciones. Estas competiciones tenían un carácter más ritual y religioso que deportivo, por lo poco que sabemos de ellas. Los investigadores creen que en ellas se lanzaban lanzas, tal vez flechas, quizá se cazaba y, sin duda, se utilizaba el fuego de alguna forma. Los celtas eran grandes narradores y hay pruebas de que representaban obras de teatro en honor de Lug y su derrota del tizón, que elimina las cosechas.

Estas festividades solían celebrarse en lugares elevados, como mesetas o cimas de colinas, que ofrecían a los participantes y espectadores una amplia visión para los ejercicios de representación y los sacrificios, que normalmente incluían los primeros frutos de la cosecha del pueblo y un toro.

Esta fiesta de la cosecha era tan importante que a menudo se organizaban mercados ambulantes y ferias para vender y comerciar con los excedentes de las cosechas y prolongar los festejos. Lugnasad era, sin duda, una fiesta en la que se podía pasar un buen rato y que hacía olvidar a la gente que aún no podían plantar nuevas cosechas en esta época intermedia.

Mabon

La celebración del equinoccio de otoño es una fiesta pagana de la cosecha, la segunda de tres. El nombre de Mabon no se utilizó hasta 1970, y es probable que los celtas no la celebraran como una fiesta importante. La mencionamos aquí porque está incluida en la Rueda del Año y, durante el equinoccio de otoño, no cabe duda de que los antiguos celtas celebraban la ocasión de alguna manera. Sin embargo, no creemos que se tratara de una gran fiesta en la que se encendieran hogueras. Era simplemente otra forma de marcar el paso de los días y puede que se celebrara de forma sencilla con frutas de otoño y una comida abundante.

Samhain (Invierno)

Samhain era posiblemente la fiesta celta más importante de la antigüedad. Esta festividad comenzaba la noche del 31 de octubre, pero se celebraba durante todo el día del 1 de noviembre hasta la puesta de sol. El 1 de noviembre era el comienzo oficial de la estación invernal, y esta es la tercera fiesta pagana de la cosecha en la Rueda del Año.

Samhain se pronuncia como *samain* o *samuin*, y la segunda pronunciación contribuye a la palabra moderna *Halloween* (*All Hallows' Eve*, acortada y corrompida con la parte *—ween* de Samhain). En este día, los celtas marcaban el final de la temporada de cosecha y se preparaban para el invierno, cuando el Cailleach volvería a reinar sobre la tierra.

Los celtas creían que si el Dagda y su esposa, la Morrigan, decidían emparejarse en el río donde se conocieron y se enamoraron por primera vez en Samhain, la siguiente cosecha sería abundante. Se emparejaran o no los dioses ese año, Samhain era siempre una ocasión estridente y alegre para los celtas, a pesar de ser una ceremonia de bienvenida al invierno.

Muchas culturas, sin exceptuar a los celtas, asociaban el invierno con la muerte: los cultivos no crecían en esa época y la caza escaseaba, ya fuera por la hibernación o por la migración. Sin embargo, esto no les impedía celebrar el Samhain. Como siguen creyendo los paganos hoy en día, los antiguos celtas creían que el velo entre el mundo real y el mundo de los espíritus era más delgado en la noche de Samhain (31 de octubre). Creían que no solo podían visitarles sus antepasados muertos, deseándoles suerte y prosperidad, sino que también podían molestarles fantasmas desagradables.

De ahí viene la tradición de llevar máscaras y disfraces. Si un espíritu o entidad maligna no puede reconocer al portador del disfraz, ¿cómo se supone que va a causarle daño? En la tradición celta se tallaban caras en nabos y se dejaban secar como cabezas encogidas, otro método para ahuyentar a los espíritus malignos. Este método evolucionó hasta convertirse en las actuales calabazas (los inmigrantes irlandeses utilizaron calabazas en el Nuevo Mundo en lugar de nabos).

Si nos remontamos a los antiguos celtas, muchos túmulos funerarios de la Edad de Piedra y de Bronce coinciden con esta antigua celebración que se sitúa a mitad entre el equinoccio de otoño y el solsticio de invierno. Es probable que los celtas, como hacían a menudo, construyeran enormes hogueras alrededor o encima de estos túmulos funerarios para dar la bienvenida a los espíritus de los muertos, así como para honrar lo último de la parte luminosa del año al tiempo que daban la bienvenida a la mitad oscura del año. Los túmulos eran muy importantes en Samhain porque se creía que los espíritus de los difuntos podían ir y venir durante esa noche.

Es probable que Samhain, como otras fiestas celtas importantes, incluyera sacrificios, sobre todo de animales, pero posiblemente humanos. Los registros de esta festividad no se establecieron con detalle hasta principios de la Edad Moderna, por lo que algunas de las prácticas que asociamos con el Samhain neopagano y con Halloween no tienen raíces que se remonten hasta la Edad de Bronce y de Hierro. Es casi seguro que los celtas celebraban esta importante ocasión con fuego, y es casi igual de seguro que animales como toros o cabras fueran sacrificados y/o purificados durante este festival. No cabe duda de que se celebraban banquetes y fiestas, ya que era un momento de celebración, una especie de último hurra antes de que la tierra empezara a helarse.

Samhain y Beltane están en extremos opuestos del año y eran las fiestas más importantes para los celtas. Esto no se debía tanto a las cosechas como a la importancia de la cría de ganado. Los celtas tenían un sistema de pastoreo de sus animales en campos de verano y de invierno, y la clara delimitación entre las dos mitades del año se debía principalmente a la necesidad de pastores y agricultores de cuidar de su ganado. La siembra y la cosecha de los cultivos eran esenciales para todas y cada una de las fiestas, pero la razón por la que estas dos fiestas son tan importantes (Samhain, el invierno, y Beltane, el verano) se debía al ganado, o así lo escribe el erudito del siglo XIX sir George Frazer.

Capítulo 6: Bestias y entidades mitológicas celtas

Todas y cada una de las culturas, modernas y antiguas, tienen sus propias criaturas que conforman leyendas, mitos y cuentos para dormir. Todavía hoy se habla de la mayoría de las siguientes criaturas y seres celtas con una pizca de incomodidad o incluso miedo para los más asustadizos. A otros les encantan las escalofriantes historias de monstruos y demonios, y tanto si le gustan estas historias como si le dan escalofríos, no dejan de ser fascinantes.

No todas estas criaturas son malas. Algunas son espeluznantes, otras aterradoras y otras simplemente divertidas. ¿Cuál es su favorita?

La *banshee*

La *banshee* es probablemente la criatura mitológica más conocida de Irlanda, aparte del duende. A menudo se la representa como una grotesca bruja de pelo blanco, fino y largo, con manos en forma de garra y vestida de negro. Sin embargo, a veces puede aparecer como una dama de edad indeterminada con un vestido blanco o como una mujer joven con un velo de luto.

Representación xilográfica de la banshee como una arpía
https://commons.wikimedia.org/wiki/File:Banshee.jpg

El aspecto más aterrador de la *banshee* no es cómo aparece o qué lleva puesto. Es su aparición, porque se dice que la aparición de una banshee y los lamentos que emite predicen la muerte. Si uno ve u oye a una *banshee*, él o alguien cercano morirá. Por eso la *banshee* es probablemente la criatura mítica celta más temida. Se dice que tiene los ojos enrojecidos e inyectados en sangre de tanto llorar, lo que resulta aterrador en el rostro demacrado de una mujer vestida con harapos en una ciénaga neblinosa.

Existe una teoría sobre el origen del mito de la *banshee* (aunque hoy en día mucha gente jura que las *banshees* no son un mito y que vagan por los páramos de Irlanda). En los antiguos rituales funerarios celtas (como en muchos lugares de Asia), se pagaba a algunas mujeres para que lloraran la muerte de una persona importante. Sus lamentos pasaron a conocerse como quejidos y, en la actualidad, utilizamos la palabra para describir un grito o llanto agudo que suelen emitir las águilas, así como los bebés o los seres humanos adultos.

La leyenda de la *banshee* sigue viva hoy en día en el campo, aunque su estatus de criatura mítica está siendo suplantado poco a poco por explicaciones racionales sobre la audición de sus quejidos. Hay quien dice que el aullido de la *banshee* es el grito de un conejo o un zorro, y si alguna vez ha oído alguno de esos dos sonidos, es una explicación acertada. Los defensores de la existencia de las *banshees* se preguntan,

¿cómo se explica entonces una muerte tan cercana después de escuchar el lamento de la *banshee*? ¿Coincidencia?

Dearg-due

El vampiro irlandés tiene forma masculina y femenina, pero esta historia en particular se refiere a la versión femenina.

La historia cuenta que había una vez una joven que estaba enamorada de un chico del pueblo, pero su padre no tuvo en cuenta en absoluto sus sentimientos. El padre prometió a su hija a un poderoso cacique, pero este no era el hombre que la mujer amaba. Él y su familia tenían fama de brutales y crueles.

El cacique y la hermosa joven se casaron y, por supuesto, hubo una gran celebración, pero la novia y su amor se sintieron desdichados. Y la vida familiar con el cacique no les proporcionaba ningún alivio. Encerraba a su novia durante días o semanas. Ella dejó de comer por sufrimiento y murió, y y el cacique se volvió a casarse rápidamente, aparentemente despreocupado. Al padre tampoco le importó. El cacique le había pagado un buen precio por la hermosa muchacha (ya fallecida).

La tumba de la difunta solo tuvo un visitante desolado: su amor, el hombre con el que no se le permitió casarse. Según la leyenda, el espíritu de la difunta abandonó la tumba porque su sed de venganza y su ira eran muy fuertes. Solo cabe esperar que el hombre al que amaba no viera este espectáculo aterrador.

El espíritu de la mujer, impulsado por su sed de venganza y su rabia ciega, se dirigió a la casa de su infancia y mató a su padre mientras dormía.

Su siguiente paso, como se puede imaginar, fue la casa de su malvado marido. Según la mayoría de las historias, cuando irrumpió en sus aposentos, probablemente con el aspecto de una pesadilla fantasmal, él estaba en la cama con varias mujeres, sin importarle en absoluto su sufrimiento ni su memoria.

La mujer-espíritu hizo caso omiso de las demás personas presentes en la cama, se lanzó sobre su marido y lo mató casi de inmediato. Luego procedió a hacer lo que no hizo con su primer asesinato: beberse toda la sangre del cadáver.

Después de drenarle la sangre, empezó a sentir una sed insaciable de sangre humana. Entonces se la conoció como *dearg-due* o chupasangre roja, y pasó su existencia no muerta atrayendo a los hombres con su belleza etérea a lugares oscuros para matarlos y chuparles la fuerza vital. Se dice que incluso se viste de rojo, para enfatizar su deseo más profundo.

Con cada muerte, la condenada *dearg-due* se volvía más y más voraz, el hambre y la sed de sangre cada vez más poderosos. Era conocida por ser insaciable. Uno se pregunta si su amor perdido, que visitaba su tumba todos los días, transfirió algunos de sus sentimientos de venganza y retribución a su espíritu, alimentando su propio deseo de venganza e impulsándola a levantarse para buscar su propia forma de justicia.

La versión masculina del vampiro irlandés solo se parece a la historia tradicional del monstruo no muerto en algunos aspectos. Existe una historia relativamente moderna (por lo que los antiguos celtas no habrían contado esta historia) sobre un enano malvado, Abhartach. Aterrorizó a la ciudad de Derry hasta que un héroe lo mató. Sin embargo, el héroe lo enterró en posición vertical (como se haría) y, al día siguiente, el enano regresó aún más malvado y déspota que antes. El héroe volvió a matarlo, pero ocurrió lo mismo.

Un sabio druida le dijo al héroe que matara de nuevo a Abhartach, pero que lo enterrara boca abajo para evitar que resucitara una vez más. Esta táctica funcionó.

La conexión con el vampiro viene con la idea de resucitar de entre los muertos, pero también tiene su lugar en otra leyenda relativa al enano vicioso y sediento de sangre. Bebe la sangre de los que están en la ciudad, otro rasgo vampírico. En lugar de un druida, un cristiano piadoso le dice al héroe que para matar al enano bebedor de sangre, el «muerto andante», debe apuñalarlo con una espada hecha de tejo y luego enterrarlo boca abajo. Pero también debe colocar una enorme losa de piedra sobre la tumba y rodearla de espinas, supongo que como precaución adicional.

Una cosa que llama la atención en la leyenda de Abhartach, paralela a la típica historia de vampiros, es que al héroe se le dijo que matara al enano con una espada de tejo. El tejo ha sido venerado durante milenios, especialmente por los celtas y sus druidas, por su asociación con el poder de la muerte y sus propiedades mágicas. Voldemort, de la serie *Harry Potter*, posee una varita hecha de madera de tejo.

El *dullahan*

Aunque a lo largo del tiempo y en muchos países y culturas diferentes aparece el concepto de un jinete sin cabeza, nos centramos, por supuesto, en la versión celta, el *dullahan*. Sin embargo, el *dullahan* tampoco es exclusivamente masculino, ya que esta entidad mágica también puede adoptar una forma femenina; no obstante, lo más habitual es que se represente como una figura masculina.

Este ser imponente y aterrador monta un caballo negro o es arrastrado en un carruaje negro por seis caballos negros. Este carruaje se conoce como la carroza negra o la carroza de la muerte. Viaja tan rápido por la noche que las ramas y arbustos cercanos se incendian.

El dullahan representado con un caballo sin cabeza
https://commons.wikimedia.org/wiki/File:Croker(1834)Fairy_Legends_p0239-dullahan.jpg

En cuanto a su apariencia, el *dullahan* viste todo de negro y siempre lleva consigo su cabeza. Se dice que esta cabeza tiene poderes sobrenaturales de la vista, que escudriña la tierra a grandes distancias en busca de las personas malditas de las que el *dullahan* pretende apoderarse. Se dice que la cabeza tiene ojos que se mueven de un lado a otro, de izquierda a derecha, constantemente. El *dullahan* también puede sostener la cabeza por encima de los hombros y utilizarla como periscopio para buscar a sus víctimas. Una vez más, el *dullahan* se representa más comúnmente como un hombre, pero en realidad no hay una referencia de género estricta.

Si uno se cruza en el camino del *dullahan* mientras cabalga sobre su caballo infernal o es arrastrado en la carroza negra, pero no es su víctima prevista, igual tiene un precio que pagar. Probablemente le perdonará la vida, pero lo dejará ciego. Su cabeza sobrenatural mirará fijamente a sus ojos para completar el acto. Si uno intenta apartar la mirada, el *dullahan* le echará un cubo de sangre en la cara para cegarlo o le azotará en los ojos con su látigo hecho con una espina dorsal humana. Encantador.

Si usted es a quien el *dullahan* busca, no hay forma de que pueda encerrar a este poderoso ser. Todas las puertas, portones, ventanas, trampillas y cualquier lugar en el que usted pueda esconderse se abrirán a su orden, y todo lo que tiene que hacer es pronunciar su nombre para que su alma huya de su cuerpo.

Si esto le parece aterrador, usted no está solo. A veces se dice que la entidad celta conocida como *dullahan* es la encarnación del dios celta Crom Dubh, cuyo nombre significa «el oscuro». Se dice que sus seguidores empleaban el sacrificio humano más que el grupo medio de druidas, y que Crom Dubh mantenía una lucha constante sobre la luz y la oscuridad, así como sobre la cosecha, con el dios de las habilidades, Lug. Crom Dubh, representado como una figura oscura y encapuchada, evolucionó hasta convertirse en el concepto y la manifestación física del *dullahan*.

Si uno lleva consigo oro puro, puede retener al *dullahan* durante un tiempo. Si se trata de un collar de oro o incluso de una moneda de oro, esto puede protegerle la primera vez que lo vea, pero no es un talismán que tenga un efecto permanente. Si el lamento de la *banshee* supone una advertencia o un augurio de muerte para alguien cercano, la aparición del *dullahan* lo asegura.

¿Por qué se representa al *dullahan* sin cabeza? La teoría principal, además del hecho de que un ser sin cabeza vestido de negro que lleva una cabeza sobrenatural poseída de ojos brillantes y un látigo hecho de espina dorsal humana galopando por los páramos en un caballo como un murciélago salido del infierno es absolutamente espeluznante, los celtas, como hemos mencionado en capítulos anteriores, tenían creencias especiales sobre la cabeza humana. Los celtas pensaban que el alma residía en la cabeza. Por eso las empuñaduras de las espadas se tallaban a menudo en forma de cabeza humana (para dar poder) y por eso se dice que los celtas conservaban las cabezas de sus enemigos, según fuentes griegas y romanas. Esta práctica no era tanto para usurpar el poder de sus enemigos, como hacían y siguen haciendo algunas tribus caníbales; era más bien un talismán que les servía para recordar el poder de sus enemigos, que ahora poseían.

Balor

Conocido como «Balor del ojo maligno», es el rey de los fomoré, la raza demoníaca que acabó siendo derrotada por los Tuatha Dé Danann antes de que los humanos llegaran a habitar Irlanda. Más adelante hablaremos de los fomoré.

Balor era el jefe de toda la raza, y se convirtió en Balor del ojo maligno cuando miró una poderosa poción mágica que los druidas de su padre (sí, los humanos no eran los únicos que tenían druidas) estaban elaborando, y los vapores le entraron en el ojo. Los cuentos suelen describir a Balor como un gigante con un solo ojo, como los cíclopes griegos. La diferencia entre Balor y los cíclopes es que el ojo de Balor dispara constantemente un chorro de luz, lleno de calor abrasador y destructor que destruye todo lo que cae sobre él cada vez que abre el ojo.

Algunas historias dicen que Balor tiene dos o tres ojos, pero todas coinciden en que uno de los ojos es el destructor «maligno» que utilizó para reforzar a los fomoré en su lucha contra la raza de dioses, los Tuatha Dé Danann. De hecho, a menos que desee quemar constantemente todo lo que encuentra a su paso o cerrar su único ojo, esta interpretación es la más válida. Puede utilizar su ojo u ojos normales mientras cubre el ojo maligno con un escudo de cuero, como se menciona en una versión de la historia.

Balor es en realidad el abuelo del dios Lug, al que hemos mencionado varias veces. Lug mata valientemente a su propio abuelo y lo decapita. Otra versión de la historia cuenta que Lug dispara una piedra de honda a través del ojo de Balor con un golpe tan fuerte que la piedra sale por el otro lado de la cabeza de Balor. Cuando el gigante cae, aplasta a veintisiete de sus compañeros fomoré.

Fomoré

Esta es la raza demoníaca que Balor defendía. Balor era en realidad un jefe, no su rey: los fomoré estaban dirigidos por el rey Indech. Arriba mencionamos que el cuerpo caído de Balor aplastó a más de dos docenas de sus compañeros de armas, y debemos recordar que la mayoría de los fomoré no eran gigantes como él.

Grupo de fomoré partiendo a la batalla
https://commons.wikimedia.org/wiki/File:The_Fomorians,_Duncan_1912.jpg

Se los conocía como la «raza demoníaca», que habitó la isla irlandesa antes de ser derrotada por los dioses, que posteriormente fueron expulsados bajo tierra por los humanos. Por lo tanto, la batalla cataclísmica entre los fomoré y los Tuatha Dé Danann tuvo lugar antes de que los humanos llegaran a Irlanda.

Describir la apariencia de los fomoré es todo un reto porque no adoptaron una forma concreta. No parecía haber uniformidad de aspecto y, puesto que eran demonios o semejantes a demonios, quizá podían elegir su apariencia a voluntad. Algunos se describen como los que moran en el inframundo o en las profundidades del mar, y en el siglo VII, los fomoré adoptaron personajes como rudos merodeadores marinos, sin duda debido a las invasiones vikingas de Gran Bretaña e Irlanda. Pero en cuanto a su aspecto, algunos van completamente embozados; otros son pequeños, sin pelo, de orejas largas y solo llevan taparrabos; y algunos se asemejan a formas semidesconstruidas de animales como caballos o cabras. A menudo se los describe con un solo brazo, una sola pierna o incluso un solo ojo, por lo que básicamente todos tenían algún tipo de malformación.

Sin embargo, hay que señalar que algunos de los dioses, como Lug, son producto del apareamiento de deidades con fomoré. Las que los dioses tomaban como compañeras eran, por supuesto, hermosas. Esto suscita la pregunta planteada anteriormente de si la raza demoníaca podía aparecer como quisiera o si su apariencia era algo que no se podía evitar. Además de los más que ocasionales acoplamientos e incluso matrimonios entre los Tuatha y los fomoré, las dos razas coexistieron durante eras hasta que se produjo la batalla final entre ambas.

También se dice que los fomoré pudieron ser antagonistas de los dioses y los primeros humanos de Irlanda. Eso es lo que dicen las leyendas celtas: que los primeros humanos tuvieron contacto tanto con los dioses como con los fomoré y que pudieron presenciar esta batalla épica entre las razas.

Púca

Cambiando el ritmo de los demonios infernales, los ladrones de almas y las batallas de épicas consecuencias celestiales, presentamos ahora a los *púcaí* (plural). El *pucá* (o *pwca*, en la ortografía del inglés antiguo) es una criatura que cambia de forma y que puede traer buena o mala suerte a los hogares, dependiendo del trato que reciba.

El *pucá* recuerda a los *brownies*, más populares en Escocia, de los que se dice que ayudan en las tareas domésticas mientras la familia duerme, siempre que se le deje un cuenco de leche por la noche. El *pucá* tiene varias apariciones registradas, pero normalmente se le describe como pardo, pequeño, peludo y puede o no tener cola. Suele llevar una capa oscura, ya sea en forma humanoide o animal. Incluso cuando está en forma humanoide, el *pucá* tiene cola, quizá por eso siempre tiene una capa a mano.

El *pucá* es más propenso a comportarse de forma traviesa que a hacer daño. Si decide adoptar la forma de un poni o un caballo, por ejemplo, puede atraer a un jinete a su lomo y correr tan rápido como pueda a través de un terreno aterradoramente accidentado, asustando al jinete hasta volverlo loco y luego dejarlo en medio de la nada, técnicamente ileso, mientras el *pucá* se ríe y se aleja galopando. Si alguna vez se sospechara de un encuentro con este tipo de *pucá*, se dice que puede ser controlado si el jinete lleva un par de afiladas espuelas. Esto decepcionará al *pucá*, pero salvará al jinete de los planes del bromista.

La otra cara del *pucá* es auspiciosa e incluso desinteresada. Una historia cuenta que un *pucá* se le apareció a un joven granjero en forma de toro, y el granjero acogió al toro y le dio comida y un manto caliente. A cambio, el *pucá*, como toro, trabajaba en el molino, araba y realizaba otras tareas pesadas. En su forma de *pucá*, limpiaba y organizaba el establo por la noche. Una noche, el niño vio al *pucá* en su verdadera forma, pero a diferencia de la mayoría de los seres míticos irlandeses, los *púcaí* se presentan y se muestran de buen grado a los humanos con los que interactúan. Los dos se hicieron amigos e intercambiaron regalos por su amistad.

Algunas historias también cuentan que los *púcaí*, que pueden ver a otras entidades mágicas que de otro modo serían invisibles para los humanos, ya que ellos mismos son mágicos, se interponen en el camino de seres que desean causar daño a humanos desprevenidos, salvando así a los humanos. Entonces, el *pucá* se revela al humano y este, agradecido, entabla amistad con la criatura que le ha salvado.

Aos sí

Aos sí es, en términos sencillos, el nombre de la raza mágica de hadas y seres de otro mundo que habitan Irlanda. De hecho, el nombre *aos sí* o *sídhe* es sinónimo de hada. No se trata de lo que solemos llamar «hadas», los diminutos seres humanoides parecidos a insectos que se adornan con flores y viven en casitas en el bosque. Aunque esos seres forman parte de la raza de las hadas en Irlanda, *Aos sí* es un término general que incluye a todos los seres mágicos, tanto si deciden revelarse a los humanos como si no, de ahí la grafía que utilizamos aquí, hada.

Representación de jinetes *aos sí* en 1911
https://commons.wikimedia.org/wiki/File:Riders_of_th_Sidhe_(big).jpg

Se dice que incluso la temible *dullahan* pertenece a esta raza de hadas o *fey* en Irlanda. El origen del nombre *aos sí* suele remontarse a una frase que significa «gente de los montículos» o «gente de los montículos de las hadas». Esto se remonta a que los dioses pasaron a la clandestinidad tras ser derrotados por los milesianos, las leyendas de las que se habla en el capítulo 4 en la sección de Ériu.

Las tribus celtas tenían mucho cuidado de no ofender a la gente de los túmulos. Los túmulos funerarios se consideraban lugares sagrados donde se podían celebrar festivales, algunos construidos específicamente para iluminarse durante determinados solsticios y equinoccios, pero antes y después de los festivales, durante los días ordinarios, estos lugares se trataban con respeto y precaución.

Muchas leyendas irlandesas afirman que si un ser humano queda atrapado por algún ser de los *aos sí* o si come alguno de sus alimentos, quedará atrapado en su mundo y no podrá volver al mundo de la superficie. Nunca volverán a ser vistos por nadie de su especie.

Para no ofender a la raza de las hadas, a menudo no se hace referencia a ellas directamente por su nombre; incluso hoy en día se utilizan eufemismos como la gente justa, el pueblo o los buenos vecinos, junto con *sídhe* o *aos sí*. Los celtas hacían ofrendas de leche, fruta o, a veces, pan para apaciguar a estos seres.

Algunas fuentes afirman que los *aos sí* eran los restos de los Tuatha Dé Danann, la raza de los dioses, después de que los humanos los empujaran bajo tierra. Los *aos sí* viven en un espacio liminal entre los dos mundos, por lo que los humanos pueden verlos si se revelan y pueden interactuar con ellos si así lo desean. Los *Banshees*, *púcaí* o duendes se incluirían en esta denominación.

Sluagh

Una de las criaturas más intimidantes de nuestra lista es el *Sluagh*, o la «hueste de los muertos». Se dice que estas temibles hadas malvadas vuelan en el aire en forma de media luna, como los pájaros, y se abalanzan sobre las almas de aquellos a los que cazan.

Antes de Samhain e Imbolc y de las otras grandes fiestas del fuego de los antiguos celtas, algunas historias sobre el origen del *Sluagh* dicen que los celtas tenían prohibido encender fuego en esas ocasiones porque el espacio entre los mundos era muy fino. Los druidas advertían de que el fuego atraería a los *Sluagh*. Sin embargo, en algún momento, esa práctica se abandonó en favor de enormes hogueras y ofrendas a los muertos y otros espíritus.

Las almas no perdonadas, los Sluagh
https://commons.wikimedia.org/w/index.php?curid=93481

Los *Sluagh* suelen viajar en grandes grupos, de ahí su nombre, y se dice que son las almas de los muertos no perdonados. Ya hemos mencionado dos versiones de los Sluagh: los antiguos celtas pensaban que formaban parte de los *aos sí*, las *hadas* que se habían corrompido de alguna manera, tratando de hacer a los humanos tan miserables y perdidos como ellos. Tras la llegada del cristianismo a Irlanda, la creencia en los *Sluagh* persistió, pero cambió el prisma desde el que se los miraba. Se los veía como pecadores sin perdón empeñados en arrastrar con ellos almas felices y prósperas al infierno cuando arrasaban la tierra.

Aunque hay muchos más seres míticos que tratar, terminaremos con una nota más caprichosa que espeluznante. Esperamos que este capítulo lo haya animado a investigar por sí mismo el folclore irlandés para explorar el encantador y a menudo terrorífico mundo de las *fey*.

Glas Gaibhnenn

Glas Gaibhnenn es la vaca de la abundancia y la fertilidad. Se dice que pertenecía a un herrero y que es de color verde claro o tiene manchas verdes, por lo que es fácil distinguirla. Esta vaca nunca se queda sin leche, por lo que para una cultura que dependía del favor del buen tiempo para sus cosechas y para alimentar a su ganado domesticado, Glas Gaibhnenn era un símbolo de abundancia y de comodidad por su capacidad constante de proveer.

Balor disfrazado robando la vaca encantada
Sin restricciones;
https://commons.wikimedia.org/wiki/File:Myths_and_legends;_the_Celtic_race_(1910)_(14596782139).jpg

Una leyenda interesante en la que participa Glas Gaibhnenn es aquella en la que Balor del ojo maligno roba la vaca y se la lleva a una torre de cristal. Esta torre también alberga a su hija, a la que nunca deja salir porque está profetizado que dará a luz a un hijo que matará a Balor (Lug, como ya se ha mencionado). El héroe Cian debe recuperar la vaca de Balor del ojo maligno, y acaba convirtiéndose en el padre de Lug. Lug es concebido, y la vaca es devuelta a su legítimo propietario. Todo va bien hasta la gran batalla entre los fomoré y los Tuatha Dé Danann.

Capítulo 7: Leyendas e historias celtas

En este capítulo, trataremos algunos cuentos celtas esenciales que a veces se omiten en las versiones actuales de las famosas leyendas celtas. Las historias famosas con las que todo irlandés está familiarizado serán tratadas en el capítulo 8.

Los hijos de Tuireann

A veces, este cuento se conoce como la «Tragedia de los hijos de Tuireann». Tuireann no aparece en esta historia más allá de su papel como padre de tres hijos: Brian, Iuchar e Iucharba. Tuireann tiene otros tres hijos, pero esta no es su historia. La madre de los tres hijos anteriores es Danu.

En cuanto a Brian, Iuchar e Iucharba, su madre es la propia hija de Tuireann, Danand. Durante la gran batalla, el Mag Tuired, en la que los fomoré son vencidos por los Tuatha Dé Danann, la misma batalla en la que Lug mata a Balor del ojo maligno, los hijos de Tuireann, Brian, Iuchar e Iucharba, matan realmente al padre de Lug.

En resumen, Lug mata a Balor, su propio abuelo. Los hijos de Tuireann matan a Cian, hijo de Balor y padre de Lug. Aquí comienza la «Tragedia de los hijos de Tuireann», un relato muy influido por la mitología griega y que se desarrolla en lejanos imperios extranjeros.

Por haber matado a su padre, el dios Lug exige un precio de sangre, conocido en irlandés como *eric*, y exige a los hermanos que realicen hazañas increíbles y recuperen diversos objetos mágicos. Recuperar esos objetos mágicos requiere mucha fuerza, astucia y fortaleza. Los objetos que Lug exige por el precio de sangre incluyen los siguientes:

- Tres manzanas doradas del jardín griego que cultivan las Hespérides. Las Hespérides eran parecidas a las ninfas del bosque, y los hermanos tenían que superarlas, así como a la serpiente gigante que custodiaba este jardín místico.
- Una piel de cerdo mágica del rey Tuis en Grecia. Esta piel de cerdo tenía el poder de convertir el agua en vino y curar enfermedades.
- Una lanza envenenada del rey de Persia.
- Dos caballos del rey de Sicilia, Dobar, que podían arrastrar carros por agua y tierra.
- Siete cerdos propiedad del rey de los Pilares de Oro que, si se comían por la noche, reaparecían por la mañana.
- El mítico perro Failinis de cachorro, que era conocido como el compañero de Lug (después de que los hermanos obtuvieran el cachorro del rey de Iruaith).
- El asador para cocinar que pertenecía a las mujeres de Inis Fionnchuire, que se encontraba mucho más cerca de casa que los primeros objetos. El significado de este asador de cocina es que estas mujeres eran de la raza de las hadas, y vivían bajo el agua. Los hermanos también regresan a Irlanda con los objetos anteriores antes de partir de nuevo para recuperar el asador. Las mujeres hadas se ríen porque podrían dominar fácilmente a cualquiera de ellos y dejar que el hermano que se sumerja para recuperar el asador se lo lleve por su audacia.

Hay una última tarea. A diferencia de las otras tareas, que requerían hazañas de astucia y fuerza para capturar o adquirir objetos, el requisito final es algo que los tres hermanos deben hacer.

Esta última tarea tiene lugar en lo alto de la colina irlandesa de Miodhchaoin, o eso se supone. Los tres hermanos deben gritar en la cima de esta colina específica para completar el *eric* y liberarse del encantamiento obligatorio de Lug. Sin embargo, esta colina está ocupada por los hijos de Miodhchaoin, y él y sus tres hijos apuñalan con lanzas a Brian, Iuchar e Iucharba.

Los hijos de Tuireann consiguen matar a Miodhchaoin y a sus tres hijos (sus pruebas los convirtieron en formidables guerreros), pero los tres hijos de Tuireann resultan heridos de muerte. Brian levanta las cabezas de sus hermanos, y los tres completan la tarea lo mejor que pueden, utilizando el último aire de sus pulmones para gritar débilmente para que se cumpla la tarea final.

Iuchar e Iucharba mueren poco después, y aunque Brian aún vive, apenas le queda vida. Le queda la suficiente para suplicar a Lug que utilice la piel de cerdo encantada que recuperaron para curar a sus hermanos (y se puede suponer que a sí mismo), pero a pesar de todo lo que han hecho para cumplir el *eric*, Lug se niega a utilizar la piel de cerdo para curar a ninguno de ellos. Tuireann entierra a sus hijos, muriendo él mismo poco después, se puede decir que quizás de corazón roto.

El vencedor final de esta historia es el dios Lug, de quien algunos pueden decir que negó cruelmente la piedad a los hombres que mataron a su padre. Se benefició enormemente de la adquisición de estos objetos mágicos, convirtiéndose la lanza en su famosa arma y Failinis en su fiel compañero canino. En cierto modo, «Los hijos de Tuireann» trata tanto de Brian, Iuchar e Iucharba como de la historia del origen de Lug, que se celebra durante el festival de Lugnasad.

Las hadas

¿De dónde viene la historia de las hadas? Son omnipresentes en todas las historias celtas e irlandesas, y mucha gente sigue creyendo que su existencia es posible en zonas boscosas alejadas de la civilización humana.

La respuesta breve es que las hadas o las hadas, que pueden aparecer como criaturas bestiales, apariciones malignas, deidades o seres bellos y mágicos, tienen su origen en la raza de los dioses de los Tuatha Dé Danann. La raza de los dioses fue la predecesora de las hadas, y las hadas se quedaron en los espacios entre este mundo y el otro.

La historia del origen de los Tuatha Dé Danann, la raza de la diosa Danu, los eternos vivientes, podía parecer clara a partir de otras historias sobre ellos, pero las cosas empezaron a enturbiarse cuando el cristianismo llegó a Irlanda y las historias empezaron a escribirse.

Antes de esto, la tradición oral era la única forma de que sobrevivieran las tradiciones, aparte de las representaciones artísticas. Se sabe que los druidas nunca escribieron sus conocimientos porque los protegían mucho. No fue hasta los siglos IX, X y XI cuando los visitantes de Irlanda empezaron a describir a los Tuatha Dé Danann como deidades de las nubes, en lugar de simples seres que cambiaban de forma, traviesos o benévolos. Esta idea era un intento de decir que el Dios cristiano era más grande que cualquier otro dios, y cambió la práctica pagana celta de honrar a los Tuatha Dé Danann a través de la lente de la divinidad en lugar de simplemente seres a los que honrar y temer.

La conclusión es que la frontera entre la raza de los dioses y la raza de las hadas es muy difusa, y tienen habilidades similares. La raza de las hadas permaneció esencialmente en los límites del mundo humano, mientras que los dioses pasaron a la clandestinidad para ser venerados sin ser vistos directamente.

El origen del arpa

El arpa ha sido un símbolo perdurable de lo irlandés desde que se tiene memoria. El arpa encantada del Dagda tiene el poder de cambiar las estaciones. Irlanda ha tenido el arpa en varias monedas durante siglos, y hoy, las monedas de euro irlandesas todavía llevan el arpa en el anverso.

La historia del origen del arpa comienza con Cana Cludhmor, a quien a veces se conoce como Canola, una corrupción de su apodo irlandés. Se dice que Cana Cludhmor es la diosa celta de la inspiración, los sueños y, por supuesto, la música, probablemente debido a esta historia. Una noche se peleó con su marido y Cana Cludhmor decidió dar un paseo por la playa para calmarse. Acaba recostándose y quedándose dormida, y oye una música deliciosa en sueños.

Cuando se despierta por la mañana en la playa, se da cuenta de que la música que oía no era solo en sueños, sino que la creaba el viento, que soplaba suave y constantemente a través de los tendones extendidos por la caja torácica de un cadáver de ballena en descomposición. El relato es encantador hasta esa representación. Pero la conclusión final es que Cana Cludhmor se inspira para crear el arpa basándose en este ejemplo hecho por casualidad en la naturaleza. ¡Menos mal que ella y su marido tuvieron aquel desencuentro!

Capítulo 8: Historias famosas: Los hijos de Lir, Cú Chulainn y Tír na nÓg

Estas son algunas de las historias más preciadas y conocidas de la Irlanda actual, y todas ellas proceden de la tradición y la mitología celtas. Estas historias han encantado y maravillado a miles de personas de todas las generaciones desde hace siglos, y han servido de inspiración para innumerables referencias de la cultura pop moderna y la construcción del mundo. ¿Por qué estas historias, en particular estas tres, han resistido el paso del tiempo hasta el punto de que existen incluso diversas variaciones de cada una de ellas? A continuación responderemos a esta pregunta, y también nos ceñiremos a la versión más tradicional y ampliamente aceptada de cada una de ellas.

Los hijos de Lir

Los hijos de Lir, también conocida a veces como «El destino de los hijos de Lir», es una tragedia que se cuenta una y otra vez e incluso se estudia en las escuelas irlandesas.

Tras la muerte del gran Dagda, se necesitaba un nuevo gobernante de los Tuatha Dé Danann. Lir quería ser elegido rey, pero fue rechazado por Bodb Dearg, que fue elegido nuevo gobernante de los Tuatha Dé Danann. Lir estaba comprensiblemente disgustado, ya que había perdido el papel, pero para conseguir la lealtad de Lir y apaciguarlo, Bodb le ofreció a Lir la mano de su hija Aoibh en matrimonio. Lir aceptó y juró lealtad a Bodb como nuevo gobernante.

El matrimonio de Lir y Aoibh fue feliz y tuvieron cuatro hijos. Estos niños eran la luz de sus vidas, pero tras el nacimiento de un par de gemelos, Aoibh murió y Lir, al igual que los niños, quedó desconsolado. Bodb Dearg estaba muy triste, pero envió a otra de sus hijas, Aoife, a Lir para que se casara con ella.

Como tanto su padre como su nuevo marido adoraban a sus cuatro hijastros, Aoife se puso celosa. Solo tardó un año en cultivar sentimientos de indignidad e ira contra ellos. Incluso fingió estar enferma durante este año de angustia mental y desaires percibidos, pensando que había perdido el amor de Lir a causa del evidente amor de este por sus hijos. Aoife llegó incluso a planear matarlos directamente. Reunió a su séquito y les prometió riquezas incomparables si mataban a los cuatro niños. Su séquito, por supuesto, se negó, así que Aoife, herida y furiosa, empuñó ella misma una espada. Pero no pudo llevar a cabo el sangriento acto.

Fue entonces cuando obligó a los niños a bañarse en un lago y, una vez en el agua, los transformó en cisnes. Sin embargo, no eran cisnes corrientes: conservaban su personalidad, intelecto, razón y habla. También tenían la capacidad de cantar canciones de una belleza incomparable.

Aoife puso un límite de tiempo (aunque ridículamente largo) a su maldición, según algunas versiones a petición del hijo mayor. Los cuatro niños debían permanecer como cisnes durante trescientos años en el lago en el que fueron transformados, luego pasar trescientos años en el frío norte de Irlanda y, por último, trescientos años como cisnes en una isla solitaria y desolada.

En lugar de volver al castillo de su marido, Aoife regresó al castillo de su padre. Bodb le preguntó por qué los niños no estaban con ella, y ella se inventó una historia sobre cómo Lir no confiaba a Bodb sus propios nietos. Bodb no creyó esta tontería ni por un instante, y envió un mensaje a Lir, diciendo que sus cuatro preciosos hijos habían desaparecido.

Cuando Lir recibió el mensaje, buscó a sus hijos hasta llegar al lago donde debían permanecer durante los próximos trescientos años. Cuatro hermosos cisnes blancos se le acercaron y le revelaron que eran sus preciosos hijos. Lir lloró por lo que había hecho Aoife. El mayor le informó que su maldición duraría los próximos novecientos años. Para aliviar su dolor y adormecerlo, los niños cantaron sus hermosas canciones de cisne a su amado padre, que cayó en un sueño profundo y sin sueños.

Lir descubre a sus hijos, ahora cisnes
https://commons.wikimedia.org/wiki/File:Ler_swans_Millar.jpg

Cuando despertó, Lir se dirigió al castillo de su suegro y le informó de lo que su hija Aoife había hecho a los niños. La ira y el dolor de Bodb llenaron el castillo, e inmediatamente dijo que el sufrimiento y el tormento de Aoife serían aún mayores que los de los niños. Bodb preguntó a su hija cuál era el peor ser en el que podía imaginar convertirse, y ella respondió que era un demonio del aire. Así que se convirtió en uno para siempre. Bodb convirtió a Aoife en un demonio del aire, y aún hoy sigue bajo su maldición.

Durante los primeros trescientos años de la maldición de los niños, la gente, los dioses y los milesianos por igual llegaron a escuchar su música conmovedora e increíblemente hermosa. Sin embargo, llegó el momento de que se trasladaran al norte, a los fríos ríos y lagos de Maoilé, donde tuvieron que pasar los siguientes trescientos años cantando. Fue entonces cuando se prohibió matar cisnes en toda Irlanda. Su estancia en el Maoilé fue dura y llena de sufrimiento. En una ocasión, una fuerte tormenta separó a los hermanos y, aunque finalmente se reunieron, el final de los segundos trescientos años no pudo llegar lo bastante pronto. Todos estaban dispuestos a abandonar el norte.

Finalmente, cuando llegó el momento, los niños volaron a Iorrus Domhnann, en el noroeste de Irlanda, para cumplir sus últimos trescientos años como cisnes. Aquí es donde algunas versiones de la historia difieren. Algunas versiones dicen que hacía tanto frío en Iorrus que una noche las aguas se congelaron y las patas de los pobres cisnes se quedaron pegadas al hielo. Entonces rezaron al único Dios verdadero y profesaron su fe en él, lo que les liberó del hielo. Otras partes de la historia omiten este detalle, y se dice simplemente que los cisnes soportaron su estancia en el noroeste durante los trescientos años siguientes. Lo que normalmente se cuenta en todas las versiones de *Los hijos de Lir* es que, durante su estancia en Iorrus Domhnann, hubo un joven al que conocieron que registró un relato de su historia.

Cuando cumplieron los novecientos años de maldición, volaron de vuelta, aún en forma de cisne, al hogar de su padre, Lir.

Cuando llegaron a su tierra natal, los niños descubrieron consternados que las tierras de Lir estaban abandonadas, como si no hubiera habido habitantes desde hacía tanto tiempo que todo estaba cubierto de maleza y en ruinas. Consternados, viajaron a la isla de Inis Gluairé, donde se congregaban muchas aves. Al menos podían vivir en paz con otras aves y entre ellas.

Después de que san Patricio cristianizara gran parte de Irlanda, aún quedaban muchos que recordaban a los niños de Lir, entre ellos un hombre santo que tocaba una campana para rezar. Cuando los niños oyeron la campana, se asustaron, pero el mayor dijo que tal vez deberían escuchar a la campana llamando a la hora de la oración, ya que podría romper la maldición. Cuando todos terminaron de escuchar la campana, entonaron una canción encantadora de otro mundo. Cuando el hombre santo se acercó a la orilla del lago para escuchar su canción, les preguntó si eran realmente los hijos de Lir, ya que había oído hablar de su antigua situación y se encontraba en la zona para localizarlos.

Los cuatro niños cisne depositaron su confianza en el monje, permitiéndole ponerles cadenas de plata y alejarlos del lago. La esposa del rey de Connacht se enteró de que estos cisnes eran los famosos niños de Lir, trágicamente malditos, y exigió al monje que se los llevara de inmediato. El monje se negó, así que el rey fue a coger a los niños cisne por la fuerza. En cuanto los tocó, se rompió la maldición: todas sus plumas se desprendieron y dejaron ver a cuatro personas extremadamente ancianas y huesudas, tres hombres y una mujer, a los que los novecientos años habían pasado factura al instante. Al parecer, esto molestó tanto al rey de Connacht que se marchó inmediatamente.

Las leyendas se alinean aquí para decir que los niños sabían que estaban cerca de la muerte y pidieron al monje que los bautizara. Él hizo lo que le pedían y los enterró poco después.

¿Qué nos enseña esta historia y por qué sigue siendo tan popular? El simbolismo celta de la historia y la conexión con los místicos y mágicos Tuatha Dé Danann es una de las razones. Otra razón por la que esta historia es tan popular en la Irlanda postcristiana es que muestra que aceptar a Dios trae paz y libertad. Al fin y al cabo, esta es una interpretación. En Dublín hay incluso una estatua de los cuatro niños en forma de cisne. El destino de los *Hijos de Lir* forma parte del patrimonio cultural irlandés, como el arpa, el gaélico irlandés y las verdes colinas.

La estatua de los Hijos de Lir en Dublín
https://commons.wikimedia.org/wiki/File:Children_of_Lir.jpg

El Gran Cú Chulainn

Todos los irlandeses conocen la historia de Cú Chulainn, el gran guerrero que era mitad mortal y mitad inmortal. A Cú Chulainn se lo compara con Hércules, la versión irlandesa de Aquiles y otros grandes guerreros de otras mitologías, pero las similitudes terminan cuando se habla de sus orígenes natales y su enorme fuerza.

Ya desde muy joven (algunas fuentes hablan de siete años), Cú Chulainn poseía una fuerza descomunal, que conseguía esencialmente volviéndose del revés. Esto ya asustaba a los que querían hacerle daño, pero su rabia le daba la fuerza suficiente para contener ejércitos él solo. La imagen mental que esto evoca es bastante perturbadora, pero así es como las leyendas hablan de su increíble fuerza y poder.

Cú Chulainn no siempre fue el nombre de esta joven y poderosa figura legendaria de la mitología irlandesa. Nació de una madre mortal que lo llamó Setanta. Cuando era pequeño, recibió el nombre de Cú Chulainn, que significa literalmente «sabueso de Chulainn». Chulainn era un herrero que tenía un temible perro guardián, y el niño Setanta mató al perro mientras se defendía, para conmoción de todos. Chulainn estaba comprensiblemente consternado de que este niño sobrehumano hubiera matado a su perro, pero Setanta se ofreció como guardia de seguridad de Chulainn hasta que pudiera encontrar y entrenar a otro perro guardián para el hombre. Si consiguió o no encontrarle a Chulainn otro sabueso es algo que se discute, ya que las historias difieren, pero Setanta fue conocido para siempre como el sabueso de Chulainn.

Setanta mata al sabueso de Chulainn
https://commons.wikimedia.org/wiki/File:Cuslayshound.jpg

Existen muchas historias y leyendas en torno a este hijo de una mujer mortal y Lug, el dios maestro de todas las habilidades. La destreza de Cú Chulainn en la batalla y su buen aspecto (cuando no estaba furioso) cobran sentido cuando uno se da cuenta de que era hijo del gran Lug.

De niño, Cú Chulainn fue entrenado en artes marciales por Scáthach, la mujer guerrera de la leyenda escocesa. Ella le dio su lanza y le enseñó a luchar, aunque cuando entraba en sus ataques de ira, realmente no tenía control y destrozaba a cualquiera y cualquier cosa que se interpusiera en su camino. Durante la época de entrenamiento de Cú Chulainn, se profetizó que sería enormemente famoso, pero que tendría una muerte prematura, para consternación de los que lo querían.

Una de las historias más famosas que lo involucran es cuando la reina Maeve de Connacht intentó apoderarse de los territorios del Ulster. Cú Chulainn está con una mujer en el bosque cuando eso ocurre. Mientras las tropas del Ulster luchan por contener a las fuerzas de la reina Maeve, Cú Chulainn se une a la refriega más o menos cuando cae el último hombre del Ulster. Se pone furioso y vence sin ayuda a cientos de hombres del ejército de la reina Maeve, convirtiéndose en el héroe del Ulster.

Como estaba profetizado, Cú Chulainn murió joven, según la mayoría de las fuentes a la edad de veintisiete años (tenía diecisiete cuando derrotó a la reina Maeve de Connacht). Maeve conspiró con varios nobles para atraer al sabueso de Chulainn y así poder matarlo. En la cultura celta existían graves tabúes que nunca debían romperse. Si lo hacían, la persona que los rompía no solo se debilitaba físicamente, sino también espiritual y emocionalmente. Los dos tabúes a los que se enfrentaba Cú Chulainn eran comer carne de perro o rechazar la hospitalidad. Un día, se encuentra con una vieja bruja que le ofrece carne de perro que está cocinando en un asador. Atrapado entre estos dos tabúes, acepta un pedazo de carne de perro y se la come.

Así, Cú Chulainn ha roto uno de los tabúes más severos de su cultura, y se encuentra en un estado debilitado para el próximo ataque. Lugaid, uno de los conspiradores de Maeve, manda fabricar tres lanzas mágicas, cada una diseñada para matar a un rey. La primera lanza se utiliza para matar al conductor del carro de Cú Chulainn, el rey de los conductores. La segunda lanza se usa para matar al caballo de Cú Chulainn, el rey de los caballos. Y todos sabemos a quién va dirigida la tercera lanza.

Después de que Lugaid hiera mortalmente a Cú Chulainn con la tercera lanza, Cú Chulainn saca todas las fuerzas que le quedan para atarse a una piedra alta y poder morir enfrentándose a sus enemigos de pie y no de rodillas. Se dice que un rayo de luz ilumina a Cú Chulainn y, al caer el brazo de su espada, corta la mano de Lugaid. A continuación, un cuervo se posa en el hombro del héroe, señal de que su aliento ha abandonado su cuerpo.

Las historias de Cú Chulainn podrían llenar muchas más páginas; esta es simplemente una introducción al afamado héroe irlandés, cuya única debilidad era que rompía los tabúes irlandeses, lo que podía ocurrirle a cualquiera. Hoy en día, el sabueso de Chulainn es un símbolo del nacionalismo y la identidad irlandeses. No es tanto una mascota como una figura legendaria de la que los irlandeses se enorgullecen, y el lema de la ciudad de Dundalk es «Yo di a luz al valiente Cú Chulainn». Esto se debe a que se dice que la piedra a la que Cú Chulainn se ató para poder morir con dignidad está en Dundalk.

La imagen de Cú Chulainn se ha colocado en monedas y medallas militares irlandesas, se ha convertido en estatuas de bronce y se ha representado en banderas y otros materiales nacionalistas irlandeses. No hay forma de que el pueblo irlandés olvide pronto a Cú Chulainn, su valentía o sus numerosas hazañas.

Tír na nÓg, la *Tierra de la Juventud*

Este cuento es realmente uno de los más provocadores, bellos y desgarradores que se han transmitido a través de los siglos en la isla de Éire. Cuando se escucha la historia de Tír na nÓg, es casi imposible no conmoverse de alguna manera. Por eso hoy en día se cuentan historias sobre esta tierra encantadora libre de envejecimiento y dolor.

Centraremos nuestra historia de Tír na nÓg en una princesa de la tierra de la juventud, la bella Niamh (pronunciado niav) del «cabello dorado». Esta es la historia de cómo Niamh de Tír na nÓg y Oisín de Irlanda se conocieron y se enamoraron. Hay una variante de la historia, a la que llegaremos al final, así que asegúrese de prestar atención a la primera narración y luego observe cómo cambia las cosas la historia alternativa.

Oisín, su padre Finn MacCool, que es un héroe irlandés consagrado por derecho propio, muy parecido a Cú Chulainn, y los *fianna*, los cazadores-guerreros con los que viajan, contemplan a una hermosa doncella en una de sus muchas aventuras. Tiene el pelo largo y suelto, labios carnosos y ojos brillantes. Ninguno de los hombres ha visto a un ser vivo tan hermoso en todos sus años.

La doncella se presenta como Niamh, y mira a Oisín (pronunciado algo similar a «océano»), informándole de que ha oído historias del *fianna* y del famoso joven Oisín MacCool y que había dejado su tierra específicamente para encontrarlo y casarse con él.

Todos los presentes se quedan un poco confusos y atónitos, sobre todo cuando Niamh les dice que viene de Tír na nÓg. Todos conocen el significado del nombre del lugar: la Tierra de la Juventud, de los que no envejecen, la Tierra de la Eterna Juventud. Nunca se habían planteado que Tír na nÓg sea un lugar real, así que, naturalmente, reaccionan con incredulidad. Niamh continúa describiendo su tierra natal con tanto detalle que el grupo no puede evitar llegar a la conclusión de que debía haber algo de verdad en lo que está diciendo.

Niamh explica que su tierra es el lugar más hermoso imaginable e inimaginable. No hay muerte, ni enfermedad, ni dolor, ni envejecimiento. Cualquiera que sea la edad de uno cuando llega a Tír na nÓg se convierte en su edad eterna. Niamh dice que no deben quedarse mucho tiempo, ya que los efectos de dejar Tír na nÓg comenzarán a afectarla, aunque mucho más lentamente que a cualquier mortal que llega a la Tierra de la Juventud y luego se va.

Le profesa su amor a Oisín (a quien acaba de conocer, por lo que esto puede parecernos extraño, pero es una historia, y ella es extremadamente bella). Niamh le ruega que se vaya a su casa con ella, donde ambos permanecerán jóvenes para siempre y vivirán a sus anchas, con todas las joyas y el oro que puedan imaginar y todos los festines deliciosos que puedan consumir. Oisín está casi convencido, pero acepta ir con una condición: que se le permita regresar a Irlanda para visitar a su amado padre. Niamh, por supuesto, accede a esta sensata petición, y padre e hijo se despiden con lágrimas en los ojos. Los *fianna* están serenos por la pérdida de su segundo al mando.

Oisín y Niamh viajan a Tír na nÓg
https://commons.wikimedia.org/wiki/File:15_They_rode_up_to_a_stately_palace.jpg

Oisín y Niamh viajan en el caballo de plata de Niamh, atravesando océanos, contemplando espectáculos nunca vistos y escuchando canciones que ningún mortal ha oído en siglos, excepto Oisín. Este se asombra ante las fantásticas plantas y animales que nunca ha visto. Ve una hermosa arboleda cargada de frutos brillantes y le pregunta a Niamh: «¿Es este tu hogar?».

Ella se ríe y le contesta: «Este lugar no tiene nada que envidiar a mi tierra. Lo sabrás cuando lleguemos a Tír na nÓg"».

El caballo sigue galopando, a través de valles y cadenas montañosas de oro, a través de bosques más verdes, incluso a través del cielo y los mares, y finalmente, llegan a Tír na nÓg. Oisín se da cuenta de que Niamh tenía razón. Nunca se había sentido más feliz, más ligero o más relajado que cuando cruzaron a la tierra natal de Niamh. Ni siquiera sus mayores victorias en batalla podían compararse con la euforia que siente en Tír na nÓg.

Oisín y Niamh se casan rápidamente y tienen muchos hijos juntos, y la pareja nunca envejece. Se aman cada vez más a medida que viven, nunca enferman y nunca conocen la lucha o la infelicidad. Sus hijos crecen y prosperan, pero se mantienen siempre jóvenes. Todos comen lo que necesitan y más. Las plantas y los animales son una fuente inagotable de alegría para la familia y los demás habitantes de Tír na nÓg.

Un día, como si despertara de un sueño, Oisín recuerda la promesa que hizo a su padre de volver a Irlanda de visita. Por primera vez desde que entró en la Tierra de la Juventud, se siente turbado. Durante varios días, su ceño se frunce y se pregunta qué debería hacer o incluso cómo podría llegar a Irlanda. Niamh se da cuenta de que algo le pasa a su marido.

«Mi querido amor —se dirige a él tras unos días de observarlo así—, la infelicidad es algo inaudito aquí en Tír na nÓg. Sin embargo, veo que la angustia se dibuja en tus facciones. ¿Qué puede preocuparte tanto?».

«Niamh, querida —responde Oisín—, estos años aquí contigo han sido los más felices que podría haber pedido. Es que he recordado la promesa que le hice a mi padre, Finn MacCool, y al *fianna*. Echo mucho de menos a mi padre y deseo visitar Irlanda para cumplir mi promesa».

Niamh proporciona a su amor un caballo que puede hacer el viaje, pero le advierte: «Querido esposo, en tu viaje, debes permanecer en la silla de montar. Si tus pies tocan el suelo de Irlanda, puede que nunca jamás regreses a mí, a Tír na nÓg. Por favor, regresa a mí, querido Oisín. Es todo lo que te pido».

Oisín besa a su querida Niamh y promete volver a su hogar en Tír na nÓg en cuanto haya visto a su querido padre en Irlanda. Así pues, se marcha montado en el fiel caballo y, en lo que le parece un abrir y cerrar de ojos, regresa a Irlanda, a las verdes y vibrantes colinas salpicadas de edificios que no reconoce. Resultan ser monasterios e iglesias repartidos por el campo. Ve pasar a un anciano y le saluda.

«¡Hola, amable viajero! ¿Qué has oído sobre Finn MacCool y el *fianna*? Soy su hijo Oisín, he vuelto para abrazar a mi padre».

El anciano mira a Oisín sobre el caballo primero con sorpresa, luego con asombro, después con un poco de pena. «Lo siento mucho —responde el anciano—, pero Finn MacCool ha estado muerto estos últimos trescientos años. Los *fianna* son ahora cuentos de leyendas y anécdotas junto a la chimenea, pero nosotros recordamos sus gloriosas hazañas».

Abrumado por la pena de que su padre haya fallecido, Oisín se tambalea en la silla, como era de esperar, pero pronto se recompone, recordando la advertencia de Niamh. «Verdaderamente, ¿han pasado trescientos años en mi amada patria? Solo me han parecido unos pocos...».

Algunos relatos cuentan que Oisín ve a un grupo de hombres intentando levantar una viga del barro y clavarla verticalmente en algún proyecto de construcción en las cercanías. Buscando una distracción y sabiendo que puede resolver su problema al instante, cabalga hacia ellos y se inclina a un lado, levantando la viga él solo con facilidad. De repente, la cincha de la silla se rompe, y tanto Oisín como la silla caen del caballo al suelo. Trescientos años alcanzan a Oisín al instante, y muere poco después, incapaz de volver con su amor a Tír na nÓg.

Antes de analizar el significado de esta historia perdurable, veamos algunos detalles alternativos que aparecen en algunas versiones. A veces, los narradores insertan una mini historia junto al primer viaje juntos de Oisín y Niamh a Tír na nÓg. Después de atravesar un mar resplandeciente, Oisín ve un castillo de mármol de una belleza impresionante y dice: «¡Niamh! ¡Es precioso! ¿Es ahí donde vives?».

Ella responde: «No, aún no es Tír na nÓg, pero allí vive un ogro horrible que tiene prisionera a una princesa. Tiene prohibido casarse con ella hasta que derrote a otro en batalla, pero nadie se atreve a luchar contra él, así que siguen sin casarse, y ella permanece prisionera en ese castillo de mármol».

Su historia conmueve a Oisín, que pide que se detengan porque desea desafiar al ogro a la batalla. Niamh acepta de buen grado; al fin y al cabo, su valentía y su fuerza eran tan legendarias que había oído hablar de él hasta en la Tierra de la Juventud. Oisín derrota al ogro carcelero, y la princesa es ahora libre de hacer lo que le plazca. Esto hace que Niamh se enamore aún más del joven MacCool.

Otra variante importante tiene que ver más con Tír na nÓg y la forma en que, según algunas historias, seleccionan a su gobernante. Cada siete años se celebra un concurso para determinar al rey. Todos los concursantes deben subir corriendo una determinada colina, y el ganador se convierte en rey. El rey actual ha ganado durante muchos años, aunque empiezan a surgir dudas que le hacen preocuparse sobre cuántas veces más podrá ganar el concurso. Consulta a un druida sobre el futuro de su reinado en Tír na nÓg, y el druida le asegura que seguirá gobernando la

Tierra de la Juventud a menos que su yerno compita.

El rey se siente aliviado por esta noticia, ya que su hija sigue soltera. Ordena al druida que convierta la cabeza de su hija en la de un cerdo. Sin embargo, el druida también le dice a la hija, Niamh, que si se casa con un hijo de Finn MacCool, su maldición se romperá y volverá a ser ella misma. Por eso Niamh sale en busca de Finn MacCool y el *fianna*, y elige a Oisín como esposo. Ella les cuenta todo sobre la maldición, sobre todo lo que sucedió y sobre sus orígenes, y luego se casan. Entonces comienza el viaje de Niamh y Oisín de vuelta a Tír na nÓg. Una vez de vuelta, se celebra la competición por el reinado. Obviamente, Oisín gana, y nadie se atreve a volver a presentarse contra él.

¿Por qué persiste hoy la historia de Tír na nÓg? Incluso hay una escena en la película *Titanic* en la que una madre irlandesa intenta adormecer a sus asustados hijos con historias de Tír na nÓg, un lugar donde no hay miedo, dolor, sufrimiento ni muerte, mientras el barco se hunde. Conocer la historia de la Tierra de la Juventud hace que la escena sea aún más conmovedora, ya que los niños se aferran desesperadamente a las palabras que les cuenta su madre, mientras ella conoce la verdad.

Una tierra sin ningún tipo de enfermedad, sufrimiento ni envejecimiento suena atractiva para un pueblo sometido durante siglos a gobernantes de diversa índole, especialmente tras la colonización inglesa. Tír na nÓg se convierte en una tierra de ensueño, una vía de escape y algo inherentemente irlandés a lo que aferrarse. Sin embargo, se han esgrimido muchos argumentos en el sentido de que una persona no puede apreciar verdaderamente la vida en un lugar desprovisto de sufrimiento. ¿Cómo puede uno reconocer la victoria, la justicia o la alegría si nunca ha experimentado el fracaso, el despotismo o la negatividad?

Capítulo 9: Orígenes de la lengua irlandesa

Los orígenes de las lenguas desde que los humanos empezaron a hablar son casi imposibles de desentrañar, aunque muchos eruditos, lingüistas, historiadores y científicos a lo largo de los tiempos lo han intentado. Parece que la teoría más aceptada es que hubo una primera lengua de la que surgieron todas las demás. En la Biblia se narra cómo se crearon las lenguas, y es probable que de ahí surgiera inicialmente esta idea (la Torre de Babel en el capítulo 11 del Génesis). Sin embargo, tras siglos de rastreo de las lenguas, sus familias, sus semejanzas con otras lenguas y la forma en que los pueblos han migrado por todo el mundo a lo largo de los siglos, la teoría (al menos de trabajo) es que la «primera lengua» existió y se conoce como protoindoeuropeo.

Dicho esto, queremos señalar lo complicado que puede resultar rastrear las raíces lingüísticas. Con los cambios en el estilo de vida, las prácticas, las ceremonias, las relaciones entre clanes y la ubicación, las personas cambian, y también lo hace su lengua. La lengua hablada por los celtas antes de la Alta Edad Media sería totalmente irreconocible para los hablantes de gaélico irlandés de hoy en día.

A esta lengua la llamamos goidélico. Si recuerda nuestros capítulos anteriores, los celtas habitaban la península ibérica, partes de Europa oriental y quizás hasta Turquía. La lengua que hablaban estos lejanos pueblos galos y celtas puede denominarse protocelta, la abuela de la lengua goidélica.

El protocelta se dividió en tres «hijos»: celtíbero, celta insular y galo. Estas tres lenguas se diferenciaron porque el celtíbero fue utilizado por aquellos que permanecieron en España, Portugal y lo que ahora es la zona vasca entre España y Francia. Esos celtas que conocemos y amamos, que surcaron los mares y acabaron cambiando Irlanda para siempre, son los originarios del celta insular. Por último, el tercer hijo, el galo, era la lengua de raíz celta que hablaban las tribus que habitan la actual Francia y Austria y que dieron buena batalla a los romanos antes de ser conquistados junto con los «bárbaros» germánicos.

El celta insular es el hijo de la lengua en el que queremos centrarnos, porque el goidélico que usaban los celtas en Irlanda se desarrolló a partir de esta lengua, así como otro hermano al que llamamos británico. Esta lengua era la que se utilizaba en Gran Bretaña, y más tarde evolucionó hasta convertirse en el córnico, el galés y el bretón que aún se hablan y escriben hoy en día. El goidélico evolucionó hasta el gaélico irlandés moderno (*Gaeilge*), el gaélico escocés (*Gàidhlig*) y el manés.

Nos interesa el goidélico y su desarrollo. Normalmente se considera que su sistema de escritura, el *ogham*, del que ya hemos hablado, se utilizó por primera vez en los siglos III y IV. Quedan pocos ejemplos, porque es probable que el *ogham* se escribiera sobre todo en materiales orgánicos, como la madera, que no han sobrevivido. Los ejemplos que han sobrevivido nos muestran que el goidélico y el británico diferían en los sonidos presentes. Por ejemplo, el goidélico tiene el sonido «qu», que parece haber cambiado al sonido «p» en el gaélico moderno, mientras que las lenguas británicas no parecían tener el sonido «qu», pero sí poseían el sonido «p».

Palabras y frases populares en gaélico

- *Uisce beatha*: ¡De aquí nos viene la palabra whisky! Significa «agua de vida», y sus raíces proceden de dos palabras protoceltas anteriores al goidélico. *Uisce* viene de *udenskyos*, que significa «agua», y *biwotos*, que significa «vida». Podemos suponer que las versiones goidélicas de estas palabras eran versiones intermedias.
- *Dia duit*: Esta simple frase significa «hola». Es un saludo moderno, sobre todo si lo comparamos con cómo se habrían saludado los antiguos celtas. La mayor parte es un misterio, pero es probable que se hubieran saludado con un fuerte apretón de manos con un apretón de antebrazos solo para asegurarse de que la otra parte no estaba escondiendo un arma. *Dia duit* es «hola»

en gaélico moderno, pero significa «que Dios te acompañe». No están hablando del Dagda.
- *¡Sláinte!*: ¡Salud! Se traduce literalmente como «buena salud», como muchos brindis en todo el mundo.
- *Céad míle fáilte*: Esta encantadora frase se encuentra por toda Irlanda incluso hoy en día, y podemos imaginar que existía una versión de ella en goidélico debido a la inmensa importancia que los antiguos celtas daban a la hospitalidad. Significa «cien mil bienvenidas».
- *Go raibh maith agat*: La versión irlandesa de «gracias» significa literalmente que te vaya bien. Esto es especialmente conmovedor cuando se piensa en la situación en la que se usaría esta frase, sobre todo al despedirse, que es *slán*, que significa «a salvo». Las Edades de Bronce y de Hierro no fueron tiempos fáciles para vivir, pero como podemos ver, los celtas hicieron algo más que sobrevivir: prosperaron.
- *Is fearr Gaeilge briste, na Bearla cliste*: Este es un dicho con un significado poderoso. Se traduce como «el irlandés roto es mejor que el inglés inteligente». Es la frase favorita de los orgullosos irlandeses amantes de la libertad a los que les molesta la dominación inglesa. Es lo suficientemente irónica como para no resultar prepotente.
- *Gaeltacht*: Es una palabra que se refiere a un lugar o región que habla principalmente gaélico irlandés. A menudo se menciona en mapas o guías, y se puede ver una influencia celta evidente en la zona cuando se trata de lugares históricos y museos.

¿Por qué hemos incluido en nuestra lista palabras en gaélico irlandés moderno en lugar de las que habrían pronunciado los celtas? Bueno, es casi imposible rastrear la lengua gaélica en su forma hablada, al menos para los conceptos e ideas que nos serían familiares. En cambio, los pensamientos e ideas celtas permanecen con nosotros a través de los artefactos que dejaron, sus túmulos y monumentos funerarios y, lo que es más importante, sus descendientes. Aunque en la actualidad la UNESCO considera que todas las lenguas celtas están en peligro de extinción, a lo largo de los siglos XVIII, XIX y XX han experimentado movimientos de revitalización por parte de diversos grupos que intentan preservar la cultura irlandesa y celta. Muchos de estos grupos lo hacen por razones políticas, y muchos simplemente entienden que con la pérdida de una lengua se pierde una rica historia y patrimonio cultural.

El *Ogham* nuevamente

El *ogham* (también escrito *ogam*) se escribía de derecha a izquierda, al contrario que el celta moderno. Tenía veinte letras de uso regular, pero más tarde se añadieron otras cinco, aunque no está claro cuándo empezaron a utilizarse. El *ogham* tiene todos los sonidos del inglés porque la letra «q» no tenía su propio símbolo solitario: se escribía como el sonido «qu».

Aunque cuando se comparan el *ogham* y las runas nórdicas, al principio parecen surgir similitudes, si se examinan más de cerca, parece que las similitudes terminan cuando se cae en la cuenta de que para tallar símbolos en superficies duras, estos, por supuesto, tienen que ser formas rectas y rígidas. Algunos expertos siguen viendo un parecido y, por tanto, una relación entre los dos sistemas de escritura, lo cual es comprensible, ya que las dos culturas interactuaron sin duda entre sí, con el desembarco de los vikingos en las costas irlandesas y la posterior fundación de Dublín.

Sin embargo, otra teoría, quizá la que tiene más sentido, ya que la presencia de un número similar de letras se alinea, es que el *ogham* es simplemente la forma celta de representar el alfabeto latino. Esto podría ser más plausible, ya que los celtas, desde las culturas de Hallstatt y gala, habrían conocido íntimamente el Imperio romano. Los griegos y los romanos visitaron y escribieron sobre los celtas de Irlanda, como hemos establecido, y pudo haber un intercambio de lengua e ideas, es decir, si los visitantes orientales se dignaron a hablar con aquellos de quienes escribieron como bárbaros.

Muchos irlandeses y personas con ascendencia irlandesa fuera de Irlanda (por ejemplo, en Estados Unidos y Canadá) han empezado a recuperar sus antiguas raíces celtas y a elaborar piezas *ogham* o a llevar joyas con escritura *ogham*. También crean o compran piezas de arte, joyas, ropa u otros artículos con antiguos motivos celtas, que describiremos en detalle en el siguiente capítulo.

Capítulo 10: Arte celta

Espirales y arremolinadas representaciones de seres humanos y animales, intrincados diseños anudados, broches de oro y torques (collares) diseñados con maestría para sujetar capas y denotar riqueza y estatus: estas son solo algunas de las formas en que los antiguos celtas utilizaban el arte para expresarse en su vida cotidiana.

Durante la Edad de Bronce, los herreros produjeron cantidades incalculables de bronce aleado a partir de las reservas de cobre de Irlanda y estaño de Cornualles (Inglaterra). El bronce se creaba y transformaba expertamente en objetos que no solo eran útiles, sino también bellos. Entre ellos había recipientes para beber, aperos de montar, armas y utensilios agrícolas, que se exportaban a toda Europa durante la Edad de Bronce.

Fue también en esta época cuando los celtas de Irlanda produjeron una auténtica fortuna de productos de oro gracias a los yacimientos de oro que había por toda la isla Esmeralda. Estos objetos de oro se han encontrado en abundancia en toda Irlanda, Gran Bretaña y Europa continental, lo que significa que estos objetos eran apreciados y buscados por su calidad, artesanía y valor asignado.

Broche de Tara

Una de las piezas de artesanía celta que mejor ha sobrevivido es el broche de Tara. Está hecho de plata fundida y los arqueólogos datan el broche en torno al siglo VIII. Está decorado en el estilo artístico de La Tène, del que hablaremos con más detalle a continuación. Este estilo artístico influyó en los artesanos desde la época de la civilización de

Hallstatt hasta la cristianización de Irlanda.

El broche de Tara

Sailko, CC BY 3.0 <https://creativecommons.org/licenses/by/3.0>, vía Wikimedia Commons; https://commons.wikimedia.org/wiki/File:Spillone_di_tara,_da_bettystown,_contea_di_meath,_viii_secolo_02.jpg

El broche de Tara recibe su nombre de la legendaria sede de los altos Reyes de Irlanda, la colina de Tara. Parece un nombre apropiado para una pieza que es tan celta irlandesa por excelencia. El broche no tiene nada que ver con Tara ni con ningún rey legendario; simplemente lo llamó así un vendedor que pensaba engrandecer su mercancía, que compró a una granjera a mediados del siglo XIX, quien lo encontró en uno de sus campos. El broche tiene una forma reconocible incluso para los ojos modernos porque tiene un lado exterior redondo y un alfiler que atraviesa ese círculo, como un antiguo imperdible.

Esta es también la forma y el tamaño con que se fabricaban los broches romanos, y no eran tan delicados como el broche de Tara, lo que lleva a los historiadores a concluir que el broche de Tara tenía una función puramente ornamental en lugar de atar realmente las capas al portador. No sería lo suficientemente fuerte para el propósito tradicional de un broche.

Cruz alta de Muiredach

Esta enorme y altísima cruz de piedra encontrada en el monasterio de Boice (Monasterboice) forma parte de un grupo de tres cruces similares, pero esta pieza en particular es conocida por ser la más exquisita.

La Cruz de Muiredach mide más de cinco metros de altura y está hecha de piedra arenisca, más fácil de tallar para los artesanos que otros tipos de piedra. La arenisca también abunda en Irlanda. Aunque esta cruz no es la más alta de las tres (la Cruz del oeste mide siete metros), es la más intrincada y detallada.

Esta cruz de pie está llena de iconografía cristiana, pero lo interesante es que todo está hecho en el estilo tradicional del arte celta, cubierto de nudos y enredaderas retorcidas. Incluso incluye el sol y la luna, representados por dos soldados. Pueden ser referencias al océano y a la diosa de la tierra Gaia. El arte celta, especialmente el ejemplificado en esta cruz, conserva sus características y estilo sea cual sea el tema. Esta cruz fue encargada para mostrar varias escenas de la Biblia, como la crucifixión de Cristo, posiblemente la captura y arresto de Cristo por soldados romanos, y Cristo dando la llave del cielo a Pedro.

La cara occidental de la cruz de Muiredach
Adriao, CC BY-SA 4.0 <https://creativecommons.org/licenses/by-sa/4.0>, vía Wikimedia Commons; https://commons.wikimedia.org/wiki/File:Mainistir_Bhuithe_cross_Muiredach.jpg

Hay otros símbolos encantadores en la cruz. Por ejemplo, en la parte inferior de cada lado hay dos gatos, animales asociados a la magia desde hace mucho tiempo. Hay una cantidad ridícula de ornamentación, que incluye cabezas de hombres rodeadas de serpientes serpenteantes, centauros, luchadores y abundantes jinetes, junto con una docena de otras escenas bíblicas.

La Cruz alta de Muiredach es una parte esencial de la historia celta porque muestra cómo la cultura celta y el cristianismo se mezclaron en Irlanda, y conserva el estilo artístico utilizado hace unos 1.200 años para los espectadores y eruditos de hoy.

Escudo de Battersea

Esta impresionante pieza data de la Edad de Hierro y también emana el estilo artístico de La Tène, que fue prominente en la mayoría de las piezas de arte celta durante la Edad de Hierro, la Edad de Bronce y después. Aunque solo es parte de un escudo, su finalidad es evidente.

La pieza del Escudo de Battersea que se conserva hoy es el revestimiento exterior de bronce de un escudo que normalmente tendría un soporte de madera y tal vez algún tipo de correa o acolchado para el usuario. Estos materiales hace tiempo que se degradaron, pero la placa de bronce es impresionante.

Escudo de Battersea
Museo Británico, CC0, vía Wikimedia Commons;
https://commons.wikimedia.org/wiki/File:British_Museum_Battersea_Shield.jpg Imagen invertida

El Escudo de Battersea, actualmente en el Museo Británico, es un importante ejemplo de la antigua artesanía celta, ya que contiene cuatro piezas estructurales de bronce y tres decorativas, todas ellas fusionadas aparentemente por arte de magia. El herrero fue capaz de ocultar los puntos de unión de las piezas en su diseño general, de modo que las piezas se mantienen unidas a la perfección. Este magnífico escudo está decorado con tachuelas ornamentales de vidrio rojo. El museo insiste en que el escudo se fabricó en Gran Bretaña, pero el estilo de La Tène y el diseño celta lo contradicen.

¿Por qué eran tan importantes los escudos celtas?

La fabricación de escudos en las Edades del Hierro y del Bronce aportó nuevas técnicas que los hicieron más útiles para proteger realmente al portador de los ataques. Las espadas celtas eran enormes y temibles, y los escudos debían estar hechos para resistir estos ataques.

En la cultura celta, las armas, las armaduras y los escudos parecían adquirir personalidad y atributos propios, y los guerreros celtas solían considerar sus armas y equipo como compañeros de batalla y no como instrumentos sin sentido. Había un famoso escudo llamado Ochain, del que se dice que gritaba cuando su dueño estaba en peligro. Su grito hacía que todos los demás escudos del Ulster chillaran con él.

El diseño de escudo predominante en el Mediterráneo antiguo y, por tanto, en la mayor parte de Europa, era redondeado. Pero los celtas preferían hacer sus escudos altos y planos, como rectángulos, con una protuberancia que sobresalía del centro. Esto era simplemente para beneficio del usuario, ya que añadía más espacio para su brazo, dando así a la persona una mayor maniobrabilidad. Por supuesto, se tardaba tiempo en conseguir el diseño adecuado; los clavos que sujetaban el escudo a menudo perforaban el brazo del portador en caso de impacto, por lo que había que retocar el diseño.

Había escudos hechos específicamente para la batalla, y estos podían tener un adorno central donde estaba la protuberancia, pero poco más en cuanto a ornamentación. Y luego estaban los escudos como el de Battersea, hechos específicamente con fines ornamentales y/o ceremoniales. Los miembros de la realeza y los caciques solían llevar escudos decorativos para ser enterrados con ellos. Los arqueólogos han descubierto muchos escudos de los celtas en muy buen estado porque tenían la costumbre de sacrificarlos a los dioses arrojándolos a ríos y lagos, lo que los ha conservado en excelentes condiciones.

Hablemos de La Tène

Después de los estilos Hallstatt y de los campos de urnas, más bien utilitarios y geométricos, llegó el estilo La Tène, que debe su nombre al yacimiento, el pueblo de La Tène, en Suiza, donde se encontraron miles de artefactos de este estilo distintivo.

Lo que hace que este estilo sea único y prevalezca en todas las civilizaciones celtas, tanto en las islas como en el continente europeo, es la madurez del pensamiento estilístico durante el proceso de creación y la idea de belleza y funcionalidad. Gran parte de este estilo artístico sobrevive porque alrededor de la época en que se estaba desarrollando La Tène, entre 480 y 190 a. e. c., estas antiguas civilizaciones cambiaron la cremación por el enterramiento como método preferido para enterrar a los muertos. Por eso sobrevivieron tantos de estos artefactos.

El arte de La Tène es el responsable de los magníficos torques dorados, los intrincados broches y las armas y objetos cotidianos (platos, vasos, cuchillos, accesorios para el pelo, etc.) cuidadosamente tallados y decorados por los que eran famosos los celtas. En este periodo florecieron el diseño y la expresión celtas.

En este periodo aparecen las conocidas volutas en S entrelazadas, los patrones de follaje curvado y otros motivos anudados, que perduran hasta nuestros días. Es similar a los motivos nórdicos de los escudos y a su propio arte y metalistería. Algunos animales incluidos en estos famosos diseños celtas eran lobos, búhos, serpientes y feroces jabalíes. Los celtas incluso incluían formas humanas y a veces figuras de su panteón e historias mitológicas en sus carros y armas.

Es importante señalar que el estilo de La Tène, intrínsecamente celta insular (a pesar de la idea predominante entre los historiadores de que la «madurez estilística» de la época procede del contacto con griegos y romanos), se encuentra en los tejidos, la metalistería e incluso en las tallas de piedra y madera conservadas. Sin embargo, casi no existen pinturas, esculturas o cerámicas de este estilo. Esto es interesante porque nos muestra a qué objetos los celtas otorgaban una reverencia y un respeto especiales, qué objetos exhibían y cuáles creaban simplemente por su utilidad.

Capítulo 11: Rituales celtas

Tal vez le sorprenda saber que algunas de las actividades cotidianas que los irlandeses, e incluso los habitantes de todo el mundo, realizan hoy en día tienen su origen en rituales practicados hace dos mil años.

Una de las principales tradiciones es la narración de cuentos. Cuando la civilización celta surgió, se extendió y floreció, todo se seguía transmitiendo oralmente. Incluso los ritos druídicos y el conocimiento nunca fueron escritos —todos los druidas y sus acólitos tuvieron que memorizar el canon entero del conocimiento druídico. Los druidas eran tan reservados que los druidas neopaganos modernos solo pueden adivinar lo que sus antiguos predecesores realmente creían y practicaban.

No, la narración de cuentos, un pasatiempo todavía muy vivo en Irlanda y en el que los irlandeses son bastante adeptos, proviene de que los celtas tenían una rica tradición de transmitir sus cuentos y sus historias reales a través de la tradición oral. No fue hasta la llegada de los monjes a Irlanda cuando estos cuentos e historias empezaron a registrarse.

Una de las razones por las que los cuentos y las historias antiguas han sobrevivido es que los bardos, los guardianes de los cuentos, trabajaron junto a los monjes, mientras se les permitió, para mantener viva la cultura celta, al menos en forma de cuento, si no en la práctica. Con la llegada de san Patricio, se prohibieron las ofrendas de bardos y druidas a los demonios, así como los sacrificios de animales.

La importancia del fuego

Los celtas creían que el fuego era purificador, por eso encendían hogueras gigantes en casi todos sus festivales anuales. El fuego representa la luz, el sol, el calor y la fertilidad. Las sociedades celtas incineraron a sus muertos hasta el siglo V a. e. c., al igual que muchos otros pueblos de la antigüedad, y muchos aún lo hacen en todo el mundo.

Se dice que el fuego mantiene alejados a los malos espíritus, y es fácil dar este salto. Los pueblos de la Edad del Bronce estaban expuestos a muchos peligros, entre ellos los animales salvajes y otras personas que podían desearles algún mal. El fuego contribuía a crear un sentimiento de comunidad y seguridad, ya que a menudo se contaban historias junto al fuego. Los humanos siempre han tenido una estrecha relación con el fuego, y aún hoy, sentados alrededor de una hoguera y mirando las llamas, podemos recordar a nuestros antepasados que hacían lo mismo.

A menudo se sacrificaban animales al panteón celta en hogueras durante los días de fiesta, aunque esto fue proscrito más tarde por los monjes cristianos y san Patricio.

Acontecimientos del ciclo vital en la sociedad celta

Naturaleza

En general, los celtas consideraban sagrados los lugares naturales de gran belleza, como los bosques, los arroyos, las cascadas o los ríos. Estos lugares a menudo no estaban señalizados para uso ritual, pero con la misma frecuencia estaban marcados con pequeños santuarios y lugares donde se hacían ofrendas.

En estos santuarios, los druidas tomaban ofrendas de las comunidades a las que servían, como granos, joyas, carne fresca, miel, frutas selectas y otros bienes valiosos, y los entregaban a los dioses a los que servían en estos lugares sagrados de la naturaleza. Si se ofrecía un bien como un arma, un escudo, una pieza de cerámica o una obra de arte, a menudo se rompía antes de ofrecérselo a los dioses.

La tradición de dejar leche para los *púcaí* o hadas, que aún hoy practican algunas personas supersticiosas, puede haber tenido su origen en las ofrendas rituales a los dioses celtas de antaño.

Mucha gente sigue quemando salvia como agente purificador tras una mala experiencia o para asegurarse de que una zona está a salvo de espíritus dañinos. Esta era una práctica que los druidas empleaban a menudo. La combinación del poderoso olor de la salvia y las propiedades purificadoras del fuego se unían para santificar lugares y personas. Para limpiar a una persona, se le untaban las cenizas de la salvia quemada, normalmente en la frente.

Fiestas

En el capítulo 5 mencionamos las principales fiestas que los celtas celebraban a lo largo del año. Muchas de ellas se siguen celebrando hoy en día, aunque bajo la apariencia de celebraciones cristianas (el día de Santa Brígida en Imbolc/1 de febrero y Navidad/Yule). Halloween y el Día de Todos los Santos, el 1 de noviembre, es el cambio más notable; originalmente, era la celebración de Samhain. Sin embargo, los wiccanos y neopaganos de todo el mundo siguen celebrando Samhain sin sacrificios humanos ni animales.

Niños

Las creencias celtas sobre los niños coinciden con lo que todo el mundo occidental pensaba de ellos hasta la Revolución Industrial. A los niños no se les consideraba humanos plenamente formados hasta que podían hablar, lo que ocurriría entre los dos y los tres años de edad. Sin embargo, si un niño moría, existía una gran yuxtaposición entre cómo se lo percibía en vida y cómo se lo enterraba. Las tumbas infantiles de los enterramientos celtas estaban positivamente engalanadas con joyas y objetos de valor. En la muerte, parece que las familias compensaban en exceso la forma en que consideraban a sus hijos en vida.

Bodas

Se enciende incienso para purificar el aire y se realiza un ritual de lavado de manos en varias fases de la ceremonia. Estos rituales se siguen celebrando hoy en día en las bodas celtas. Los cónyuges encienden tres velas, que representan la unidad. Una vela representa a las familias de cada uno de los cónyuges, y la tercera y última vela que encienden representa la creación de una nueva familia.

También hay una tradición que viene de Escocia, aunque de origen celta, y es la Piedra del Jurado. Los novios sostienen una piedra en el lugar donde celebran la ceremonia nupcial, que siempre es al aire libre. La piedra representa a los antepasados y a la tierra, y mientras los novios se hacen promesas, sostienen juntos la piedra. También es una forma de pedir a los antepasados y a la naturaleza que bendigan su unión. Tras los votos matrimoniales, la piedra se arroja al río. A veces, la pareja conserva la piedra después de la ceremonia.

Un ritual significativo que suele estar presente en las bodas celtas es la oración de protección. Se traza un círculo alrededor de la pareja para protegerla en su propia dimensión separada, como hacían los druidas con las piedras erguidas y los santuarios circulares. Estos círculos pueden hacerse con piedras, flores o trozos de madera.

Matrimonio y divorcio

Hombres y mujeres eran escandalosamente iguales en la sociedad celta de hace dos mil años. No está claro si las mujeres podían llegar a ser druidas o bardos, pero podían ocupar otros cargos de autoridad y tenían libertad para casarse con quien quisieran según la ley tribal celta. No siempre fue así, pero hombres y mujeres tenían derechos similares, si no iguales, ante la ley. Los druidas eran los guardianes de la ley, y si un jefe se ganaba la lealtad de un druida corrupto, podía torcer la ley a su antojo.

En realidad había *nueve* tipos de matrimonios que podían tener lugar en la Irlanda celta.

1) El hombre y la mujer asumen por igual la responsabilidad económica durante su unión.
2) El hombre contribuye más económicamente.
3) La mujer contribuye más económicamente.

En estos tres casos, que eran los más comunes, no se exigía dote, pero la novia se llevaba sus objetos de valor, que quedaban en su poder. En caso de divorcio, ella tenía sus propias posesiones y no dependería de otras partes. Cuando decimos contribución económica, nos referimos a las posesiones que entraban en el matrimonio, ya que el trabajo dentro del matrimonio solía ser la agricultura y las tareas domésticas habituales. Estos tres acuerdos matrimoniales fueron precursores del acuerdo prenupcial moderno.

4) Un hombre simplemente se muda con una mujer.
5) La pareja se fuga sin permiso de la familia de la novia.
6) Secuestro involuntario, es decir, sin consentimiento de las familias.
7) «Cita secreta», que puede interpretarse en el sentido de que la pareja se conoce sin el conocimiento de ninguna de sus familias y finalmente se fuga o hace pública su relación.
8) Matrimonio por violación.
9) Matrimonio de dos locos. Este caso se presta a interpretación.

La poliginia, o tener dos o más esposas, estaba permitida, pero las mujeres no podían tener más de un marido, al menos según la ley. Sin embargo, no se exigía que ambas partes fueran monógamas.

Una mujer puede divorciarse de su marido si este la ha seducido o mentido para que acepte casarse con él, si es impotente o demasiado obeso para mantener relaciones sexuales con él, si la abandona para mantener relaciones sexuales exclusivamente con hombres, si la golpea hasta dejarle marcas visibles, si no la mantiene y si la abandona por otra mujer. Una mujer puede incluso divorciarse de su marido si descubre que cuenta cuentos sobre su vida sexual.

Entre los motivos para que un marido se divorciara de su mujer se encontraban el maltrato físico o verbal, la huida con otro hombre o la esterilidad. Pero la petición de divorcio por parte de la mujer era mucho más común, si es que el divorcio era común.

Muerte

En la mayoría de los casos, no está claro cómo se vestía a los difuntos antes de enterrarlos, pero sí sabemos por las numerosas pruebas arqueológicas que se celebraban banquetes cerca de las tumbas para honrar a los difuntos, y sabemos que se los enterraba con vasijas llenas de alimentos. Si el difunto era un guerrero, se lo enterraba con su armadura, arma y escudo. Si el difunto era un tejedor, se lo enterraba con las herramientas de su profesión: huso, telar, tal vez incluso rueca, agujas y otros materiales textiles.

Los muertos eran enterrados con sus joyas y objetos de valor, a menos que algunos se reservaran como reliquias hereditarias. Los objetos que se enterraban con los muertos solían romperse ritualmente antes de ser enterrados, al igual que las ofrendas a los dioses que hemos mencionado antes.

TERCERA SECCIÓN:
Patrones de cambio (430- 600 e. c..)

Capítulo 12: Llega san Patricio, 432 e. c..

Paladio

A Patricio se le atribuye la introducción del catolicismo en Irlanda, que ha configurado en gran medida su identidad nacional. Sin embargo, hay razones para sospechar, basándose en la correspondencia papal y en los registros que existen desde el año 430, que san Patricio no fue el primer misionero católico en la isla Esmeralda.

Ese título pertenece a Paladio, un obispo recién ordenado cuya familia procedía de la Galia. Fue enviado por el papa a los creyentes que ya existían entonces en Irlanda. Dado que se considera que san Patricio desembarcó en Irlanda en 432, se estima que el viaje de Paladio tuvo lugar apenas un año antes.

Hay que tener en cuenta que los misioneros eran enviados a lugares lejanos con dos objetivos. Uno era llevar el cristianismo a personas que nunca habían oído hablar de Jesús y donde no había ninguna iglesia o monasterio establecido. El otro propósito era reforzar a los creyentes que ya estaban allí y asegurarse de que seguían la ortodoxia establecida por la Iglesia católica romana (recuerde que era la única rama del cristianismo que existía en aquella época). De vez en cuando surgían sectas que tenían ideas diferentes (no ortodoxas) de las que profesaba la Iglesia.

En el momento en que Paladio fue ordenado, el papa deseaba que controlara a la gente de Bretaña y se asegurara de que, si estaban involucrados en algún tipo de herejía, los devolviera al camino ortodoxo, por así decirlo. La principal amenaza en ese momento era el pelagianismo, que enfatizaba la naturaleza humana de Cristo y sugería que los aspectos divinos y humanos de Jesús existían vagamente juntos en una entidad. Pelagio también afirmaba que los humanos nacían buenos, por lo que los bebés nacían sin pecado (en lugar de la idea predominante del pecado original). Pelagio creía que los cristianos podían alcanzar su propia salvación. Una vez que aceptaban a Jesús como Cristo, eso les impediría siquiera querer pecar, y simplemente vivirían una vida recta y ascética. Pelagio fue tachado de hereje y se enviaron obispos al continente europeo y a Asia Menor para asegurarse de que sus seguidores abandonaban sus creencias erróneas.

Paladio fue enviado en misión a los creyentes de Gran Bretaña e Irlanda. No está claro si debía visitar a los escoceses o a los celtas, pero probablemente fue primero a Irlanda. Cuando llegó a Wicklow, fue desterrado por el rey de Leinster. Después fue a visitar a los escoceses en Gran Bretaña. Por lo tanto, es prácticamente olvidado como el primer obispo en Irlanda, y esto es por varias razones.

Una de las razones por las que se pasa por alto a Paladio y su misión es que, históricamente, el registro difuminó los límites entre él y Patricio. Dado que Patricio probablemente regresó a Irlanda como obispo (contaremos su historia en breve —no era la primera vez que iba a Irlanda) al año siguiente de la fallida misión de Paladio, los registros confunden a ambos, incluidas las fechas de sus muertes.

Sin embargo, tenemos pruebas suficientes para concluir que Paladio sí realizó su misión a Irlanda, estuvo allí muy brevemente y luego regresó a donde se sentía más cómodo. La mayoría de los informes que tenemos ahora dicen que él y sus compañeros fueron desterrados casi tan pronto como llegaron a Wicklow. Algunos relatos dicen que Paladio fue entonces asesinado, pero esta no es la opinión mayoritaria. La mayoría de los historiadores se aferran a la historia de que Paladio se dirigió a los escoceses en Gran Bretaña, así como a monasterios y congregaciones que ya se habían establecido. Y ahora san Patricio entra en la historia.

San Patricio, patrón de Irlanda

Si no está familiarizado con la historia de san Patricio, esta será un repaso fascinante a un famoso misionero. No sabemos con qué nombre nació Patricio; lo más probable es que adoptara el nombre de Padraig (irlandés) tras su ordenación y regreso a Irlanda. Fuentes de medio milenio después sugieren varios nombres con los que pudo haberse llamado de joven, pero no hay forma de saberlo con certeza.

Representación de san Patricio en una vidriera

Nheyob, CC BY-SA 4.0 <https://creativecommons.org/licenses/by-sa/4.0>, vía Wikimedia Commons; https://commons.wikimedia.org/wiki/File:Saint_Patrick_Catholic_Church_(Junction_City,_Ohio)_-_stained_glass,_Saint_Patrick_-_detail.jpg

De hecho, la fecha de su llegada también es incierta. Hemos mencionado que san Patricio regresó a las costas irlandesas en 432. Sin embargo, esta fecha puede haber sido elegida para maximizar la veneración de Patricio y minimizar cualquier información sobre la misión de Paladio, que ocurrió el año anterior. Esto se debe a que la primera datación del desembarco de Patricio fue un siglo después de lo que supuestamente ocurrió. Este es un ejemplo de cómo se escribe la historia al revés para favorecer a una persona en detrimento de otra.

Patricio no era irlandés. Creció como ciudadano romano en Gran Bretaña, pero fue robado por piratas irlandeses cuando era joven. Trabajó como pastor en Irlanda durante unos seis años. En su famosa *Confesión*, Patricio escribe que aún no era cristiano en el momento de su secuestro, a pesar de que su padre era diácono y su abuelo sacerdote. Sin embargo, el tiempo de cautiverio entre sus ovejas le proporcionó amplias oportunidades para la reflexión y la oración, y fue durante su época de esclavo cuando el joven Patricio abrazó el cristianismo.

Tras seis años como pastor, Patricio escribe que oyó una voz que le decía que huyera a un barco, que volvía a casa. Patrick viajó más de doscientas millas hasta un puerto, y finalmente convenció al capitán de uno de los barcos para que lo dejara subir a bordo.

Una vez convencido el capitán de que este desaliñado esclavo fugado se uniera al viaje, navegaron durante tres días y desembarcaron en Gran Bretaña. La tripulación vagó por el país durante un mes. Se cuenta que estaban cansados, hambrientos, malhumorados y desaliñados cuando Patricio rezó para que la tripulación se alimentara. Entonces se encontraron con varios jabalíes y el capitán empezó a ver a Patricio con otros ojos.

Finalmente, Patricio regresó con su familia y se ordenó obispo. Escribió que tuvo una visión de un santo que le traía una carta del pueblo de Irlanda, dándole la bienvenida y diciéndole que lo necesitaban mucho. Curiosamente, Patricio también desembarcó en Wicklow, al igual que Paladio, y al igual que Paladio, fue expulsado. Sin embargo, a diferencia de su predecesor, del que probablemente no sabía nada, Patricio simplemente viajó más al norte hasta que encontró un lugar donde era bienvenido.

Ahora bien, ¿por qué tuvo tanto éxito Patricio en cambiar la faz de Irlanda para siempre, plantando y sembrando las semillas del catolicismo que aún hoy crecen? Muchos dicen que fue porque Patricio había vivido y trabajado entre los irlandeses, y aunque fue tomado como esclavo por un amo irlandés, no les guardaba rencor en absoluto. Amaba a los irlandeses y, a diferencia de muchos misioneros que le precedieron en otros lugares, respetaba sus prácticas paganas. Su misión fue un éxito rotundo, porque se acercó a ellos con amor y un poco de compromiso.

Patricio pudo explicar a los celtas conceptos difíciles, como la Trinidad (Padre, Hijo y Espíritu Santo), utilizando el trébol de tres hojas que crecía por toda Irlanda. Es una planta, pero tiene tres partes esenciales que se unen para formarla. También contribuyó a fusionar las fiestas celtas, como Imbolc y Samhain, con las fiestas y festivales cristianos. San Patricio es una de las razones por las que tenemos cruces de pie tan hermosas y otras piezas que fusionan el arte celta y la iconografía cristiana, porque se les permitió coexistir hasta cierto punto. Patricio condenaba el sacrificio de animales y, sobre todo, el sacrificio humano, pero a menudo utilizaba las ideologías existentes de los celtas para explicar conceptos sobre el Dios cristiano, como la veneración de los celtas por la naturaleza (Dios la creó).

Esto no significa que la época de Patricio entre los irlandeses fuera fácil. De hecho, se parecía a su época de esclavo. Como se negaba a aceptar regalos de miembros destacados de la sociedad, los ofendía y, a su vez, no tenía a nadie que lo protegiera. Fue golpeado y robado muchas veces, e incluso pasó dos meses como esclavo de nuevo en un momento dado.

Sí, Patricio utilizó el trébol para difundir la noción de la Santísima Trinidad por toda Irlanda. Sí, cambió algunas de las prácticas celtas que repugnaban a la Iglesia y fusionó las celebraciones cristianas con otras prácticas. No, no desterró las serpientes de Irlanda. Irlanda nunca ha tenido serpientes, así que esta historia no es más que uno de los muchos relatos apócrifos de fantasía que se asocian a alguien cuya historia vital no cuenta con muchas fuentes contemporáneas. Tenemos los escritos del propio Patricio, la *Confesión* y la *Epístola*, esta última una carta a los soldados de un hombre que fue excomulgado por esclavizar a algunos de los conversos de Patricio. Pero son breves y carecen de detalles.

Patricio se ganó al pueblo irlandés sobre todo porque concentró sus esfuerzos en las figuras prominentes de la sociedad. Una vez que los reyes se convertían, sus súbditos solían seguirles. También convirtió al cristianismo a muchas mujeres ricas. Si las familias de estas mujeres se oponían a su elección, las mujeres simplemente se marchaban con su dinero y se unían a los conventos, patrocinando su convento y la construcción de otros. En el siglo que siguió a la muerte de Patricio se produjo una enorme oleada de monasterios y conventos, y esto se debe a él y a sus seguidores. Predicó incansablemente en Irlanda durante cuarenta años, convirtiéndose en el santo más venerado de la historia irlandesa. Su festividad, el 17 de marzo, es bastante tranquila incluso en Irlanda; en el extranjero, su estridente celebración, parecida a una juerga, probablemente conmocionaría a san Patricio.

Capítulo 13: Paganismo frente a cristianismo

Esperamos que los capítulos anteriores sobre los celtas y su cultura y prácticas le hayan proporcionado algún tipo de descripción de sus creencias, a las que en tiempos modernos nos referimos simplemente como paganismo. Cada cultura alrededor del mundo tiene ancestros que practicaron (y algunos aún practican) formas de paganismo o animismo, que son religiones específicas de esa región o país y usualmente involucran la adoración a la naturaleza y/o a los ancestros. En este capítulo nos referiremos al paganismo celta.

Uno al lado del otro

Paganismo	Cristianismo
Muchos dioses, unos más poderosos que otros, personalidades diferentes, algunos vengativos y otros benignos, todos a quienes venerar.	Un Dios, manifestado en la Tierra en la forma de Jesús de Nazaret. El Espíritu Santo es la tercera parte del Dios trino, que se explica más adelante.
Dioses apaciguados y complacidos con ofrendas, festivales y sacrificios. Los dioses	Dios simplemente desea que todos se amen los unos a los otros. Jesús fue el sacrificio que resucitó a los

Paganismo	Cristianismo
también son venerados y complacidos con la narración de sus halagüeñas hazañas y leyendas.	tres días. Cuando dejó la Tierra para ir al cielo, dio a sus seguidores el Espíritu Santo, representante de Dios en la Tierra.
Los festivales incluyen Samhain, Yule, Imbolc, Ostara, Beltane, Litha, Lugnasad y Mabon. Todas ellas se basan estacionalmente en los cambios de año y los equinoccios/solsticios. La Rueda del Año gira esencialmente en torno a la naturaleza y la cosecha.	Las principales fiestas son las de los santos, que pueden sustituir o no a las celebraciones paganas; la Navidad, que se colocó durante Yule para celebrar el nacimiento de Jesús; y la Pascua, que ocupa el lugar de Ostara en primavera.
La naturaleza es sagrada, sobre todo cuando se trata de arboledas sagradas, majestuosas cascadas, impresionantes cimas de montañas o caudalosos ríos y profundos lagos.	Los lugares santos son sitios donde los santos realizaron milagros; los monasterios y las iglesias son lugares donde los creyentes se reúnen para rezar.
No existe una autoridad central; cada hogar puede observar ciertas prácticas de forma diferente. Sin embargo, si hay un problema grave, se puede recurrir a los druidas para que lo resuelvan.	Las congregaciones formadas por familias de un mismo pueblo escuchan a su sacerdote; las zonas más grandes tienen obispos. Son representantes del papa y sus portavoces.
Los druidas poseen toda la sabiduría y los conocimientos asociados a la veneración de la naturaleza, la adivinación, la interpretación de la voluntad de los dioses y el asesoramiento a los dirigentes civiles. No existe	Los monjes locales son la razón por la que tenemos tanta información sobre el paganismo celta. Lo escribían *todo*, y en el siglo V es cuando empezamos a ver una explosión de escritura y manuscritos iluminados en Irlanda.

Paganismo	Cristianismo
un canon escrito: todo se transmite oralmente para mantener el secreto.	
Al principio se incineraba a los muertos, pero esta práctica acabó desapareciendo a medida que la gente enterraba a sus muertos en túmulos con muchos objetos personales.	Los cementerios comunitarios en las aldeas mantenían a los muertos agrupados.
La naturaleza es la autoridad final absoluta. Las aguas, los bosques y las montañas deben contemplarse con asombro y adoración. El fuego es purificador y esencial.	Dios debe ser venerado por haber creado la naturaleza; la naturaleza nunca debe ser venerada por sí misma.
Hechizos, amuletos, encantamientos especiales y prácticas cotidianas como el encendido de velas y el pago de tributos en forma de exvotos desempeñan un papel muy importante en la práctica diaria de la veneración de los dioses.	Solo hay un Dios, y se lo venera a través de la oración. En el siglo V, todavía era raro que la gente que no fuera el clero y los monjes supiera leer, pero escuchar la Biblia era otra forma de venerar a Dios.
La brujería (las prácticas mencionadas) formaba parte de la vida cotidiana, especialmente durante festivales importantes como Samhain y Lugnasad.	La brujería estaba prohibida. San Patricio tuvo tanto éxito en su labor misionera porque utilizó las prácticas paganas para explicar las ideas y prácticas cristianas. Modeló gran parte de los pensamientos de sus conversos utilizando aquello con lo que ya estaban familiarizados.

Paganismo	Cristianismo
Valores fundamentales: fuerza, respeto por la naturaleza, sintonía con las estaciones, virtuosos, hospitalarios, fieros en la batalla.	Valores fundamentales: adorar a un Dios, amar al prójimo como a uno mismo, difundir el mensaje de Jesucristo.

Tanto el paganismo como el cristianismo tienen marcos para la vida después de la muerte, aunque son diferentes. Es obvio que los celtas creían en la vida después de la muerte porque, incluso antes de que empezaran a enterrar a sus muertos en lugar de incinerarlos, los difuntos eran enterrados con todo lo que necesitarían para su próxima vida. A diferencia del concepto de Valhalla para los nórdicos, es difícil precisar cómo pensaban los celtas que sería el más allá. Evidentemente, pensaban que sería muy parecido a este mundo, ya que enviaban a sus muertos con comestibles, bebidas, armas, materiales para tejer y, a veces, incluso animales domésticos.

El concepto cristiano de la muerte y de la vida después de la muerte era bastante nuevo en aquella época; solo habían transcurrido cuatro siglos desde la muerte de Jesús de Nazaret y, aunque la religión se estaba abriendo camino en Europa y Asia Menor, el cristianismo aún tenía un largo camino por recorrer. Los cristianos de la época sí pensaban que los creyentes en Cristo se reunirían con él en el cielo, y era habitual que fueran enterrados en cementerios que albergaban tanto a paganos como a cristianos en pueblos o ciudades. Ser enterrado en terrenos monásticos estaba reservado a los clérigos y a quienes ocupaban cargos poderosos en la comunidad.

Hay una historia de san Patricio en la que reza a Dios para que le ayude a hacer que los paganos de Irlanda crean en Dios, y Dios le da una visión del purgatorio. Dios le dice a Patricio que mostrar esta visión a la gente los convencerá. Se trataba de una poderosa imagen de lo terrible que era el fuego del infierno, así como de la gloria y la alegría del cielo. El concepto católico del purgatorio, el cielo y el infierno ya estaba bien formado en este punto, gracias a la información recibida de varios papas y líderes eclesiásticos.

Una cosa ingeniosa o indignante, según se mire, fue que líderes cristianos como san Patricio utilizaran fiestas que los celtas ya celebraban y se las apropiaran como fiestas del calendario cristiano. Se trata de un fenómeno empleado por muchos clérigos y misioneros en todo el mundo occidental para convertir a los paganos al cristianismo. En Irlanda tuvo mucho éxito. Sin embargo, hasta el día de hoy, los cristianos celebran la versión cristiana de la festividad, y los paganos modernos (neopaganos) hacen todo lo posible por recrear las fiestas paganas de un modo que consideren respetuoso y auténtico con las prácticas de sus antepasados.

Tanto el catolicismo irlandés como el paganismo celta representan identidades nacionales que a veces están enfrentadas, pero que, en ocasiones, colaboran para alcanzar objetivos comunes. Por ejemplo, los monjes trabajaban estrechamente con los druidas para registrar las prácticas cotidianas de los celtas para la posteridad, así como otros conocimientos que los druidas querían compartir con ellos. Eran hombres cultos que hablaban respetuosamente entre sí. Aunque la violencia y la ira estallaron entre los antiguos y los nuevos, el catolicismo y el paganismo en Irlanda habían vivido bastante pacíficamente durante al menos un siglo. Los católicos se peleaban mucho más encarnizada y ferozmente con los protestantes que con los paganos.

Después de todo, el paganismo es una creencia pacífica, que solo en contadas ocasiones invoca a los dioses para la guerra y utiliza el sacrificio humano. El cristianismo definitivamente tiene una historia mucho más sangrienta, con sus líderes evitando las enseñanzas seguidas por la iglesia primitiva (amar, ayudar y curar) y siguiendo los caminos que les daba la gana. Las cruzadas son un excelente ejemplo, al igual que los pogromos contra los judíos y las luchas internas entre católicos y protestantes. El paganismo nunca fue responsable de niveles de violencia como los de esas tragedias históricas.

Capítulo 14: El declive de los celtas y el paganismo

El surgimiento del cristianismo

Los siglos V y VI en Irlanda vieron el surgimiento del catolicismo y el declive del paganismo celta. A pesar de que san Patricio y otros clérigos de la isla se apropiaron ingeniosamente de las fiestas paganas y las rebautizaron como cristianas, utilizaron la iconografía celta para explicar su nuevo mensaje y colaboraron estrechamente con los druidas para escribir la historia reciente, el paganismo siguió cayendo en los márgenes mientras el catolicismo se imponía.

En muchos países y regiones del mundo, el catolicismo coexiste con prácticas paganas autóctonas como el animismo y el culto a los antepasados, y en Irlanda también había cierto sabor a eso. Los laicos (personas que no formaban parte de la cúpula eclesiástica) solían mezclar las prácticas con las que habían crecido y las nuevas ideas que habían aceptado sobre la existencia de un único Dios en forma de Santísima Trinidad. Técnicamente, el propio cristianismo lo prohíbe expresamente y exige devoción solo a Jesús; sin embargo, vigilar a los aldeanos en zonas rurales alejadas siempre ha sido un reto.

Aunque los celtas irlandeses pudieron mantener vivas algunas de sus antiguas prácticas, la mayor parte de Irlanda se pasó al catolicismo en los tres siglos siguientes al ministerio de san Patricio. Irlanda llegó a ser conocida y aún se la apoda la «tierra de santos y eruditos» por la explosión virtual de monasterios e iglesias fundados a partir de los siglos V y VI.

¿Por qué tuvo tanto éxito este florecimiento de monasterios y conventos en la Irlanda del siglo V? Para responder a esta pregunta, primero hay que analizar el modelo de la misión principal de san Patricio, que consistía en viajar a cada uno de los muchos pequeños reinos que formaban el conjunto de Irlanda y predicar su mensaje al rey del lugar. Fueron cuatro décadas de trabajo, ya que Irlanda tenía muchos de estos pequeños reinos, pero si Patricio lograba convertir al rey, la nobleza y los plebeyos acabarían siguiéndole. Por supuesto, san Patricio pasó mucho tiempo con los aldeanos rurales, pero su principal plan de acción era comenzar con los que estaban en el poder y trabajar hacia abajo.

Como Irlanda estaba dividida en tantos reinos y focos de autoridad, la naturaleza descentralizada de los monasterios y conventos encajaba perfectamente en esta cultura de independencia y autosuficiencia. De hecho, la mayoría de estas instituciones tenían sus propias granjas, animales, tejedores, herreros, caballos y cualquier otra cosa que pudieran necesitar. Los monjes se pasaban el día ilustrando manuscritos, recopilando la tradición oral celta y plasmando esa información en papel. En la vida monástica había mucho menos apego a los caprichos o a la autoridad del papa, lo que les venía muy bien a los irlandeses. Esto no significa que el clero o los monjes se opusieran al papa; simplemente, estaban acostumbrados a gobernarse a sí mismos, y el modelo que ya habían establecido los muchos reinos se adaptó rápida y fácilmente a la cristianización de Irlanda.

Página ilustrada del Libro de Mateo
https://en.wikipedia.org/wiki/File:LindisfarneFol27rIncipitMatt.jpg

Apropiación de las fiestas

Samhain es fácilmente la más reconocible de las fiestas paganas que la Iglesia católica adoptó y cambió para adaptarla a su agenda. Incluso hoy, cuando aprendemos sobre Halloween, sabemos que es una tradición que llegó con los inmigrantes irlandeses a Estados Unidos durante la Gran Hambruna irlandesa. Lo que a veces también se discute son las raíces paganas de Halloween, que datan de mucho antes del siglo XIX.

El 31 de octubre empezó a conocerse como *All Hallows' Eve* (Víspera de Todos los Santos) y con el tiempo se acortó a Halloween. En la Irlanda cristiana comenzaron a desarrollarse prácticas que eran a la vez familiares (disfrazarse, fabricar amuletos protectores, comer golosinas especiales, etc.) y nuevas. Algunas de las nuevas explicaciones de la fiesta es que, en lugar de vestirse con disfraces y máscaras especiales para no enfadar a los espíritus oscuros, la gente se ponía esta protección para ahuyentar al mismísimo Satanás. El concepto de diablo era ajeno a los celtas, pero no el de seres espirituales malévolos. Cada Samhain, cada familia fabricaba un amuleto para protegerse de estos seres y lo colgaba en la puerta. Se parece a la cruz de santa Brígida, que sin duda se adaptó a partir de estos amuletos, y no al revés.

Cruz de santa Brígida, probablemente apropiada de la diosa Brigid
Culnacreann, CC BY 3.0 <https://creativecommons.org/licenses/by/3.0>, vía Wikimedia Commons; https://commons.wikimedia.org/wiki/File:Saint_Brigid%27s_cross.jpg

Las linternas (*Jack-o'-lanterns* en inglés), como se las conocía, se utilizaban como farolillos para los que iban de casa en casa, o se colocaban en los umbrales o porches para ahuyentar a los malos espíritus. Estas prácticas se registraron hace quinientos años y, combinadas, podemos reconocer las prácticas modernas de «truco o trato» y de tallar calabazas. Sin embargo, había algunas diferencias. El truco o trato se originó probablemente a partir de la ya mencionada práctica de disfrazarse, en la que la gente se ponía disfraces e iba de casa en casa pidiendo comida (a veces *soul cakes*, un manjar especial de Samhain), combustible para las hogueras o incluso ofrendas a las hadas por la festividad. Esto se acompañaba de la práctica de tallar rostros monstruosos en nabos y utilizarlos para iluminar el camino o como tótems protectores fuera del hogar. El lector moderno puede ver fácilmente las tradiciones que conducen a nuestra práctica de las festividades de Halloween hoy en día.

Molde de escayola de una linterna de nabos
Rannpháirtí anaithnid en Wikipedia en inglés, CC BY-SA 3.0
<https://creativecommons.org/licenses/by-sa/3.0>, *vía Wikimedia Commons;*
https://commons.wikimedia.org/wiki/File:Traditional_Irish_halloween_Jack-o%27-lantern.jpg

Hay que tener en cuenta que todas estas actividades se siguieron practicando mucho después de la cristianización de Irlanda. Esas prácticas evolucionaron y cambiaron, pero la mayoría de las prácticas de Samhain se mantuvieron de alguna forma hasta que las autoridades eclesiásticas las prohibieron hace relativamente poco, como en los siglos XVIII y XIX. Entre ellas, hacer ofrendas de vino al mar y utilizar piedras para adivinar alrededor de las hogueras quiénes vivirían un año más. Algunos irlandeses nunca olvidaron estas prácticas y siguieron haciéndolas, mezclando las tradiciones de Samhain con su religión cristiana.

El Día de Todos los Santos acabó «sustituyendo» a Samhain, ya que el día posterior al 31 de octubre era la celebración oficial del punto intermedio entre el equinoccio de otoño y el solsticio de invierno. La Iglesia se apropió del 1º de noviembre como día para venerar a los santos, pero muchos de los rituales y prácticas para hacerlo, como encender velas, imitan el encendido de hogueras, que era tan propio de Samhain. Hacia el año 800, los cristianos irlandeses celebraban a todos los santos y mártires de la fe el 1º de noviembre, que pasó a conocerse como el Día de Todos los Santos. La víspera de Todos los Santos era, por supuesto, el 31 de octubre, pero se añadió un tercer día, el 2 de noviembre, llamado la Conmemoración de Todos los Fieles Difuntos. Este festival de tres días se conocía como *Allhallowtide* (o triduo de Todos los Santos). Este término es un poco desconocido para los que viven fuera de Europa, pero todavía se practica en muchas comunidades católicas hoy en día. En lugar de asegurarse de que los fantasmas enfadados no perturben la cosecha o dañen a la gente de la comunidad, en estos días se recuerda a los santos y mártires por sus sacrificios y se los conmemora.

La hábil reconversión de celebraciones que ya existían fue clave en el auge del cristianismo y el declive del paganismo en todo el mundo, pero es extremadamente evidente en Irlanda.

Monjes y monasterios

A menudo se atribuye a los monjes irlandeses el mérito de registrar y conservar los registros históricos, y sabemos mucho más sobre la Irlanda medieval de lo que jamás sabríamos sin sus diligentes estudios y registros. Estos monjes conocían el latín y el griego, y ayudaban a difundir enseñanzas espirituales y orientación a cada pueblo. No era raro que hubiera pequeñas comunidades monásticas en las fronteras de pequeños reinos. Los aldeanos ayudaban a los monjes en la agricultura y estos, a su vez, enseñaban a los aldeanos y les ayudaban con sus problemas. Sin embargo, el inconveniente de este acuerdo, en su mayor parte pacífico y beneficioso para ambas partes, era que si los reinos decidían entrar en batalla, se esperaba que los monjes se unieran a ella. Probablemente esto sorprendió a estos pacíficos hombres la primera vez que tuvieron que empuñar una espada y un escudo.

Además de los numerosos monasterios diminutos, muchos de los cuales no sobreviven hoy en día debido a lo perecedero de los materiales de construcción, hubo grandes monasterios que sí sobreviven en la actualidad. La mayor de las islas Aran, frente a la costa de Galway, Inis Mór, alberga el monasterio más antiguo que se conserva en Irlanda y probablemente el primero, el de San Enda. Ya no hay tejado, pero la estructura del edificio está claramente trazada, y es un lugar muy popular para visitar por su magnífica ubicación y la solemne historia que representa.

Glendalough, en Wicklow, alberga la «ciudad monástica». Este complejo de edificios y monumentos religiosos fue fundado por san Kevin en el siglo VI y recibe cada año entre 500.000 y 750.000 visitantes. Los visitantes pueden contemplar los restos de la Torre Redonda, el propio monasterio y preciosas cruces decoradas, así como algunas iglesias medievales en diversas condiciones.

Capítulo 15: Influencia celta y pagana en la Irlanda moderna

A lo largo de la dilatada historia de los celtas, hemos sido testigos de sus inicios en Austria y Suiza, hemos visto cómo se extendían hacia el este e incluso hacia el sur, hacia Turquía, y finalmente los hemos visto asentarse en Éire, la tierra del arpa, los mitos épicos, los santos y los eruditos, donde han cobrado vida algunas de las historias, leyendas y tradiciones más asombrosas que el mundo haya visto jamás. El declive de los celtas y de sus prácticas tradicionales relacionadas con la naturaleza no significó el fin de su cultura por completo; fue simplemente una evolución.

Por supuesto, los caciques dieron paso a los reyes, que a su vez dieron paso a la Iglesia, aunque gozaron de autonomía durante un tiempo, especialmente frente a los ingleses, que mantuvieron a Irlanda esclavizada durante tanto tiempo. Una de las razones por las que el arte, la lengua y las historias celtas se mantienen vivas hoy en día es que sirvieron de aglutinante para el nacionalismo irlandés, que cobró especial importancia en el siglo XX, cuando la batalla por la independencia irlandesa de Gran Bretaña se hizo vehemente y sangrienta.

Una razón importante para la supervivencia de historias como las de Cú Chulainn, Tír na nÓg y las leyendas de los Tuatha Dé Danann es que los druidas y los caciques contaban estas historias a los monjes, que luego las conservaban en manuscritos para que sobrevivieran durante generaciones. Las razones de las diferencias entre las versiones de las mismas leyendas tienen que ver con quién las contó y dónde se registraron, ya que es probable que cada tribu tuviera su propia versión.

Hoy en día, en las escuelas irlandesas se enseñan estas historias, como *Los hijos de Lir*, el origen del arpa y el folclore celta. ¿Por qué las escuelas se molestan en desempolvar estas antiguas historias? ¿Qué pretenden transmitir? La respuesta más sencilla es que los celtas, a través de las diferentes iteraciones de la historia celta (Edad de Bronce, Edad de Hierro y Edad Media), consiguieron mantener cierta cohesión de su cultura, independientemente de la tribu a la que pertenecieran. Por ejemplo, a las tribus germánicas les costó mucho más unirse que a las tribus de Irlanda, que siempre se consideraron parte del mismo pueblo. Por eso, a pesar de que el dominio romano llegó a Britania y permaneció allí durante siglos, Irlanda fue una tierra mucho más difícil de conquistar políticamente. Religiosamente, sin embargo, el país se sometió con mucha más facilidad. Esto tiene mucho que ver con la convicción de los misioneros y santos de la isla Esmeralda, sobre todo Patricio.

Los vestigios más evidentes del paganismo celta son la celebración de festivales que tradicionalmente se celebraban entre y en los equinoccios y solsticios, como Samhain y Lugnasad. Estos festivales se siguen celebrando hoy en día, solo que con nombres diferentes y sin sacrificios de animales. El encendido de velas ha sido una práctica destacada a lo largo de la historia, tanto para honrar a los muertos como para protegerse de las fuerzas de la oscuridad, y los católicos siguen haciéndolo, al igual que sus antepasados paganos.

A principios del siglo XX, el arpa se convirtió en el símbolo nacional de Irlanda, un estandarte para unir a los separatistas que luchaban contra los ingleses por su libertad. El arpa aparecía en la moneda irlandesa e incluso sigue apareciendo en las monedas de euro. Estos luchadores por la libertad (o terroristas, según se mire) contaban historias sobre Finn MacCool, Cú Chulainn, la jefa Boudica y todos los dioses y diosas del panteón celta para reforzar su coraje y avivar el fuego nacionalista en sus corazones para seguir luchando por su tierra. Al igual que los nativos americanos, los irlandeses siempre han tenido una profunda conexión con la tierra, y después de siglos de construir venerados lugares sagrados paganos y de luchar por la tierra arrebatada por los conquistadores, esa conexión no se abandona fácilmente. Estos lugares, como Newgrange y otros túmulos funerarios, cimas de montañas sagradas y lugares famosos como la legendaria piedra donde pereció Cú Chulainn, se convirtieron en puntos de encuentro, en cosas físicas y tangibles por las que valía la pena unirse y luchar.

El paganismo y el cristianismo se entrecruzan de otras formas. A menudo, las iglesias y biblias irlandesas están decoradas con símbolos como la cruz de Santa Brígida (originalmente un símbolo pagano de la diosa del mismo nombre), nudos Dara, tréboles e incluso el árbol de la vida, un símbolo muy conocido y utilizado en muchas tradiciones religiosas y culturales. De hecho, se sabe que el nudo de la trinidad, o triquetra, es anterior a la llegada del cristianismo e incluso se ha encontrado en iglesias noruegas de hace mil años. Se dice que es uno de los símbolos religiosos más antiguos que se conservan. Aunque hay algunos símbolos persistentes más populares, uno de los más antiguos es el trisquel, la triple espiral, que simboliza cosas en grupos de tres. Se puede elegir su significado. Los cristianos utilizan este antiguo símbolo pagano celta para representar al Padre, al Hijo y al Espíritu Santo. El trisquel también puede utilizarse para representar la tierra, el mar y el cielo; el pasado, el presente y el futuro; la vida, la muerte y el renacimiento; o cualquier otro elemento triple que a uno se le ocurra.

Triquetra
https://commons.wikimedia.org/wiki/File:Triquetra-circle-interlaced.svg

En el siglo XXI, los paganos celtas reconstruccionistas, o neopaganos, están empezando a revivir sus prácticas ancestrales. Aunque la República de Irlanda ha sido conocida durante mucho tiempo por su acérrima política conservadora, incluso en las últimas décadas se ha relajado en muchas de sus políticas y puntos de vista conservadores (sanidad, aborto, matrimonio, inmigración, etc.). También se ha producido un cambio religioso. Hoy, más que nunca, los ciudadanos irlandeses modernos se identifican con el ateísmo o no tienen ninguna afiliación religiosa. La población católica sigue siendo mayoritaria, pero aumentan las personas sin afiliación religiosa, así como quienes desean recuperar su herencia en forma de prácticas paganas celtas.

Trisquel
https://commons.wikimedia.org/wiki/File:Triple-Spiral-Symbol.svg

Los paganos irlandeses modernos practican Samhain de la forma más parecida posible a como lo hacían sus antepasados, encendiendo dos hogueras y caminando entre ellas para purificarse. También utilizan las hogueras para lanzar ofrendas de productos al Dagda y a la Morrigan. Hoy es más fácil que nunca practicar abiertamente estas tradiciones sin temor a las represalias de las autoridades opresoras. En la actualidad, muchos irlandeses practican las tradiciones nupciales que mencionamos en el capítulo 11, celebrando ceremonias en arboledas sagradas y haciendo que chamanes paganos dirijan estas ceremonias, que están profundamente conectadas con la naturaleza.

Conclusión

Simplemente paseando por Irlanda, ya sea en una ciudad, un parque nacional o en la naturaleza, especialmente por los acantilados de Moher, Newgrange o la Calzada del Gigante, uno puede sentir sus antiguas tradiciones y su belleza. Es fácil comprender la conexión que los druidas y los antiguos celtas sentían con la naturaleza y la tierra, y es comprensible que los irlandeses lucharan con uñas y dientes para recuperar su amada patria.

Los celtas de Irlanda eran guerreros orgullosos, pero eso no significa que fueran despiadados y sin compasión. Las mujeres gozaban de derechos sin precedentes durante la Edad de Bronce y la Edad Media. A pesar de su estilo de vida agrícola, que implicaba la tala de bosques para abrir paso a campos y pastos, los celtas sentían un profundo respeto por el medio ambiente que los rodeaba, además de utilizar prácticas agrícolas sostenibles y la demarcación de campos que se emplean en Gran Bretaña e Irlanda hasta nuestros días. Eran gente sana y robusta gracias a su dieta variada y abundante, que es una de las razones por las que prosperaron en suelo irlandés, a pesar de los desolados y áridos meses de invierno en la isla.

Las leyendas e historias de criaturas como el *dullahan*, el *pucá* y la infame *banshee* aún abundan en escuelas y hogares. Los irlandeses siguen siendo afamados narradores con el don de tejer grandes historias, y han perfeccionado sus habilidades con estas leyendas durante toda su vida. Todos los niños irlandeses pueden recitar cuentos sobre las hadas, así como el Tuatha Dé Danann y sus miembros más famosos. La mayoría de los adultos irlandeses conocen el origen del arpa, la historia la *Tierra de la Juventud* y *la tragedia de los hijos de Tuireann*. Estas historias no son solo cuentos: dan voz y retratan la identidad nacional de quienes sienten un orgullo feroz. Este orgullo está justificado, ya que procede de una larga estirpe de guerreros, sabios, obispos, santos, eruditos, luchadores por la libertad, revolucionarios, poetas, autores, historiadores, activistas, músicos y artistas.

Aunque el gaélico irlandés no es el mismo idioma que hablaban los celtas, sí es su descendiente. Al rastrear los orígenes de las palabras en gaélico irlandés, podemos ver las huellas de los celtas, y podemos ver a través de sus ojos. El lenguaje revela a menudo la forma en que la gente ve el mundo, y no es menos cierto cuando se trata de los celtas. Lo mismo ocurre con las prácticas religiosas. Si nos fijamos en el arte celta, podemos ver que veneraban las plantas y los animales como elementos esenciales para la vida, y honraban a sus dioses a través de obras de arte que presentaban como ofrendas. Los celtas creían que sus seres queridos iban al más allá y que volverían a verlos, por lo que se aseguraban de cargar sus tumbas con tantos objetos necesarios y queridos como pudieran. También creían que Samhain era un tiempo liminal especial en el que los muertos podían visitarlos, y cuidaban de sus difuntos haciéndoles ofrendas de comida de forma muy parecida a como se celebra hoy el Día de los Muertos.

El cristianismo ha tenido un efecto profundo y duradero en Irlanda y en las personas que la llamaban su hogar en el siglo V. Antes ya había algunos cristianos, pero probablemente eran esclavos traídos de otras tierras; no tenían una comunidad establecida desde tan pronto. A pesar del choque de creencias, los celtas consiguieron mantener bastantes de sus tradiciones al convertirse al catolicismo, lo que constituye otro testimonio de la resistencia y adaptabilidad celtas y, más tarde, irlandesas.

¿Por qué son tan importantes los celtas? Gobernaron Irlanda durante unos dos milenios. Su sistema de creencias, sus rituales matrimoniales y funerarios, así como sus festivales dieron forma a la tierra en la que decidieron asentarse. Los celtas son inseparables de Irlanda, aunque los galos (que se mezclaron con francos y normandos, entre otros, para convertirse en los franceses) y los vascos son descendientes de celtas. Escoceses, galeses y maneses también descienden de pueblos celtas, pero son los celtas irlandeses los que el mundo recuerda con más claridad. Esto se debe en parte al arte de La Tène, tan perdurable y cautivador. También porque la historia y la mitología celtas se mantuvieron vivas por escrito, aunque hemos perdido gran parte de ellas. Y, en parte, porque los celtas lograron perdurar a través de lo que dejaron atrás, arqueológica, artística, poética y lingüísticamente. Han dejado su huella indeleble en el mundo, que es más de lo que pueden decir muchos pueblos antiguos. ¿Quién sabe cuántas culturas antiguas han desaparecido sin dejar rastro? Pero los celtas, se dieran cuenta o no, dejaron su huella en el mundo.

Al conocer la historia de los celtas y de Irlanda, podemos saber cómo Irlanda se convirtió en lo que es hoy y cómo vivían los antiguos pueblos de Europa occidental. Al conocer sus tradiciones, podemos ver dónde se originaron muchas de nuestras tradiciones modernas. Al fin y al cabo, hay más irlandeses viviendo en la diáspora en el extranjero que en la propia Irlanda, y estos son los descendientes de los celtas. Han mantenido viva la tradición celta a través de la poesía, las canciones y las tradiciones familiares de las que quizá ni siquiera sean conscientes.

Esperamos que haya disfrutado con esta introducción a la historia celta y que le haya inspirado para profundizar en los aspectos que le hayan llamado la atención. Hay mucho más por conocer y descubrir sobre este pueblo misterioso y fascinante.

Segunda Parte: Mitología celta

Un apasionante recorrido por los mitos y los dioses celtas

Introducción

La palabra mito evoca imágenes diferentes para cada persona. Muchos piensan en los conocidos dioses griegos y romanos. Otros pueden imaginarse mundos distintos del planeta Tierra. La palabra mito puede evocar imágenes de criaturas con poderes sobrenaturales que se utilizan para el bien y para el mal.

El mito se asocia a menudo con falsedades o mentiras. Las definiciones de la palabra en los diccionarios varían desde narrativa a historias tradicionales creadas por los pueblos primitivos o cuentos inventados. Según las investigaciones y lo que podemos deducir hoy en día, los mitos eran historias compartidas oralmente con un propósito.

El propósito de los mitos podía ser entretener, de forma similar a las narraciones e historias de ficción actuales. Algunos mitos pretendían explicar. Por aquel entonces, la gente no entendía del todo cómo se formó la Tierra, qué causaba los truenos o qué ocurría cuando la gente moría. Estos mitos se asemejan a lo que hoy en día son obras explicativas o informativas. Otros mitos contados por nuestros antiguos antepasados relataban comportamientos de la gente. A través de estas historias y ejemplos, se establecieron normas y costumbres sociales. Estos mitos se encuadrarían en las categorías actuales de libros de persuasión o autoayuda.

Como sea que se clasifiquen los mitos, estos relatos atemporales siguen explicando posibilidades sobre el principio y el fin del tiempo, la vida después de la muerte, las catástrofes naturales y lo que motiva a la gente.

Seguir las hazañas de los personajes de los mitos proporciona modelos de conducta sobre qué hacer y qué no hacer. Encontrar la fuerza para crecer, transformarse y afrontar los retos puede experimentarse con solo leer los mitos del pueblo celta. Las trascendentales batallas libradas por héroes que defendieron sus creencias siguen inspirando asombro en los lectores.

Nunca se insistirá lo suficiente en la importancia de los mitos a la hora de comprender la historia. Para entender mejor una cultura, a veces el mejor punto de partida es lo que la gente contaba a los demás. Esperamos que disfrute de su viaje por la mitología celta y que aprenda algo nuevo sobre este fascinante pueblo.

PRIMERA SECCIÓN:
Dioses, diosas y mitología: Una visión general

Capítulo 1: ¿Qué es la mitología?

Mito es un término de uso frecuente. Cuando alguien cuenta una historia extravagante, los oyentes responden: «Eso parece un mito». Si alguien quiere disipar una idea o creencia, dirá: «Es solo un mito». Las historias sobre sucesos insólitos se tachan hoy de mitos urbanos, como los frecuentes avistamientos de Elvis Presley. Estas connotaciones llevan a muchos a creer que los mitos son falsedades u obras de ficción.

Clasificar los mitos como ficción es en realidad un mito. Nunca se pretendió que los mitos fueran ficción o no ficción. Los primeros narradores de mitos contaban verdades universales. En todo el mundo, la gente ha utilizado los mitos para explicar la naturaleza humana y el mundo físico que los rodea. Todas las culturas tienen sus propios mitos, que se han contado y vuelto a contar de generación en generación.

Dado que los mitos no son ni ficción ni no ficción, ¿qué son? Los mitos tienen muchas capas de significado. Pretenden ser más que una historia y contienen verdades para cada oyente. La exploración de los mitos da respuesta a preguntas eternas y esenciales sobre la vida.

Cuentacuentos antiguos
https://www.wikiart.org/en/amrita-sher-gil/ancient-storyteller-1940/

Aunque las culturas pueden estar separadas por miles de kilómetros, todas ellas desarrollaron mitos en torno a temas comunes o para responder a preguntas similares, aunque no existieran buenos medios para compartir sus historias. La exploración sobre los orígenes del universo puede encontrarse en los mitos primigenios o de la creación. La explicación de los fenómenos que ocurren en el mundo puede descubrirse en los mitos de la naturaleza. Las guías para vivir una buena vida se muestran en los mitos sobre las personas a través de una plétora de seres. La cuestión de la eternidad y lo que ocurre cuando morimos se investiga en los mitos sobre el más allá.

Como los mitos eran historias desde los primeros días de los humanos, los primeros nunca se escribieron. Se compartían a través de la tradición oral y evolucionaban de narrador en narrador y de generación en generación. Estas historias se aceptaban como verdades universales sobre las que las sociedades seguían desarrollándose.

Los primeros celtas no tenían registros escritos. Los celtas desconfiaban de los registros escritos cuando otras tribus y culturas empezaron a escribir. Por eso, cuando se escribieron sus relatos tradicionales, había grandes diferencias en las historias y en los detalles con respecto a los relatos originales. Al leer los mitos hoy en día, se pueden descubrir múltiples iteraciones de la misma historia.

Los mitos sobre el principio del mundo o del universo suelen denominarse mitos de la creación o primigenios. En estas historias se ofrecen posibles respuestas a preguntas sobre los orígenes del universo, las personas y las criaturas. En esta agrupación de mitos se explora un tema que aún se debate hoy en día: ¿Cómo aparecimos nosotros y el universo? Los pueblos antiguos intentaban comprender el mundo que habitaban, al igual que nosotros en la actualidad.

Los mitos de la creación y primigenios crean orden a partir del caos y sirven de base para otros mitos. Dado que esta categoría de mitos explica cómo surgió el mundo y todo lo que hay en él, se consideran los más sagrados.

En muchas culturas se utilizan motivos similares para ilustrar cómo los dioses formaron la Tierra a partir del desorden. El agua y las inundaciones se utilizan a menudo en los mitos para crear o recrear el mundo físico a partir del espacio vacío del cosmos. En las historias, se sabe que los dioses inundan el mundo como castigo por los comportamientos indeseados de sus habitantes. Las inundaciones también permiten a los dioses recrear el mundo si no están satisfechos con sus primeros intentos. Del abismo acuoso surge un nuevo mundo.

La mayoría de las culturas tienen mitos de la creación. Sin embargo, en la mitología celta no hay una historia cohesionada que ilumine los orígenes del mundo. Como no escribieron sus propias historias al principio, no se dispone de registros escritos de sus primeros mitos. Sin embargo, se cree que los celtas veían los estadios preliminares del Cielo y la Tierra como dos gigantes. A partir de estos dos enormes seres, se crearon numerosos descendientes.

El Cielo y la Tierra tenían descendientes que eran seres de luz o seres de oscuridad. A los seres de luz también se los llamaba hijos del Cielo. A los seres de las tinieblas se los consideraba hijos de la Tierra y se los llamaba Titanes por su enorme tamaño. Los hijos eran completamente opuestos entre sí.

En su mundo había muy poco espacio. El Cielo yacía sobre la Tierra, y los niños estaban confinados entre los dos padres. Los confines de su situación vital provocaron una creciente hostilidad entre los grupos de vástagos. Uno de los hijos de la Tierra asesinó a su padre y se declaró Titán, convirtiéndose en el líder de ambos grupos.

Sin embargo, los seres de luz se negaron a reconocer al rey Titán como su líder y lucharon contra él. El rey Titán perdió la batalla y fue relegado a una existencia nómada. El cielo fue creado con el cráneo de la Tierra. La sangre que manó del cadáver de su padre provocó una inundación masiva.

Después de que la inundación se calmó, un nuevo rey fue nombrado: Padre Cielo. Sin embargo, el rey de los Titanes regresó de su errancia. Había reinado sobre la creación durante la oscuridad y el frío. Luchó contra el Padre Cielo, que trajo la luz. A pesar de los feroces intentos del rey de los Titanes, el Padre Cielo siempre gana las batallas. Por eso la oscuridad se desvanece en claridad y por eso el invierno surge después del verano.

Los mitos de la creación, como este, proporcionan una base para que surjan todos los demás dioses. Además, a partir de esta agrupación de historias tradicionales, otros mitos proporcionan un razonamiento para que los primitivos comprendieran cómo aparecían o funcionaban otros elementos del mundo. Las explicaciones de los fenómenos naturales, incluida la aparición de los seres humanos, se basan en los mitos de la creación.

La vida humana y la naturaleza se entrelazan en sus historias y en cómo surgió cada una de ellas. Los mitos describen los extremos de la naturaleza. Las fuerzas de la naturaleza pueden ser inestables y brutalmente destructivas. Sin embargo, la naturaleza también nutre. A partir de ella se sustenta la vida, y las maravillas de la naturaleza dan esperanza y asombro. Los ciclos de los mitos que explican la condición humana reflejan los ciclos de la naturaleza. Las metáforas del ciclo de la vida y de las estaciones se entretejen a menudo en los mitos.

En los relatos sobre el poder de la naturaleza intervienen muchos dioses. A través de los papeles y ejemplos de los poderes superiores, los pueblos primitivos recibieron el mensaje de honrar a la naturaleza y tratarla con respeto.

Los mitos de muchas culturas incluyen una poderosa inundación o diluvio de agua. Estas historias demuestran el poder de la naturaleza. Los dioses utilizaban la inundación o la amenaza de inundación como castigo. Si los habitantes de la Tierra no se comportaban de una manera que complaciera a los dioses, el poder limpiador del agua les daba una forma de empezar de nuevo.

Una conocida historia de inundación y renacimiento es la de los hebreos. En la historia del arca de Noé, la gente fue castigada, aunque unos pocos fueron seleccionados para sobrevivir y continuar el ciclo de la vida. Las fuerzas destructivas de la naturaleza condujeron a la restauración de la vida. Estos mitos muestran los poderes curativos junto a las fuerzas perjudiciales de la naturaleza.

A partir de la historia del arca de Noé, llegaron los primeros habitantes a Irlanda. La nieta de Noé, Cessair, condujo al primer pueblo a Irlanda para escapar del inminente diluvio. Como ocurre con muchos mitos celtas, existen numerosas variaciones. Algunos afirman que esta historia cristianiza un mito anterior, pero la historia es interesante y nos llega del *Lebor Gabála Érenn*, que combina el cristianismo con las tradiciones paganas.

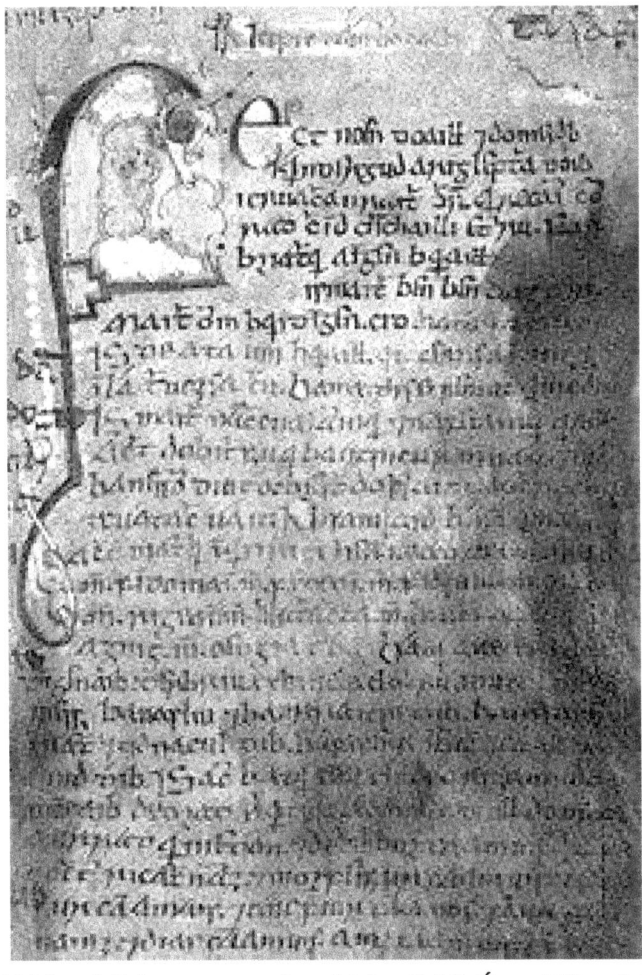

Folio 53 del Libro de Leinster, que contiene el Lebor Gabála Érenn («Libro de la toma de Irlanda»)
https://en.wikipedia.org/wiki/File:Book_of_Leinster,_folio_53.jpg

Al padre de Cessair, Bith, no se le permitió viajar en el arca de Noé. Sabiendo que se acercaba un diluvio devastador, Cessair necesitaba orientación. Pidió consejo a un ídolo, que dijo a Cessair y a su padre que su único medio de escapar sería construir un barco. Después de construir tres barcos, Cessair seleccionó a mujeres con diferentes habilidades para que se unieran a ellos en su viaje.

Otras versiones cuentan que Bith tuvo que pedir a Cessair que le permitiera viajar en sus barcos. Ella solo accede a dejarlo subir si reconoce que ella es la líder.

Como en la actual Irlanda no vivía nadie (al menos, según la historia), Cessair condujo sus tres barcos hacia un lugar seguro. Sin ningún habitante en Irlanda, no podrían haber sufrido la ira de los dioses.

Tras un largo viaje, por fin llegaron. Sin embargo, solo uno de los barcos desembarcó sano y salvo. Junto con Cessair, sobrevivieron al viaje 49 mujeres y 3 hombres (algunas versiones señalan que Bith sobrevivió, aunque murió después de embarazar a 16 mujeres). Las mujeres se reparten a partes iguales con los hombres para poblar la tierra. Estos colonos se consideran los antepasados originales de los irlandeses.

Los mitos que explican los fenómenos naturales y la creación se construyen unos sobre otros. Su interconexión conduce a otra función importante de los mitos. En las sociedades antiguas, los mitos se compartían para ayudar a estructurar la propia sociedad. A través de las aventuras de dioses, diosas y embaucadores se aprendían rasgos y expectativas importantes de la sociedad. Todas las culturas tienen una serie de dioses que representan distintos valores.

Además, los dioses gobernaban o supervisaban diferentes reinos del mundo. Estas funciones influían en la vida cotidiana de todos los miembros de la sociedad, ya que estos seres divinos guiaban a los habitantes. Sus dominios abarcaban desde las estaciones de crecimiento hasta la crianza de una familia o las batallas en la guerra. Rendir culto a los dioses era una forma de asegurar una cosecha abundante, tener hijos sanos y librar batallas con éxito. El respeto a los dioses se consideraba necesario para la supervivencia, por lo que los rituales y las oraciones formaban parte de la vida cotidiana de las sociedades del pasado.

A través de los mitos, se mostraban a las sociedades rasgos que debían emular. Algunos dioses y diosas aparecían como héroes o heroínas y a menudo tenían poderes o fortalezas inusuales. Las historias a menudo implican el viaje del personaje principal para superar o luchar contra un monstruo o demonio. Sus triunfos los convertían en héroes dignos de alabanza y el pueblo debía imitar los rasgos de personalidad que los habían llevado al éxito.

Los héroes se revelan como alguien valiente, ingenioso o poderoso. Aportan un atributo importante que la sociedad necesita. Pueden aportar fertilidad, paz o música. Como héroe, es un modelo a seguir y se comporta de acuerdo con las expectativas de la sociedad. Sus habilidades únicas se demuestran cuando son desafiados por una fuerza negativa. Aunque tenga algún punto débil, es capaz de superar todos los obstáculos y salir victorioso.

Otra figura que aparece en muchos mitos son los embaucadores. Estos sirven para varias cosas. Por ejemplo, pueden mostrar los rasgos opuestos de las personas. El contraste entre hacer lo que se espera en la sociedad, o seguir los caprichos y romper las reglas se ve a través de las acciones de los embaucadores. Estos personajes disfrutan de la vida gastando bromas a la gente y a los dioses. Pueden cambiar de forma y transformarse tanto en humanos como en animales.

Los embaucadores actúan según impulsos y necesidades que a los humanos se les enseña a controlar. A través de los cuentos de embaucadores, la gente ve los resultados de la locura humana. Las fechorías de los embaucadores refuerzan los comportamientos socialmente correctos.

Los embaucadores son criaturas astutas, pero también demuestran la necesidad de autorreflexión e introspección social. Estos astutos personajes están dispuestos a desafiar a la autoridad, y en esta capacidad, su papel es retar a la gente a cuestionar las normas sociales. Cuando un embaucador rompe una norma, demuestra que algunas reglas deben cuestionarse y no obedecerse automáticamente.

Uno de los embaucadores de la mitología celta es Gwydion. Sus historias y hazañas aparecen en *Las cuatro ramas de los Mabinogi*. Gwydion puede cambiar de forma y transformar a otros en diferentes animales. El uso que hace de sus habilidades mágicas oscila entre la venganza y la benevolencia.

Con su tío Math, Gwydion crea a Blodeuwedd. Esta joven fue creada para casarse con Lleu Llaw Gyffes, ya que la madre de Lleu había condenado a su hijo a vivir sin una esposa humana. A partir de flores y un roble, Math y Gwydion formaron a la encantadora Blodeuwedd. Sin embargo, ella acaba siendo infiel a Lleu. Como penitencia, Gwydion convierte a Blodeuwedd en un búho.

Además de los cuentos que demuestran la capacidad de un embaucador para castigar a la gente por hacer daño a un familiar, el propósito de otros mitos es explicar el final de la vida y el más allá. Una pregunta que se ha formulado a lo largo del tiempo es: ¿qué ocurre cuando la gente muere? Esta categoría de mitos, la escatología, explica los finales, no solo de la muerte, sino también el fin del mundo.

Además de explicar la muerte, hay un conjunto de mitos que preparan a la gente para el fin del mundo. Los mitos completan el ciclo completo, explicando desde la creación del mundo hasta su catastrófico final. Algunos mitos advierten de posibles desastres como consecuencias de comportamientos negativos; otros muestran un ciclo de renovación en el que el mundo se recreará a sí mismo. Y otros mitos explican que la muerte de los mortales se produce como castigo.

Para mitigar el miedo a lo desconocido, los dioses realizan excursiones al inframundo que permiten a los mortales ver y experimentar atisbos del mundo del más allá. En algunas creencias y mitos, después de la muerte, el alma o espíritu de un ser humano seguirá viviendo. En algunas culturas, solo los espíritus de ciertas personas seguirán viviendo después de la muerte. En ese caso, los dioses determinan a qué alma se le permite pasar de esta vida a la siguiente.

En la mitología celta, el mundo posterior a este suele denominarse el Otro Mundo. Como ocurre con otros temas de la mitología, el Otro Mundo puede variar desde un lugar de asombro hasta un lugar al que temer.

En algunas versiones del Otro Mundo, los mortales se unen a las deidades, ya que los dioses residen allí. Otros relatos transportan a un espíritu a una tierra de eterna juventud. «La tierra de la juventud» cuenta la historia de Oisín. Se enamoró de Niamh de los cabellos de oro. Ella era la hija del rey del tierra de la juventud, también conocido como Tír na nÓg. Felizmente casados, Oisín y Niamh vivieron durante años en el reino de su padre.

Oisín y Niamh de camino a Tír na nÓg por Thomas Wentworth Higginson de *Tales of the Enchanted Islands of the Atlantic*

https://commons.wikimedia.org/wiki/File:Frontispiece--Tales_of_the_Enchanted_Islands_of_the_Atlantic_1899.jpg

Deseoso de visitar su tierra natal, Oisín viajó de vuelta a Irlanda. Niamh advirtió a Oisín que no se apeara de su caballo. Si se apeaba, nunca podría regresar a Tír na nÓg. Mientras Oisín cabalgaba por Irlanda, se dio cuenta de que había estado fuera durante cientos de años.

Continuó explorando su antigua patria. Mientras viajaba, un grupo de hombres pidió ayuda a Oisín. Necesitaban ayuda para levantar losas de mármol. Oisín se agachó de su caballo y resbaló. Cuando Oisín aterrizó en el suelo, empezó a envejecer de inmediato. Su oportunidad de una existencia juvenil se había esfumado.

El Otro Mundo celta era un espacio indefinible. Podía estar situado en cualquier parte. Podía formar parte de este mundo, estar a la deriva en las nubes o ser un lugar que flotaba entre todos los reinos. La mayoría de los celtas creían que había una vida después de la muerte.

Las preguntas sobre la vida después de la muerte y otras incertidumbres que se planteaban los pueblos antiguos se siguen planteando hoy en día. La gente quiere que su vida tenga un sentido y un propósito. La mitología sigue dando respuestas a preguntas eternas. Los mitos nos proporcionan una conexión con el pasado y otras culturas. También conectan a las personas como una gran familia con preocupaciones y necesidades similares.

Los mitos no dan una respuesta prescriptiva a ninguna pregunta sobre la vida, la muerte y la comprensión de las personas. Por el contrario, permiten que la gente desarrolle sus propias interpretaciones y explicaciones basadas en personajes y acontecimientos con los que todo el mundo puede identificarse. Dejar que la gente desarrolle su propia verdad basándose en un hilo conductor que ha perdurado durante miles de años nos permite estar más conectados con el pasado de lo que uno podría haber pensado antes.

Originalmente, los mitos establecían un sistema de creencias o una religión para la gente de antaño. Las historias proporcionaban una base para dar sentido al caos. Dioses, diosas y otros poderes sobrenaturales establecían expectativas sobre el comportamiento de sus seguidores. Los mitos reconocen que existe una fuerza superior a la que las personas pueden explicar y proporcionan un sentido de dirección en un mundo a veces tumultuoso.

Capítulo 2: El paganismo y la creencia en múltiples dioses

Los paganos y el paganismo tienen distintas definiciones dependiendo de la época. Cuando el cristianismo se estaba extendiendo por el mundo, el paganismo se consideraba una religión o sistema de creencias no cristiano. Esa definición también incluye descripciones del paganismo como religión precristiana. Un pagano es alguien cuyas creencias religiosas no siguen las de las principales religiones del mundo, como el cristianismo, el hinduismo, el islam o el judaísmo.

El paganismo es una religión de los pueblos más antiguos. Esta antigua religión rinde culto a muchos dioses, lo que la clasifica como un sistema de creencias politeísta. Además, el paganismo ve lo divino en todos los aspectos del universo. Los paganos deifican la naturaleza, ya que los dioses están en todo.

Los antiguos celtas practicaban el paganismo y su religión era un componente importante de sus vidas. Al igual que otros contemporáneos de los celtas, su dependencia de la naturaleza hacía que el mundo natural fuera extremadamente importante. Por ello, muchas de sus creencias espirituales estaban relacionadas con el mundo físico. El reino terrenal de los celtas abarcaba las actuales Irlanda, Escocia, Gales, Cornualles, Isla de Man y Bretaña.

Se cree que los celtas habitaron estas zonas desde aproximadamente el año 1000 a. C. hasta la Edad de Hierro, la época romana y la posromana. La palabra «celta» procede del griego y significa bárbaro. Los antiguos celtas eran fieros guerreros, de ahí su reputación de «bárbaros». Se ha recopilado mucha información sobre los celtas a partir de los escritos de los historiadores romanos. Como pueblos analfabetos, los celtas decidieron no escribir su historia. Los celtas también hablaban un grupo de lenguas afines. Aunque había varias tribus celtas, eran similares en muchos aspectos, incluida su cultura.

Mapa de los celtas en Europa

QuartierLatin1968, CC BY-SA 3.0 <http://creativecommons.org/licenses/by-sa/3.0/>, vía Wikimedia Commons; https://commons.wikimedia.org/wiki/File:Celts_in_Europe.png

La religión también fue un factor unificador para los celtas. Sin embargo, dependiendo de la zona, había variaciones en los dioses que adoraban y en sus sistemas de creencias.

Los dioses más venerados afectaban a la vida cotidiana de los celtas. Por ejemplo, como era impredecible encontrar fuentes de alimentos, se veneraba a las deidades relacionadas con la caza y las cosechas. Diferentes dioses locales y regionales proporcionaban protección durante las batallas con otras tribus. Otros dioses que proporcionaban dirección y fuerza reinaban sobre las necesidades medicinales, las preocupaciones familiares y los asuntos tribales.

Además de la importancia de dioses y diosas en sus vidas, los antiguos celtas consideraban sagrados a los animales. Estos venerados espíritus se incorporaban a menudo al diseño del armamento. Ir a la batalla con fuerzas estimadas de la naturaleza proporcionaba a los guerreros protección y el apoyo de los espíritus. Se creía que los talismanes, que tenían una gran variedad de formas y significados, alejaban los peligros y la negatividad. Estos amuletos proporcionaban una conexión entre el cielo y la Tierra.

La transición de esta vida al Otro Mundo formaba parte de las creencias celtas. Se creía que el Otro Mundo era similar a este, pero más positivo. Los celtas enterraban a los líderes y a los soldados valientes con diferentes posesiones para prepararlos para la siguiente vida. A veces también enterraban a gente corriente con objetos, pero muchos eran incinerados. Los aspectos difíciles y desafiantes de este mundo se eliminaban en la otra vida. Por ejemplo, la enfermedad, la guerra y la tristeza no existían en el más allá. Por lo tanto, los antiguos celtas no temían a la muerte cuando sus almas partían al Otro Mundo.

Aunque los celtas tenían puntos en común en su religión, el paganismo era y es un sistema de creencias amplio y variado. Su culto puede adoptar muchas formas. Los grupos podían reunirse para adorar y honrar a dioses juntos, o los individuos podían rezar por su cuenta. Los paganos no necesitaban edificios en los que congregarse para las ceremonias, aunque posteriormente se construyeron algunos templos. Los paganos creen en una fuerte conexión entre la naturaleza y sus deidades. Así, las celebraciones de las deidades tienen lugar en la naturaleza.

Las creencias paganas de los antiguos celtas se basan en el mundo natural. No tenían una liturgia establecida para sus servicios. En cambio, durante sus rituales, los paganos querían que todos experimentaran una conexión con la naturaleza, su ser supremo.

Como la naturaleza está en todas partes, también lo están los dioses y deidades paganos. Las personas no eran superiores a ningún elemento de la naturaleza. Sin embargo, a través de sus rituales, se producía una unión entre el pueblo y las deidades. Al honrar todo lo que proporciona la naturaleza, los paganos sumergían sus cuerpos, mentes y espíritus en su culto. Un conjunto prescrito de creencias o doctrinas no habría permitido a los creyentes acceder a sus verdades espirituales.

Los paganos creían que todos los componentes de la naturaleza contenían un espíritu. La propia naturaleza era vista como la expresión física de la divinidad porque la naturaleza procedía de un poder sobrenatural. Los paganos exploraban y estudiaban los fenómenos naturales para comprender la causa de los acontecimientos. La naturaleza proporcionaba a los antiguos creyentes señales enviadas por los dioses. Por el contrario, en las sociedades paganas, los adivinos pedían información a las deidades. En la práctica de la adivinación, los videntes leían las señales de los dioses para predecir acontecimientos futuros.

Dado que el paganismo impregnaba todos los aspectos de la vida cotidiana, muchos de los dioses simbolizaban elementos de la vida diaria. Sus deidades se representaban como masculinas, femeninas o sin género determinado. Tenían forma humana y las mismas debilidades que las personas. Aunque las deidades no eran perfectas, se las veneraba por su perspicacia y poder.

Otro aspecto del paganismo es el panteísmo. Este principio expresa la interconexión del universo. Los dioses son fuerzas separadas del universo, pero las deidades y el universo son una fuerza combinada. Los dioses están arraigados en el universo, lo que hace del universo una entidad viva.

Por lo que se sabe, los antiguos paganos celtas tenían más de cuatrocientos dioses y diosas. No todas las deidades eran adoradas por todas las tribus celtas. Había muchos dioses regionalizados. Por ejemplo, el río o arroyo local de una tribu tenía su propio dios. Por lo tanto, un dios de un río podía tener numerosos nombres, cada uno de ellos específico de un río cercano al lugar donde se encontraba una tribu. De los más de cuatrocientos dioses del antiguo panteón celta, solo unos cien nombres se utilizaban en varias zonas. Los trescientos nombres restantes solían utilizarse una sola vez.

El culto pagano era comunitario e individual. Los dioses de las antiguas sociedades celtas se celebraban individualmente o estaban vinculados a los antepasados y al hogar. Se celebraba tanto a los antepasados por su vida como a los recién fallecidos. A menudo se erigían monumentos en su memoria. Al combinar la conexión con los antepasados con el culto a la domesticidad, los paganos trataban de vincular el pasado, el presente y el futuro. De este modo, se protegía la continuidad del sistema de creencias familiar de generación en generación.

Las deidades celebradas de forma más colectiva representaban distintos aspectos de la naturaleza, el trabajo manual, la guerra y los animales. Había dioses del trueno, del sol, de los ríos, etc. Los dioses que ayudaban en la curación utilizaban fuerzas de la naturaleza. La artesanía era una parte importante de la vida cotidiana, por lo que había dioses para las artes, la artesanía y la poesía. Parte de la supervivencia era la capacidad de luchar, por lo que se pedía ayuda a los dioses de las armas y la guerra. Otro grupo importante de deidades eran los dioses de los animales. Estos dioses representaban animales o sus rasgos y podían transformarse en ellos.

Los dioses de los antiguos paganos celtas ilustran su fuerte creencia en la naturaleza. Se celebraban ceremonias y rituales para celebrar sus creencias u honrar a las deidades. A menudo, las celebraciones comenzaban con un círculo ritual. Símbolo de eternidad y del ciclo de la vida, los círculos no tienen principio ni fin. Además, el círculo ritual de los paganos denotaba inclusividad; todos eran iguales dentro de él.

El calendario solar registra el equinoccio y el solsticio. En los días del equinoccio de primavera y de otoño, la noche y el día tienen la misma duración. El solsticio de invierno y de verano celebra los días más cortos y más largos del año. Estos días y sus correspondientes festivales servían para reflexionar sobre los cambios ocurridos durante el último ciclo del año. Los antiguos celtas creían que equilibrar el agradecimiento, por todos los dioses que habían proveído a lo largo del año, con el desagradecimiento, por lo que se había perdido, era importante para evitar el pecado de la autocompasión.

Se creía que el ciclo del año comenzaba al final del verano. La fiesta se conoce como Samhain, que se cree que significa «fin del verano». Con el paso de la estación estival, en la que el sol brillaba durante la mayor parte del día, la gente pasaba a una estación más oscura. Se creía que para que los humanos se renovaran cada año, necesitaban conectar con la oscuridad.

En Samhain, el espacio o línea entre este mundo y el Otro Mundo se volvía transparente. Los espíritus regresaban para orientar a los líderes sobre el futuro. Los antepasados difuntos podían viajar desde el Otro Mundo para visitarlos. A menudo, los vivos preparaban la comida favorita de los difuntos y la dejaban para darles la bienvenida. Pero, aunque los familiares queridos podían visitarlos durante este día, los espíritus rencorosos también podían regresar. Los vivos llevaban máscaras para que los espíritus difuntos no los reconocieran.

Parte de la celebración de Samhain consistía en encender hogueras. Estas hogueras sagradas se llamaban inicialmente «hogueras de hueso». Parte de las festividades consistía en compartir los animales sacrificados y la comida de la cosecha de otoño. Se prendía fuego a los huesos y órganos internos de los animales. Las hogueras y los fuegos del hogar pretendían mostrar que la luz triunfaría sobre los días más oscuros que se avecinaban.

El ciclo estacional siguiente era el solsticio de invierno o Yule. Como parte de las festividades de Yule, se decoraba un árbol de hoja perenne. Los paganos creían que los árboles eran sagrados, y el árbol de hoja perenne representaba la capacidad de sobrevivir a lo largo de todas las estaciones. El árbol de Yule celebraba el nacimiento del dios del sol, al que se hacían regalos. Se creía que el sol era una tremenda rueda de fuego, y la palabra «Yule» tiene su origen en la palabra nórdica para «rueda».

Además del árbol de Yule, había una hoguera. Parte de la ceremonia de la hoguera era el tronco de Yule. Para deshacerse de las dificultades del año anterior, los participantes en la celebración arrojaban acebo a las llamas para quemar el pasado y alumbrar nuevos comienzos. Cada año se guardaba una parte del tronco. Este trozo se utilizaba para encender el fuego del siguiente solsticio de invierno, representando el ciclo del año.

Para marcar el comienzo de la primavera, los celtas celebraban Imbolc. El Imbolc, cuyo origen se atribuye a «en el vientre», se refería a las ovejas preñadas y a la próxima temporada de partos. Brigid, la diosa celta de la fertilidad, el fuego y la curación, reinaba en este día sagrado. La gente hacía devociones a Brigid para asegurar la fertilidad de los animales de granja y una productiva temporada de partos primaverales.

Una de las preocupaciones del invierno era tener comida suficiente para todo el año. La gente recurría a rituales para invocar a dioses y conseguir comida suficiente desde principios de febrero hasta la cosecha de otoño. También se pedía el apoyo divino para una buena temporada de siembra. Las celebraciones se centraban en encender hogueras para apoyar el aumento de las horas de luz solar.

Ostara se celebraba (y se sigue celebrando) el día del equinoccio de primavera, que tiene las mismas horas de luz que de oscuridad. Como madre del amanecer, se creía que Ostara surgía de la tierra donde había permanecido dormida durante los meses de invierno. El renacimiento y la renovación eran el centro de las celebraciones de Ostara, y se utilizaban huevos para representar la nueva vida. También se creaban laberintos. El laberinto separa la luz de la oscuridad del invierno, representando una nueva etapa de la vida.

Para conmemorar el comienzo del verano, los celtas celebraban Beltane, o fuegos de Bel, que marcaban el inicio de la estación de crecimiento. Las viviendas se decoraban con flores de principios de primavera y se celebraban rituales en busca de un año productivo para las cosechas, los animales y las familias. Se encendían hogueras como parte de los festivales. Las hogueras representaban la purificación y la fertilidad. El ganado era conducido en manada a través de dos hogueras para ahuyentar el mal y asegurar la fertilidad del rebaño. Otras hogueras se encendían para avivar la pasión y formaban parte de los rituales estivales de cortejo de las jóvenes y los jóvenes de la tribu.

Hoguera de Beltane

Nyri0, CC BY-SA 4.0 <https://creativecommons.org/licenses/by-sa/4.0>, vía Wikimedia Commons; https://commons.wikimedia.org/wiki/File:Beltane_2019_Edinburgh_Calton_Hill.jpg

También se encendían hogueras para celebrar Litha (o solsticio de verano). Cuando el sol estaba en su cenit, se encendían hogueras para reconocer el poder del sol. Los paganos celebraban la victoria de la luz sobre la oscuridad. Aunque eran conscientes de que la luz acabaría desapareciendo, reconocían el estado transitorio de las crecientes horas de oscuridad.

El solsticio de verano indicaba la unión de dioses y diosas. Estas alianzas creaban las próximas cosechas en otoño. Las uniones terrenales entre hombres y mujeres jóvenes también eran abundantes durante el solsticio de verano, ya que se creía que los lazos que se iniciaban durante las festividades de Beltane darían lugar a uniones fértiles.

Lugnasad, llamada así por el dios Lugh, se celebraba en agosto. La fiesta marcaba el primer día de la temporada de cosecha y la transición del verano al otoño. Se ofrecían a dioses los primeros alimentos de la cosecha en acción de gracias y por las abundantes cosechas. Se creía que Lugh se sacrificó utilizando la hoz de una diosa. La sangre del dios fluyó sobre los campos, lo que hizo que las tierras fueran productivas.

Durante Mabon o el equinoccio de otoño se reconocía un tiempo para la acción de gracias. Los rituales se centraban en el dios que entraba en el Otro Mundo durante ese tiempo. Se creía que regresaba en primavera, trayendo consigo nueva vida. Se hacían devociones a las deidades por una cosecha abundante, y se preparaban y almacenaban alimentos para mantener a las tribus durante los largos meses de invierno.

Los druidas ejercían el liderazgo en algunas tribus celtas. Los druidas eran sacerdotes y enlaces entre este mundo y el de los dioses. Los druidas realizaban los rituales religiosos en los que creían los antiguos celtas. Además, los druidas eran llamados para explicar los fenómenos naturales. Debido a su sabiduría, los druidas eran considerados videntes. Muchas otras sociedades antiguas tenían a alguien que podía ofrecer curas medicinales, y para los antiguos celtas, los druidas cumplían esta función.

Aunque no existe un acuerdo académico sobre la etimología de la palabra «druida», muchos siguen la opinión tradicional de que la palabra es una combinación de las palabras «roble» y «conocimiento». Esta explicación del origen de la palabra está relacionada con el papel de los druidas como poseedores de la información histórica de la tribu.

Debido a la cantidad de conocimiento que un druida necesitaba retener, el camino para convertirse en un maestro druida tomaba años. Pasar de novato a maestro llevaba veinte años. Y todo el conocimiento amasado que fue compartido en el entrenamiento fue hecho oralmente, lo cual significa que no había ningún libro de referencia para consultar cuando uno se perdía. Gracias a su experiencia y conocimiento de la comunidad y su historia, los druidas gozaban de un estatus elevado en las sociedades celtas. Aconsejaban a los gobernantes tribales, oficiaban en asuntos relacionados con la ley y administraban los juramentos de lealtad de los guerreros.

Los druidas realizaban todas las ceremonias religiosas de las antiguas comunidades celtas. Actuaban como emisarios ante los dioses, por lo que las ofrendas a las divinidades eran gestionadas por ellos. Los sacrificios se realizaban con frecuencia en lugares especiales de la naturaleza. Los ríos, lagos y otros cursos de agua junto a arboledas veneradas eran lugares sagrados porque en ellos se conectaban los mundos físico y espiritual.

Los druidas explicaban a los celtas los fenómenos naturales. También debían utilizar sus conocimientos para controlar los elementos místicos de la naturaleza. Los druidas aclaraban los presagios y utilizaban esa información para prever acontecimientos futuros. Esta información se compartía con los gobernantes, quienes la utilizaban para tomar decisiones.

Imagen de un templo druida

Chris Gunns / Templo de los Druidas, cerca de Ilton;
https://commons.wikimedia.org/wiki/File:Druids_Temple,_near_Ilton_-_geograph.org.uk_-_440563.jpg

Los druidas celebraban servicios después de las batallas, para celebrar el ciclo de la naturaleza y prepararse para la muerte. Cualquiera que no siguiera sus normas podía ser excluido de las ceremonias, lo que convertía a esa persona en un marginado. Se imponían restricciones a las personas que desobedecían los dictámenes de los druidas.

A veces se realizaban sacrificios a los dioses después de una batalla o de un acontecimiento natural importante. Se realizaban sacrificios humanos y animales. Los sacrificios eran un regalo, una forma de aplacar a los dioses o de predecir el futuro. Los combatientes capturados de otras tribus eran a veces el origen de los sacrificios humanos, aunque los criminales eran los más frecuentes. Sin embargo, los animales eran, con diferencia, los más sacrificados. Los druidas escudriñaban el proceso de muerte de las víctimas, ya fueran humanas o animales. A partir de sus observaciones de las etapas finales de la vida, podían hacer predicciones sobre el futuro.

Como la conexión con la naturaleza era tan importante para los druidas y los antiguos celtas, muchas de sus prácticas seguían el ciclo de las estaciones y la luna. En estas ceremonias se hacían ofrendas rituales a los dioses. Las ofrendas iban desde armas arrebatadas a los enemigos hasta joyas y alimentos. Se creía que estas ofrendas atraerían a los dioses para que protegieran a la tribu de futuros acontecimientos no deseados, como la peste y la guerra. La gente se reunía en los lugares sagrados para participar en los servicios dirigidos por los druidas, y entonaba cánticos y plegarias en agradecimiento a los dioses.

Los paganos modernos buscan una fuerte conexión con la naturaleza. Muchos de los días sagrados y las conmemoraciones estacionales de los antiguos celtas siguen siendo elementos importantes de las creencias paganas.

Capítulo 3: Mito, leyenda y folclore: Las diferencias

Antes de la palabra impresa o escrita, todas las culturas recitaban y compartían historias. Cada generación contaba y volvía a contar las mismas historias, transmitiéndolas a la siguiente generación. Los cuentos se contaban para compartir los valores y tradiciones de un grupo de personas. La universalidad y el carácter intemporal de estas historias hacen que se sigan compartiendo hoy en día.

A menudo, no hay un único autor. En su lugar, la historia se fue formando con el tiempo, con muchas voces que se sumaban a ella para dar forma completa a la narración. Una vez modificada para cumplir su propósito, se introducían cambios sutiles para adaptarla al público. Los narradores y su público interactuaban, lo que añadía más profundidad y significado a las historias.

Algunos de los personajes más importantes del mundo de los antiguos celtas eran los bardos. Memorizando muchas baladas, poemas y otras historias, los bardos viajaban de un lugar a otro. En cada pueblo en el que se detenían, compartían y representaban las historias que habían memorizado. Como algunos de los relatos incluían fragmentos de historia, los bardos eran valorados por sus conocimientos.

Con el tiempo, los bardos se convirtieron en *seanchaithe* (singular *seanchaí*). Vagando de pueblo en pueblo, los *seanchaithe* contaban mitos, leyendas y folclore a su público. Como no existía una lengua celta escrita, los *seanchaithe* también compartían noticias de tribu a tribu. También memorizaban la historia y los linajes familiares.

Durante cientos de años, no se escribió nada de la historia, la sabiduría o los cuentos celtas. Los *seanchaithe* rastreaban la información tribal para su clan, lo que los convertía en personas clave de la comunidad. Al fin y al cabo, eran los depositarios de los recuerdos y las tradiciones de la tribu.

La narración oral creó un género que hoy se conoce como literatura tradicional. En los textos publicados en la actualidad, el autor puede hacer notar que está presentando una adaptación de una historia contada hace mucho tiempo. Las tramas de estos cuentos suelen ser sencillas, ya que originalmente se contaban de boca en boca. Además, los cuentos pretendían instruir, por lo que los oyentes (y ahora lectores) podían entender claramente el mensaje.

Los personajes de la literatura tradicional servían de modelo a los antiguos oyentes. Las criaturas y los personajes de los cuentos representaban elementos buenos y malos del mundo. Los escenarios eran a menudo nebulosos, lo que aumentaba el atractivo colectivo del relato.

La literatura tradicional tiene algunos subgéneros, aunque muchos de los términos se utilizan como sinónimos. Sin embargo, existen diferencias entre cada una de las categorías. Pero lo más importante es que comparten una historia común a través de la narración oral. Todas son intemporales y nos siguen hablando hoy en día. Las clasificaciones más comunes son los mitos, las leyendas, los cuentos y el folclore, que engloba los cuentos de hadas, los cuentos populares y las fábulas. En estas obras, los lectores y oyentes aprenden sobre el sol y la luna, Robin Hood, y la tortuga y la liebre.

Los mitos cuentan los orígenes de las personas, el mundo y la naturaleza. A menudo, en los mitos aparecen dioses, diosas y otros seres sobrenaturales. Los pueblos antiguos veneraban los mitos, ya que formaban parte de su sistema de creencias. Las características de la divinidad y la humanidad y las similitudes de ambas se explicaban a través de los mitos. Estas historias eran y son verdades sobre nosotros, nuestros antepasados y nuestro futuro.

A lo largo de los mitos se entretejen capas de significados, como la complejidad de las personas, sus relaciones mutuas y la búsqueda de sentido de la vida. Aunque las historias de los mitos eran (y siguen siendo) entretenidas, su propósito era mayor que el de ofrecer un relato interesante. El propósito superior de un mito lo eleva a un nivel más sagrado. Los mitos se contaban como si la historia hubiera ocurrido realmente, lo que añadía credibilidad a las actividades de los dioses, diosas y otros poderes sobrenaturales.

Los mitos suelen agruparse cuando se estudian para comprender mejor las conexiones entre ellos. Existen varias agrupaciones diferentes, pero las cuatro categorías que recogen los motivos más significativos de los mitos son los mitos etiológicos, ctónicos, históricos y psicológicos.

También clasificados como mitos del origen o de la creación, los mitos etiológicos aclaraban a los antiguos la causa de la vida y los porqués del mundo. En los mitos etiológicos se explican los primeros seres, así como el sol, la luna, las estrellas y cómo surgió la naturaleza.

Por ejemplo, la mitología nórdica explicaba a la gente por qué había truenos. El carro de Thor surcando los cielos provocaba el estruendo. La tribu Oneida de Norteamérica aprendió por qué y cómo las ardillas listadas tenían rayas en la espalda. Una vez, un oso se jactó de que podía hacer cualquier cosa. Cuando la ardilla listada oyó la historia, le pidió al oso que impidiera que saliera el sol. Todos los días, el oso intentaba e intentaba impedir que saliera el sol. La ardilla se burlaba del oso y este se enfadaba. Entonces, el oso sujetó a la ardilla con una de sus enormes patas. La ardilla se retorció y finalmente se liberó. Pero la zarpa del oso le dejó unas rayas en la espalda.

Los antiguos también necesitaban ayuda para comprender la devastación, la muerte y las enfermedades. Los mitos ctónicos exploran la muerte y el más allá. Responden a las preguntas de por qué muere la gente, qué ocurre después, si se acabará el mundo, qué causa las enfermedades y qué provoca los desastres naturales. En muchas culturas existen historias de vida después de la muerte, que alivian los temores ante las incógnitas asociadas a la muerte.

Muchas culturas tienen mitos relacionados con el ave fénix. Muchos relatos sobre esta ave legendaria la describen como multicolor, con plumas rojas, naranjas y amarillas. Una vez que el fénix ha vivido su vida, que a menudo dura cientos de años, se prepara para la muerte, haciendo su propia pira funeraria. Cuando el fénix sabe que su tiempo en la Tierra ha terminado, el fuego consume al ave y una nueva surge de sus cenizas. En otras versiones, el hermoso plumaje del fénix se enciende cuando su tiempo en la Tierra ha terminado. Ese fuego devora al viejo fénix, dando origen a uno nuevo.

En los mitos históricos se repiten acontecimientos pasados. Los elementos hiperbólicos están impregnados de detalles del acontecimiento, que puede o no haber sucedido. Al infundir y elevar los detalles de la historia, el mito y el acontecimiento aumentaban su importancia para los pueblos antiguos, y de la narración de la historia surgían héroes más grandes que la vida.

Los mitos en torno a la guerra de Troya, relatados en la *Ilíada* y la *Odisea*, pertenecen a la categoría de mitos históricos. También podemos encontrar mitos históricos en la antigua India. La batalla de Kurukshetra se narra en el *Mahabharata*. El *Mahabharata* es siete veces más largo que la *Ilíada* y la *Odisea* juntas, y narra la batalla entre dos familias gobernantes. Tras la muerte del rey Pandú de Bharata, sus hijos, los Pándavas, a quienes dejó el reino, fueron desafiados por cien de sus primos, los Kauravas. Los dioses indios intervienen en el relato épico, cuyo poderoso mensaje trasciende la narración de la batalla.

La última categoría de mitos es la psicológica. Estos mitos proporcionaban a los antiguos oyentes formas de comprender sus emociones y sentimientos. A través de las reacciones y decisiones de los personajes de estos relatos, el público aprendía rasgos que admirar y atributos de los que desconfiar. A menudo, en los mitos psicológicos, el héroe emprende un viaje o una misión. Durante esta aventura, se enfrenta a múltiples desafíos. Su forma de afrontarlos sirve de guía a los oyentes.

Un ejemplo de mito psicológico es la historia de Aquiles, que compartían los antiguos griegos. La madre de Aquiles, Nereida, quería que viviera para siempre. En su afán por dotar a su hijo de inmortalidad, lo sumergió en el río Estigia. Nereida sujetaba a Aquiles por el talón para que no cayera al río y se ahogara. Sin embargo, como esta parte de su cuerpo no estaba sumergida, era su punto vulnerable. Aquiles creció y se convirtió en un gran héroe y líder. En la guerra de Troya, Paris mató a Aquiles de un flechazo en su único punto débil.

Los mitos no son el único tipo de literatura tradicional. Las leyendas también se ambientan en el pasado, tienen personajes más grandes que la vida real y originalmente se representaban en persona. A diferencia de los mitos, las leyendas se basan en hechos reales o en personas de la vida real. Aunque a menudo se exageraban los detalles para crear la leyenda, había una base de verdad histórica que impulsaba la historia.

Las leyendas vinculan los mitos, que eran creencias sagradas, con acontecimientos seculares o históricos. La palabra «leyenda» procede del latín *legere*, que significa «leer». Las leyendas se difundían originalmente de forma oral. Cuando se clasificaron por primera vez, muchas tenían un fundamento religioso, ya que las historias de santos y milagros se compartían en ceremonias religiosas. Aunque la mayoría de las leyendas no tienen un significado religioso, sí tienen una importancia regional, nacional o cultural.

Aunque algunos mitos pueden haber sucedido o no, como los que se cuentan en el *Mahabharata*, las leyendas tienen elementos de exactitud histórica. Cuando se habla de piratas, muchos recuerdan el nombre de Barbanegra. Las hazañas de Barbanegra se convirtieron en leyenda, y las historias en las que prendía fuego a su barba eran muy populares.

Los dioses no intervienen en las leyendas como lo hicieron en muchos mitos, como en la guerra de Troya. Figuras legendarias como el rey Arturo se basaban en su valor, su astucia y su sentido del bien y del mal para establecer normas de comportamiento. Si el rey Arturo fue una persona real, se cree que vivió alrededor del año 500 de nuestra era. Debido al paso del tiempo y a las numerosas versiones de su historia, sus hazañas suelen situarse después del año 1400 de nuestra era. Sin embargo, su caballerosidad se sigue imitando hoy en día. Al igual que ocurre con los mitos, las leyendas nos han enseñado los rasgos humanos que debemos imitar y los que debemos rechazar.

Otro héroe legendario popular fue Robin Hero. La gente corriente lo consideraba un héroe por su mantra de robar a los ricos para dárselo a los pobres. Su legado ha perdurado durante cientos de años. Se cree que la fuente del legendario Robin Hood fue un hombre que nació en Loxley o Wakefield. La mayoría coincide en que la persona o compilación de personas que dio origen a Robin Hood procedía del condado del Norte. Otro detalle en el que muchos coinciden es el popular refugio de Robin Hood, el bosque de Sherwood.

El desdén y la desconfianza de Robin Hood hacia el sheriff de Nottingham lo convirtieron en un héroe local y legendario. Junto con otros forajidos, Robin Hood y su banda vagaban por el bosque de Sherwood probablemente entre finales del siglo XIV y principios del XV. Hábil arquero, Robin Hood era conocido por su mal genio. Sus creencias contrarias al sistema y sus acciones contra los gobernantes locales siguen cautivando a los oyentes hoy en día. La historia de Robin Hood es una leyenda porque pudo haber existido y, sin embargo, luchó con poderes inusuales contra su supuesto enemigo, el sheriff.

Una subcategoría de las leyendas son los relatos fantásticos. Se trata, en términos relativos, de una categoría de cuentos más reciente. La mayoría de los cuentos de este subgénero proceden de la exploración de la frontera estadounidense. Al principio, los cuentos se contaban en voz alta, a menudo alrededor de hogueras. Los hombres que exploraban el oeste estadounidense contaban cuentos al final de la larga jornada de trabajo, reunidos alrededor del fuego. Al igual que las leyendas, los relatos fantásticos se basan en historias reales o verdaderas e incluyen una gran cantidad de exageraciones. Algunos relatos fantásticos se consideraban tan extensos como la frontera estadounidense.

Entre las historias intemporales de personajes y creencias de la Norteamérica del siglo XIX figuran las aventuras de Pecos Bill, un legendario vaquero; Davy Crockett, que afirmó haber matado un oso a la tierna edad de tres años; y John Henry, cuya fuerza impulsó la construcción de los ferrocarriles.

Paul Bunyan es otro cuento famoso. Era un leñador de fuerza increíble, probablemente basado en el leñador canadiense Fabian Fournier. Paul Bunyan casi siempre iba acompañado de Babe, el buey azul, su fiel compañero. A Bunyan se le atribuye la formación del Gran Cañón con un solo golpe de su poderosa hacha. Babe era tan grande que sus huellas crearon los diez mil lagos de Minnesota. La energía y el poderoso físico de Bunyan fueron atributos que impulsaron a los Estados Unidos hacia el oeste.

Los mitos proporcionaron a los pueblos antiguos una explicación de sus orígenes. Muchos mitos se consideraban sagrados porque formaban un sistema de creencias. Las leyendas pasaron de un elemento divino a otro secular. Los dioses no eran necesarios para establecer el tono moral de la sociedad; en su lugar, los seres humanos legendarios podían establecer un sistema de lo correcto y lo incorrecto. Esto nos lleva a la tercera categoría de literatura tradicional derivada de la narración oral: el folclore.

El folclore contiene recopilaciones de narraciones ficticias. A través de estas historias se compartían creencias y tradiciones, así como supersticiones y fantasías. El folclore podía referirse a un único episodio o incidente. A medida que se compartía la historia, esa única escena podía evolucionar hasta convertirse en una historia más larga y compleja. Bajo el paraguas del folclore se encuentran los cuentos de hadas, los cuentos populares y las fábulas.

Los formatos típicos de los cuentos de hadas incluyen escenarios de un pasado lejano con una frase inicial de «érase una vez». Estos cuentos están salpicados de seres como hadas, dragones, elfos, enanos y gigantes. Hay villanos claramente delineados que actúan contra protagonistas simpáticos. A menudo se entreteje algún aspecto de la realeza en el relato, ya sea a través de los personajes o de los escenarios. También hay elementos sobrenaturales, como animales parlantes que se hacen amigos del héroe y lo ayudan en su conflicto.

El conflicto debe resolverse antes del final de la historia. Esto a menudo lleva a la gente a vivir «felices para siempre». Cuando los personajes buenos resuelven su problema, se demuestra una lección clara. El triunfo del bien sobre el mal confiere a los cuentos de hadas su atractivo universal.

Hay cientos de versiones de Cenicienta en todas las culturas y a lo largo de los años. Cenicienta es un excelente ejemplo de cuento de hadas, ya que cuenta con los elementos clásicos del género. Ella es la simpática protagonista que se encuentra en una situación horrible, ya que tiene una lista interminable de tareas. Su malvada madrastra y sus hermanastras le hacen la vida imposible. Así que se hace amiga de los animales que comparten el castillo con ella.

La esperanza aparece cuando Cenicienta recibe una invitación para el baile del príncipe. Sin embargo, su madrastra frustra sus planes de asistir. Mágicamente, aparece un hada madrina. Con un movimiento de su varita, ratones y calabazas se transforman para transportar a Cenicienta al palacio.

Sin embargo, no puede quedarse toda la noche, ya que la magia se desvanece a medianoche. Tras conocer al príncipe y pasar un rato agradable, Cenicienta huye del baile al filo de la medianoche y pierde su zapatilla de cristal. El príncipe busca a su amada por todo el reino. Tras probarse el zapato, Cenicienta y el príncipe viven felices para siempre. El bien triunfa sobre el mal. Las versiones y adaptaciones de los cuentos de hadas continúan hoy en día. Las películas y los libros nos encantan y nos transportan a mundos donde sí hay finales felices.

También dentro de la categoría de folclore están los cuentos populares, que originalmente se compartían oralmente. Los cuentos populares son similares a los cuentos de hadas, ya que ambos comparten claramente a los buenos y a los malos, y ven recompensadas las acciones de los protagonistas. Sin embargo, la magia y la realeza no suelen estar presentes. Los cuentos populares se adaptan a la época y el lugar, lo que los diferencia de los mitos y las leyendas. Sus historias son fluidas, pero sus mensajes son intemporales.

Los cuentos populares existen en todas las culturas. Muchas historias contienen significados comparables entre sí. Los personajes de los cuentos populares no suelen estar muy desarrollados. Su naturaleza unidimensional los diferencia de los mitos, leyendas y cuentos de hadas. En otra literatura tradicional, los personajes se muestran con más rasgos de personalidad, lo que permite que la gente se identifique fácilmente con ellos.

Sin embargo, los cuentos populares entretenían y transmitían un mensaje a los oyentes. En los cuentos populares se compartían sucesos cotidianos, por lo que los relatos mostraban cómo los personajes se enfrentaban a un problema. Por ejemplo, en «Los tres cabritillos», los cabritillos tienen que ser creativos para burlar al malvado trol que bloquea el puente.

«Los tres cerditos» se ha contado y recontado durante mucho tiempo. La madre de los cerditos dice a sus tres hijos que ha llegado el momento de que emprendan su propio camino. Cada uno de los cerditos representa un rasgo de carácter diferente, mientras que el lobo encarna los peligros que uno puede encontrar cuando abandona la protección del hogar. Solo el tercer cerdito, que demuestra que el trabajo duro y la planificación son las claves del éxito, pudo sobrevivir en el mundo.

Las fábulas pretendían instruir y proporcionar una lección. Las fábulas más conocidas se atribuyen a Esopo. En la antigua sociedad griega, estos cuentos cumplían varias funciones. Las fábulas solían escribirse en una época de gobernantes represivos, por lo que eran un vehículo para compartir comentarios despectivos sobre el gobierno. Ofrecían a los oprimidos la esperanza de que los desvalidos de la sociedad tuvieran voz frente a los poderosos.

Los animales y los insectos son los protagonistas de las fábulas. Representan diversos rasgos de la personalidad y situaciones a las que los humanos se enfrentan casi a diario. De forma entretenida, se compartían importantes lecciones de vida. Las fábulas se escribían para todas las edades y se utilizaban para entretener y educar.

En la fábula de «La tortuga y la liebre», que se cuenta a menudo, vemos rasgos humanos de exceso de confianza en la liebre, mientras que la tortuga se siente cómoda en su propia piel. La tortuga aprecia la vida y se toma su tiempo para sumergirse en ella. La liebre va deprisa por la vida y actúa caprichosamente. Al final, el mensaje es que el lento y constante gana la carrera.

Antes de Internet, las redes sociales, los libros y los periódicos, la gente tenía acceso a un número increíble de historias. Aunque muchos no sabían leer ni escribir, no eran incultos ni ignorantes. A través de la experiencia de las historias, se creaban y compartían creencias. Se establecieron y acordaron códigos morales. Los mitos ofrecían bellas explicaciones del mundo y sus orígenes. Las leyendas pasaron de contar la vida de los santos a hablar de los héroes cotidianos. El folclore proporcionaba entretenimiento y orientación.

Capítulo 4: El papel del mito en el mundo moderno

Los mitos se cuentan desde hace miles de años. Dioses, diosas y otras deidades han guiado a la gente desde que se contaron estas historias. Hoy en día, la gente lee los mitos para divertirse, pero estas historias eternas siguen aportando información. La lectura de los héroes, heroínas y embaucadores de hace miles de años nos sirve de espejo para comprender a las personas y los distintos sistemas de creencias.

Revestidos de significados sutiles, los mitos pueden leerse a través de varias lentes que ofrecen enigmáticas interpretaciones. Al fin y al cabo, los humanos somos seres complejos. Las complejidades de los mitos nos ayudan a comprender quiénes somos y quiénes podemos ser. Estas historias también aclaran los obstáculos que nos presenta la sociedad y lo que nos impide lograr grandes cosas.

Ya sea a propósito o no, los hilos míticos se han entretejido en las artes desde que se contaron los mitos por primera vez. Rasgos y acciones de los dioses de hace miles de años forman parte de la cultura pop actual. El cine, la televisión, las novelas gráficas, los videojuegos, etc. están influidos por historias contadas hace mucho tiempo.

A partir de los relatos celtas, los lectores y oyentes experimentaron el sufrimiento humano y la muerte. Mientras personajes mágicos y míticos luchan contra el mal, la bondad y el valor sirven de inspiración. Incluso en los cuentos celtas que acaban en muerte y destrucción, hay esperanza, pues la vida en el Otro Mundo proporciona una especie de renacimiento.

Algunas películas presentan una conexión superficial con los mitos celtas e irlandeses. Hay muchas películas que incluyen duendes mágicos, malvados o generosos. Las películas van del terror, como *Leprechaun* (*El duende maldito*), protagonizada por Jennifer Aniston en 1993, a los musicales románticos, como *Pot 'O Gold* (*Oro del cielo*), protagonizada por James Stewart en 1941.

Otras películas basadas en leyendas celtas e irlandesas son *The Luck of the Irish* (*La suerte del irlandés*). La película original es de 1948. Un reportero de Nueva York, interpretado por Tyrone Powers, viaja a Irlanda. Allí, Powers se encuentra con un duende que lo guía en sus decisiones. La película homónima de Disney Channel de 2001 está protagonizada por Ryan Merriman, que interpreta a un jugador de baloncesto de instituto que confía en una moneda de oro para tener suerte. Tras perder la moneda de la suerte, Merriman es retado por un duende malvado por el control de la misma.

Continuando con las experiencias de travesura y magia está *Finian's Rainbow* (*El camino del arcoirirs*), una delicia musical protagonizada por Fred Astaire. Como en muchas otras películas, en esta cinta aparecen un duende y una olla de oro. Otras películas que incluyen duendes y el misterio y la esperanza del arco iris son *Darby O'Gill and the Little* (*Darby O'Gill y el rey de los duendes*) y *The Magical Legend of the Leprechauns* (*La leyenda mágica de los duendes*).

Los duendes son conocidos por ser traviesos embaucadores. Cuenta la leyenda que si captura a un duende, le ofrecerá tres deseos para que lo libere. Sin embargo, no se puede confiar en estos embaucadores. Las películas que basan sus historias en duendes demuestran cómo la vida puede transformarse con la creencia y la esperanza en otro reino.

Otra figura mística de la mitología celta es las *selkies*. También conocidas como gente del mar o sirenas, las *selkies* son mitad pez y mitad humanas. Cuando están en el agua, son focas. Sin embargo, una vez en tierra, mudan la piel y se transforman en humanos. Cuando las *selkies* mudan la piel, los humanos pueden ocultársela. Si las *selkies* no encuentran su piel, no pueden volver al mar.

En la película *Ondine*, un pescador irlandés atrapa en sus redes a una intrigante mujer, que da nombre a la película. Una vez que Ondine, una *selkie*, está a bordo, las capturas del pescador mejoran drásticamente, lo que demuestra su poder. La mística Ondine se queda en tierra, ayudando al pescador y a su hija. El amor triunfa, y la película termina con los tres personajes ante un nuevo y brillante comienzo.

The Secret of Roan Inish (*El secreto de la isla de las focas*) habla de las *selkies* y de su capacidad para cuidar de los humanos. Una joven irlandesa llamada Fiona visita a sus abuelos, que viven en la costa. Fiona empieza a descubrir la historia de su familia y la de su hermano, Jamie. La tradición familiar cuenta que Jaime fue arrastrado al mar cuando era un bebé. Mientras Fiona está en Roan Inish, cree ver a Jaime viviendo con las *selkies*. Efectivamente, es su hermano, que ha prosperado gracias a la convivencia con las *selkies*. Al final, Fiona consigue reunir a su familia.

Tres películas relacionadas, *The Secret of Kells* (*El secreto del libro de Kells*), *Song of the Sea* (*La canción del mar*) y *Wolfwalkers* (*Wolfwalkers: Espíritu de lobo*), fueron dirigidas por Tomm Moore. Las tres están inspiradas en mitos y folclore celtas e irlandeses. La primera en producirse fue *El secreto del libro de Kells*, protagonizada por hadas, una deidad celta y un libro mágico. En la película, el protagonista, Brendan, emprende un viaje para completar un antiguo manuscrito. El antagonista, Crom Cruach, una deidad celta, posee un ojo especial que Brendan necesita para completar su misión. Necesitado de tinta para sus ilustraciones, Brendan se adentra en el bosque. Allí se encuentra con Aisling, un hada del bosque. Aisling puede cambiar de forma entre una niña y un lobo, y ayuda a Brendan en su viaje para obtener los materiales necesarios para completar el secreto libro de Kells.

Inspirada en la mitología celta e irlandesa, *La canción del mar* incluye *selkies* cambiaformas. El protagonista, Ben, se entera de que su hermana, que no puede hablar, es en realidad una *selkie*. Durante mucho tiempo ha culpado a su hermana Saoirse de la muerte de su madre. Para burlarse de su hermana, Ben le cuenta la historia de Mac Lir y Macha, la bruja búho, para asustarla.

Cuando Saoirse se da cuenta de que es una *selkie*, ella y Ben cambian entre el mundo de la tierra y el del mar. Las hadas se encuentran con Saoirse y Ben mientras están en el mar. Necesitan la ayuda de Saoirse para volver a Tír na nÓg y escapar de la diosa Macha. Mientras el dúo sigue buscando el camino de vuelta a casa, Saoirse encuentra su voz para liberar a las criaturas que encuentran. Hacia el final de su viaje, se reúnen con su madre, que también es una *selkie*. Su madre debe permanecer con las criaturas marinas, pero Saoirse elige vivir en el mundo humano con su hermano.

Wolfwalkers es la última película de Moore y la última de la llamada «trilogía irlandesa». La protagonista, Robyn, aprendiz de cazadora de lobos, se encuentra en Irlanda trabajando para eliminar a los lobos. Mientras completa su misión, entabla amistad con Mebh, cuyo espíritu se transforma en lobo mientras duerme. Robyn se une a Mebh en la búsqueda de su madre. Pero Robyn se ve dividida entre dos mundos: uno con su padre como cazador de lobos, y el otro en el misterioso reino de Mebh.

Basándose en historias de mitos antiguos, los *Wolfwalkers* pueden relacionarse con las hijas de Airitech. Estas hermanas se transformaban en lobos cada vez que Samhain buscaba comida. Su debilidad era la música, que otros utilizaban para engañarlas y volver a transformarlas en humanas. Los metamorfos desempeñan un papel importante en la mitología celta. Transferirse entre múltiples dominios permitía a las deidades y otras criaturas controlar a los humanos con sus artimañas y engaños.

También podemos ver la influencia de la mitología celta fuera del cine. Muchas novelas se han inspirado en personajes y creencias de los antiguos celtas. Las investigaciones sugieren que la legendaria novela *Drácula* se inspiró en el vampiro irlandés Abhartach. En esta historia, después de que Abhartach sea asesinado por el cacique local, regresa para acechar a los vivos. Su magia oscura le permite regresar continuamente de la muerte como muerto viviente o *neamh-mairbh*. Abhartach exige sangre a sus súbditos, como Drácula.

La novela clásica de C. S. Lewis, *El león, la bruja y el armario*, también incluye criaturas de la mitología celta. El portal que atraviesan los niños para entrar en Narnia recuerda a los cambiaformas, que pueden trascender fácilmente del mundo físico a otra dimensión. Además, la historia y otras de la serie contienen brujas, *boggles* (criaturas parecidas a duendes) y hombres lobo. Los tres eran seres malignos que se encontraban en la tierra de Narnia.

Otra novela clásica es *El libro de los tres*, de Lloyd Alexander, la primera de las *Crónicas de Prydain*. Durante la Segunda Guerra Mundial, Alexander fue destinado a Gales para recibir instrucción. Allí se sumergió en Gales junto con sus mitos y leyendas. *El libro de los tres* de Alexander y sus series posteriores contienen escenas de Gales y una infusión de las historias galesas del *Mabinogion*.

Mabinogi, que proviene de la palabra *mab*, sugería inicialmente juventud. Con el tiempo, el término se convirtió en sinónimo de cuentos infantiles. Las historias que formaban parte de los *mabinogi* eran relatos míticos sobre la formación temprana de los héroes. En el *Mabinogion*, la historia de Pryderi tiene paralelismos con la de Taran en *El libro de los tres*. La historia de Pryderi conecta las cuatro ramas del *Mabinogion* del mismo modo que la de Taran conecta las *Crónicas de Prydain*.

La juventud de Taran le proporciona la formación que necesitará para sus aventuras fuera de la granja. Una vez que Taran sigue a Hen Wen, el cerdo oracular, Taran se ve arrastrado a una batalla por Prydain. Espadas mágicas y encantadores ayudan a Taran en su búsqueda. Tras derrotar a Arawn, el señor de la muerte, Taran es coronado rey supremo, un honor que se gana gracias a sus numerosas hazañas.

Evangeline Walton cuenta una historia similar a la de Lloyd Alexander en otra adaptación del *Mabinogion*. Las novelas de Walton —La isla de los poderosos, Los hijos de Llyr, La canción de Rhiannon y El príncipe de Annwn— reciben el nombre de *Tetralogía del Mabinogion*. En estas cuatro novelas entreteje las doce ramas del *Mabinogion*. Príncipes, señores, dioses, diosas e intercepciones mágicas dan vida a la historia del príncipe Pwyll.

Viajando a través del Atlántico, hasta el estado norteamericano de Arizona, podemos encontrar otra serie de novelas, *Las Crónicas del druida de hierro*, que tienen su base en la mitología celta. El primer libro de la serie, *Hounded*, de Kevin Hearne, presenta a los lectores a Atticus O'Sullivan. El modesto O'Sullivan es dueño de una librería y aparenta ser un irlandés veinteañero. Sin embargo, Atticus es en realidad el último de los druidas y tiene veintitantos siglos de antigüedad.

Como es druida, tiene poderes de la tierra. Junto con esas habilidades, O'Sullivan tiene Fragarach, una espada mágica. Sin embargo, algunos dioses irlandeses no creen que Atticus deba tener la espada, ya que consideran que se la robó en una batalla del siglo I. Aenghus Óg, la deidad enfurecida, lidera la batalla contra O'Sullivan por Fragarach.

Junto a Atticus trabajan Oberon, su perro lobo irlandés; Morrígan, diosa de la guerra y la venganza; y Brigid, diosa del fuego y la forja. Vampiros, brujas y hombres lobo completan el reparto, aunque a lo largo de la serie se incluyen otras figuras de la mitología celta.

Las novelas gráficas y los cómics también contienen personajes con similitudes a dioses y diosas del pasado. El icónico Conan el Bárbaro apareció por primera vez en la publicación de *Weird Tales* narrada por Robert Howard. Con el tiempo, dieciocho historias dieron vida a las aventuras de Conan. Marvel Comics retomó entonces el personaje de Conan, continuando su historia. En la década de 1980, muchos pudieron visualizar la representación de Conan en dos películas protagonizadas por Arnold Schwarzenegger.

Conan se basa en la mitología irlandesa. Los *fianna* era un grupo de guerreros. Conán mac Morna, también conocido como Conán Maol («calvo»), formaba parte de los *fianna*, liderada por Fionn mac Cumhaill. Los *fianna* y sus aventuras están documentadas en el *Ciclo feniano* de la mitología irlandesa. La creación de la Calzada del Gigante en Irlanda se atribuye a este feroz clan de guerreros. Conan el Bárbaro se basa en Conán mac Morna. Convertido en guerrero a los quince años, Conán lucha heroica y exitosamente contra el mal.

Sigamos con Marvel Comics y fijémonos en su serie de Thor. Allí podemos encontrar otros dioses celtas. Los Tuatha Dé Danann luchan contra Thor en el número 386. Estos dioses proceden de la mitología celta y utilizan la magia y el ocultismo. Su líder, Dagda, era un dios sabio conocido por sus dos preciadas posesiones: un vasto caldero y un enorme garrote. Con el tiempo y tras una serie de batallas, Thor une sus fuerzas a los Tuatha Dé Danann.

El impacto de la mitología celta influye también en muchas novelas gráficas. *Guerrero celta: La leyenda de Cú Chulainn*, escrita por Will Sliney, vuelve a contar la historia de Cú Chulainn. En el mito «El sabueso del Ulster», Cú Chulainn (también deletreado como Cuhullin) tiene poderes mágicos. Su cabeza irradiaba luz y su legendaria fuerza le hacía perder el control cuando luchaba. Los aullidos de Cú Chulainn asustaban mucho a sus enemigos.

En la adaptación de Sliney, la reina Maeve envía un ejército de diez mil hombres para capturar Emain Macha, una tierra en la región septentrional de Irlanda. Cú Chulainn es el único protector de la tierra, ya que todos los demás guerreros están dormidos a causa de una maldición. El valor y las habilidades míticas de Cú Chulainn le permiten desafiar al ejército que se aproxima.

También basado libremente en Cú Chulainn está *Slaine: The Horned God*, de Pat Mills. Slaine es un guerrero celta que lidera la tribu Sessair, protectora del pueblo de Tír na nÓg. Durante años, los habitantes de la Tierra de los Jóvenes han estado controlados por druidas poco comunes. Con el apoyo de la diosa de la Tierra, Slaine conoce su destino. Su destino es unir a los cuatro reyes de Tír na nÓg. El futuro del mundo está en manos de Slaine en su lucha contra los Drune Lords, los druidas que han envenenado la tierra.

Otra vía para experimentar la mitología celta son los videojuegos. Muchos juegos tienen elementos de mitos de todo el mundo que se mezclan para crear algo único. Diferentes mundos y paisajes ven a personajes con poderes mágicos y sobrenaturales luchar por el bien.

También se pueden jugar juegos que transportan virtualmente a los jugadores a las tierras de los celtas. *Assassin's Creed* permite a los participantes sumergirse en los bosques y selvas encantadas de Irlanda. Dependiendo de cómo se juegue, se encuentran reyes celtas o líderes de clanes vikingos. La Calzada del Gigante es uno de los paisajes incluidos en el *Assassin's Creed Valhalla*, y se puede ver a los *fianna* liderados en batalla por Fionn mac Cumhaill (Finn McCool). Las criaturas mitológicas y los festivales antiguos también forman parte del juego.

La mitología guió y dio forma a los pensamientos y creencias de nuestros antepasados hace miles de años. Sin embargo, siguen influyendo en nuestra cultura actual. A través de los personajes que conocemos y experimentamos en nuestras lecturas y visionados, crecemos a medida que aprendemos más sobre la naturaleza humana y lo que motiva a las personas.

SEGUNDA SECCIÓN:
Mitos irlandeses

Capítulo 5: Los hijos de Lir

No fue hasta el siglo VII de nuestra era cuando los irlandeses empezaron a escribir su historia y sus relatos. El ogham fue la primera lengua escrita en gaélico irlandés. La mayoría cree que ogham debe su nombre al guerrero irlandés Ogma. Este era el dios de la elocuencia, lo que resulta apropiado por el papel vital que desempeñó la tradición oral en las primeras sociedades irlandesas y celtas.

Numerosos mitos y leyendas que siguen influyendo en la cultura actual se contaron por primera vez hace años en Irlanda. Los irlandeses disfrutaban escuchando la palabra hablada. El *blarney* irlandés, o don de la palabra, es producto de la singular tradición poética oral del país.

Como las historias se compartían oralmente durante años, tenemos diferentes versiones del mismo cuento. Las distintas versiones contribuyen a su misterioso origen. *Los hijos de Lir* es una de esas historias que se compartían a menudo y que ilustra la vívida imaginación irlandesa.

La mitología irlandesa suele dividirse en cuatro ciclos principales. Cada uno de ellos tiene sus propias características, historias, personalidades y ámbitos de realidad. Dentro de los ciclos, las normas y valores sociales se exploran a través de las acciones de los personajes. Enumerando los ciclos del más antiguo al más reciente, tenemos el Ciclo mitológico, el Ciclo del Ulster, el Ciclo feniano y el Ciclo histórico o del rey.

El Ciclo mitológico, el más antiguo, narra la fundación de Irlanda. Las historias de dioses y otros sucesos sobrenaturales son el sello distintivo de estos relatos. Las historias del Cclo del Ulster se remontan al siglo I de nuestra era. Estos relatos combinan elementos místicos con el mundo de los guerreros. En el Ciclo feniano u osiánico se relataban las aventuras de valientes guerreros, como Oisín. Los superhéroes servían de modelo al público. Por último, el Ciclo histórico o del rey deleitaba a sus oyentes con narraciones que mezclaban algunos reyes de carne y hueso con elementos mitológicos. Las historias pretendían ilustrar cómo debían comportarse los reyes eficaces.

Hace miles de años, durante el Ciclo mitológico, los irlandeses adoraban a muchos dioses diferentes. Estas deidades descendían de varias razas. Un grupo de seres celestiales con poderes sobrenaturales eran los Tuatha Dé Danann. Se cree que eran descendientes de la diosa Danu, ya que las historias sobre los Tuatha Dé Danann se refieren a la diosa Danu como su madre.

No hay acuerdo sobre cómo llegaron los Tuatha Dé Danann a Irlanda. Algunas tradiciones cuentan que los Tuatha Dé Danann volaron por los aires en naves y aterrizaron en Irlanda. Otras afirman que viajaron en forma de niebla, mientras que otra variante es que llegaron en nubes oscuras. También se discute su procedencia, ya que la gente no se pone de acuerdo sobre si son del cielo, de la Tierra o de otro mundo.

Algunas fuentes creen que los Tuatha Dé Danann trajeron consigo a Irlanda cuatro ciudades insulares, que se originaron en las cuatro ciudades o que se ubicaron en ellas. Hay acuerdo en que las cuatro ciudades o zonas relacionadas con los Tuatha Dé Danann eran Falias, Gorias, Finias (Findias) y Murias.

Los sabios de cada una de estas ciudades enseñaron a los Tuatha Dé Danann habilidades mágicas. Murias era el sabio de Falias. En Gorias, Urias ayudó a los Tuatha Dé Danann. Arias enseñaba sabiduría en la ciudad de Finias. Por último, los Tuatha Dé Danann descubrieron su talento encantador con la ayuda de Senias en la ciudad de Murias.

Además, los Tuatha Dé Danann obtuvieron cuatro tesoros de cada ciudad que repercutirían en Irlanda y se convertirían en el componente de muchos mitos celtas. Cada valiosa posesión dotó a los Tuatha Dé Danann de enormes capacidades, que los convirtieron en una tribu formidable en la mitología celta.

De Falias obtuvieron la Piedra de Fal (Lia Fáil), que proclamaba al rey supremo de Irlanda. El tesoro de Gorias era la lanza de Lugh. Cuando se desenvainaba la lanza, nadie podía eludirla, y nadie que la poseyera podía ser derrotado. La espada de la Luz procedía de la ciudad de Finias. Una vez sacada de su vaina, nadie podía resistirse a su resplandor, y nadie podía derrotarla. El caldero de Dagda, que tenía la increíble capacidad de alimentar a todo un ejército, era el cuarto tesoro mágico.

Con sus fantásticos poderes, los Tuatha Dé Danann luchan contra otros que quieren asumir su poder e invadir sus tierras. Los detalles de estas batallas se encuentran en muchos mitos celtas. Sin embargo, otros mitos también emanan de sucesos que resultan de los conflictos. Uno de ellos es el de *Los hijos de Lir*.

La segunda batalla de Moytura fue un encarnizado conflicto entre los Tuatha Dé Danann y los fomoré. Durante la batalla, el Dagda Mór resulta herido; finalmente sucumbe a sus heridas. Ahora debe elegirse un nuevo líder para encabezar a los Tuatha Dé Danann: Bodb Dearg, el hijo mayor del Dagda. Dado que la principal razón por la que fue elegido fue su linaje, hubo muchos que no apoyaron al nuevo líder. Lir surgió como un fuerte opositor al nuevo papel de Bodb Dearg.

Lir pensaba que él debería haber sido seleccionado como el próximo rey de Tuatha Dé Danann. Tras el anuncio de Bodb Dearg como rey, Lir abandonó enfadado la reunión del consejo. Se negó a jurar lealtad. Los partidarios de Bodb Dearg querían que eliminara a Lir. Sin embargo, Bodb Dearg sabía que la esposa de Lir había muerto recientemente de forma inesperada. Para apaciguar a Lir y obtener su apoyo, Bodb Dearg concertó un matrimonio entre Lir y su hija mayor, Eva o Aoibh. Este matrimonio constituye la base de *Los hijos de Lir*.

El matrimonio de Lir y Aoibh estuvo lleno de amor e hijos. La pareja tuvo una hija, Fionnuala; un hijo, Aodh; y dos gemelos, Fiachra y Conn. Pero su amor no duró para siempre, al menos en el plano físico. Algunas versiones cuentan que la muerte de Aoibh se produjo como consecuencia del nacimiento de los gemelos; otras dicen que su muerte se debió a una enfermedad cuando los niños eran pequeños. Independientemente de la causa, Lir estaba desconsolado.

Intentando llenar el vacío en la vida de Lir y sus nietos, Bodb Dearg ideó una solución. El rey ofreció a otra de sus hijas para que fuera la esposa de Lir y la madrastra de sus cuatro hijos. Lir aceptó el plan porque quería una madre cariñosa para sus hijos. Así pues, la hermana de Aoibh, Aoife, se casó con Lir.

Al principio, el nuevo matrimonio prosperó. Aoife era una madrastra y esposa cariñosa. Sin embargo, con el paso del tiempo, Aoife empezó a sentir celos de la relación de Lir con sus hijos. Lir pasaba la mayor parte del tiempo jugando con los niños, dejando poco o ningún tiempo para una relación con Aoife. Tramó diferentes medios para llamar la atención de Lir, pero ninguna de sus estratagemas fue eficaz.

A continuación, Aoife se dedicó a eliminar a los niños, a los que ahora veía como sus rivales. Aoife quería a Lir para ella sola. Sin embargo, decidió no matarlos porque temía que sus fantasmas la persiguieran eternamente. Existen distintas versiones de los pasos que dio Aoife para lanzar su hechizo. En una de ellas, Aoife le dice a Lir que quiere llevar a los niños a visitar a su abuelo, el rey Bodb Dearg. Sin que Lir lo supiera, Aoife tenía otros motivos para el viaje.

Debido a un sueño la noche anterior, Fionnuala sospechaba de su madrastra. Sin embargo, Fionnuala no pudo impedir el viaje. Aoife convocó a la carroza y se llevó a los cuatro niños con ella, deteniéndose en el camino en un lago. Aoife ordenó a los niños que bajaran del carro y se metieran en el lago. Una vez que los niños hicieron lo que ella les había ordenado, lanzó su hechizo y los transformó en cisnes.

Tal vez a instancias de Fionnuala o por decisión propia, Aoife permitió que los hijos de su hermana conservaran la capacidad de hablar. Los niños recibieron el poder de cantar la música de los *sidhe*. (*sidhe* es también una referencia a los Tuatha Dé Danann.) Cuando los niños cantaban, sus canciones eran tranquilizadoras y agradables de escuchar.

Aoife con los niños en el lago.
https://commons.wikimedia.org/wiki/File:The_Children_of_L%C3%AEr,_A_Book_of_Myths.jpg

Dejando a los niños en el lago, Aoife continuó su viaje hacia el castillo del rey Bodb Dearg. A su llegada, el rey buscó a los niños, ansioso por saludarlos. Aoife le mintió, diciéndole que Lir no le permitiría llevar a los niños a verlo. No confiando en ella, el rey buscó la verdad en Lir.

Lir sabía que los niños se habían marchado, así que, con su bastón en la mano, se dirigió al castillo del rey. En su camino, pasó junto al lago y oyó voces. Temiendo lo peor, Lir y sus hombres siguieron las voces y descubrieron a los niños transformados. Los niños de Lir le hablaron y cantaron para su séquito. Desconsolado, Lir continuó hasta el castillo, donde informó a Bodb Dearg de las terribles noticias.

Enfurecido, Bodb Dearg preguntó a Aoife qué era lo que más temía. Ella dudó antes de responder: «El aullido del viento del norte». El rey utilizó sus poderes para transformar a Aoife en el viento del norte. Los gritos de Aoife aún pueden oírse durante las tormentas. Para proteger a sus nietos, Bodb Dearg decretó que nadie en Irlanda podía matar cisnes.

El hechizo de Aoife sobre los hijos de su hermana duró novecientos años. Cada trescientos años, debían trasladarse a un lago diferente. Los primeros trescientos años transcurrieron pacíficamente en el lago Derravaragh, donde su amado padre los visitaba a menudo. Los niños se despidieron de Lir y viajaron a los estrechos de Moyle durante los trescientos años siguientes. Fue una época tormentosa y turbulenta, por lo que los niños a menudo se separaban unos de otros mientras se encontraban en la vía navegable entre Irlanda y Escocia.

Durante los últimos trescientos años de la maldición, los niños juraron permanecer juntos en la isla de Inishglora. Este difícil paisaje hizo que los cuatro vivieran con un tremendo dolor. Cuando terminó la maldición, volvieron a casa, pero descubrieron que su padre había muerto.

Como ocurre con muchas historias antiguas, hay muchas iteraciones de este cuento. Lo que les ocurrió a los niños después de estar malditos durante novecientos años no es una excepción. Sin embargo, en ninguno de los finales los niños viven felices para siempre.

En uno de ellos, los cuatro vuelan a Erris tras descubrir que su padre ha muerto. Como su maldición ha terminado, tienen forma humana. En Erris conocen a san Mochaomhóg, un amable misionero cristiano. Mochaomhóg bautiza a los cuatro, que están marchitos y muy viejos. Tras su bautismo, mueren en paz y son enterrados como vivieron. Conn está a la derecha de Fionnuala, Aodh en sus brazos, y Fiachra a la izquierda de Fionnuala.

Otra versión representa a los niños, que conservaron su forma de cisne, encontrándose con un extraño una vez transcurridos los novecientos años. Este extraño busca Tír na nÓg, o la Tierra de los Jóvenes. Los niños dicen que allí ya no queda nada, pero el extraño, Aibric, insiste en que viajen con él. Los cisnes conducen a Aibric a la tierra donde crecieron. Una vez allí, Aibric pide a las montañas que se apiaden de los niños. La tierra los transforma mágicamente y recuperan la belleza de su infancia.

Sin embargo, una reina del sur oye hablar de los cisnes y exige a su marido, un rey del norte, que los encuentre y capture. Cuando el rey intenta apoderarse de los cisnes, sus cuerpos se convierten en polvo. Las almas de los niños escapan y se reúnen con sus padres en el más allá.

Los cisnes se han utilizado a lo largo del tiempo y en diversas culturas para representar muchos rasgos que los humanos aspiran a alcanzar. Entre las cualidades que se atribuyen a los cisnes figuran el amor, la lealtad y la confianza. Los niños muestran todos estos atributos. Estos rasgos también impulsaron a su madrastra a actuar con un furioso ataque de celos.

La lealtad y la confianza son importantes, como bien se sabe. Al principio, Lir no apoya al nuevo rey. Cree que se ha ganado el derecho a liderar la tribu. Cuando no es elegido, Lir está comprensiblemente enojado. Algunos en el círculo íntimo de Bodb Dearg creen que debería eliminar a Lir. Sin embargo, Bodb Dearg buscó la lealtad de todos en su tribu.

Para asegurarse esa lealtad, Bodb Dearg ofrece a su hija a Lir en un matrimonio concertado. La unión entre Lir y Aoibh asegura la lealtad de Lir al nuevo rey de los Tuatha Dé Danann, que ahora confía en él y lo apoya.

El amor verdadero es producto de esta alianza matrimonial. El profundo amor entre Lir y Aoibh da como resultado cuatro hermosos hijos. Tras la muerte de Aoibh, el amor de Lir por sus hijos se hace aún más profundo. A través del tiempo y viendo el maravilloso éxito del matrimonio de su primera hija, Bodb Dearg organiza una segunda unión. La lealtad y la confianza entre Lir y Bodb Dearg son recíprocas.

El amor increíblemente profundo de un padre por sus hijos inicia el camino hacia su transformación, ya que la falta de amor desencadena unos celos furiosos. Su madrastra, Aoife, transforma a los niños en cisnes, que representan todos los rasgos que ella no posee.

Al transformarse de torpes pájaros en animales gráciles y elegantes, los cisnes demuestran la necesidad de mostrar amor interior. El amor de los niños entre sí también les permite sobrevivir novecientos años lejos de casa. A pesar de todos los retos a los que se enfrentaron, los niños siguieron compartiendo sus hermosas canciones, sin perder nunca la voz de lo que eran. Permanecieron leales a sí mismos y a su familia, y su inquebrantable confianza en el amor a su padre los sostuvo hasta que sus almas se reunieron finalmente con su padre y su madre.

Los cisnes se emparejan de por vida, y Lir y Aoibh eran verdaderos compañeros de por vida. Lir no pudo alimentar otro matrimonio tras la muerte de Aoibh. Durante trescientos años, Lir visitó a sus hijos. Y los hijos permanecieron juntos y fueron leales el uno al otro durante novecientos años. El amor y la devoción de un padre a su esposa, de un padre a sus hijos y de unos hermanos entre sí son extraordinarios.

Los hijos de Lir también ilustra elementos del renacimiento. Bodb Dearg es el rey de los Tuatha Dé Danann. Según la leyenda, en una de sus últimas batallas, la tribu buscaba sobrevivir. Algunas historias hablan de su desaparición, mientras que otras cuentan que evadieron a los milesianos yéndose bajo tierra. Estos lugares subterráneos se conocen como túmulos *sidhe*, que es la misma canción que cantaban los niños mientras atravesaban las aguas. Aunque las formas de los niños se transformaron en cisnes, conservaron la conexión con su tribu.

Desde los túmulos subterráneos, las tribus podían transportarse entre Tír na nÓg y este mundo, también llamado la Tierra de los Jóvenes. Esto continuó la línea de vida de los Tuatha Dé Danann. Se cuenta que los Tuatha Dé Danann siguen viviendo en los túmulos subterráneos. Pero quizá renacieron como hadas, que pueblan muchos mitos irlandeses.

Los irlandeses creían en una vida después de la muerte o en otro mundo. En una versión, los hijos de Lir dejan sus cuerpos como polvo en este mundo y sus almas se reúnen con sus padres en el más allá. La transformación de la forma humana en la de un cisne apoya la visión celta del ciclo de la vida, ya que el cambio entre formas y mundos se hacía con fluidez.

Escultura en Ballycastle
Michael Dibb / Hijos de Lir;
https://commons.wikimedia.org/wiki/File:Children_of_Lir_sculpture_Ballycastle,_County_Antrim_2017-07-29.jpg

En toda Irlanda hay estatuas y joyas que representan a los niños. Sobrevivir con gracia y estar interconectados unos con otros son algunas de las razones por las que este cuento resuena en tantas personas. La capacidad de reinventarse y adaptarse al entorno es la clave de la supervivencia en cualquier época. Cambiar de un mundo a otro y confiar en que la forma que uno adopta seguirá representando lo que uno es son temas que resuenan en muchos.

Capítulo 6: Otros mitos irlandeses importantes

Las historias y los mitos de los primeros tiempos de Irlanda se transmitían de generación en generación. Las historias de criaturas magníficas que realizaban hazañas increíbles se transmitían en familias y pueblos. Actualmente, escuchar y leer estas historias tiene múltiples significados. Los personajes de los mitos irlandeses son complejos, y sus papeles y vidas pueden cambiar de una historia a otra. Las complejidades de estas historias que fueron sagradas para la gente de hace miles de años son más accesibles cuando se profundiza en ellas a través de la lente de los ciclos de los mitos irlandeses.

Ya hemos mencionado brevemente estos ciclos en el capítulo anterior, pero los cuatro ciclos o agrupaciones de mitos irlandeses son el Ciclo mitológico, el Ciclo del Ulster, el Ciclo feniano y el Ciclo del rey. Cada ciclo tiene sus propios rasgos, personajes, valores y sistema de creencias que se compartían con los oyentes.

El Ciclo mitológico es el más antiguo y, por tanto, el menos conservado. Los relatos de esta agrupación se centran en cinco oleadas de invasiones de Irlanda. No deben confundirse con las conquistas de Irlanda por los vikingos, los romanos o las tribus celtas. Aunque no se escribieron hasta el año 1100 de nuestra era, se cree que estos sucesos ocurrieron más de mil años antes de que los monjes cristianos registraran las hazañas de seres sobrenaturales y sus hazañas.

Varias versiones del *Lebor Gabála Érenn*, también conocido como «El libro de las invasiones» o «El libro de la toma de Irlanda», hablan de las batallas de distintos grupos que lucharon por el control de Irlanda. Los mitos de origen irlandeses difieren de los de otras culturas. En muchas culturas, los mitos de origen explican cómo surgió el mundo y lo que hay en él. Las historias narradas en *El libro de las invasiones* hablan de gente que llega a colonizar la tierra desde otros lugares.

Las invasiones son a veces conquistas, mientras que otras veces se trata de expediciones de colonización o de reasentamiento de personas. Cessair, nieta de Noé, y sus seguidores son los primeros pobladores de Irlanda en algunos mitos de origen. Para escapar del diluvio bíblico, Cessair convence a su padre, Bith, y a su pueblo para que huyan. Zarpan hacia el extremo occidental del mundo. Cuando desembarcan en Irlanda, cuentan con cincuenta mujeres, incluida Cessair, y tres hombres.

Para equilibrar la población y repoblar para sobrevivir, cada uno de los tres hombres recibe dieciséis esposas. Sin embargo, los miembros de la expedición perecen pronto a causa del diluvio, excepto Fintan mac Bóchra. Este último, un cambiaformas, sobrevivió a la inundación como un salmón en lo que ahora se conoce como la tumba de Fintan, que se cree que está en las montañas de Arra, cerca de Lough Derg.

Tras la crecida, Fintan se transformó en halcón. Durante más de cinco mil años, Fintan proporcionó sabiduría y guía a los reyes de Irlanda. Fintan compartió sus consejos durante la era de Fionn mac Cumhaill, en el siglo V de nuestra era.

Casi trescientos años después de la desaparición de los primeros pobladores de Irlanda, la tierra permaneció deshabitada. Otro descendiente de Noé, Partolón, dirigió la segunda invasión. Muchos relatos describen a Partolón como un líder villano que arruinó su patria y mató a sus padres antes de partir hacia una nueva tierra.

Partolón, Dealgnaid (su reina) y su tribu se asentaron cerca de Dublín; se les atribuye la introducción de la agricultura y la construcción en Irlanda. Tras asentarse en la zona, los Partholóin son atacados por una tribu de gigantes, los fomoré. Este pueblo mágico procedía de la isla de Tory. Tras lograr el éxito en sus batallas contra los fomoré, *El libro de las invasiones* relata cómo los Partholóin fueron diezmados por una plaga.

Más de nueve mil Partholóin murieron a causa de la peste y fueron enterrados en una zona que hoy se conoce como Tallaght. El nombre de la ciudad deriva de *támh leach*, que significa «tumba de la peste».

Irlanda volvió a quedar despoblada a causa de la peste. El nieto del hermano de Partolón, Nemed, decidió liderar el siguiente asentamiento de Irlanda. El *Lebor Gabála Érenn* habla de los nemedios y sus batallas contra los fomoré s. Los nemedios tuvieron más éxito contra los fomoré que los Partholóin; sin embargo, la peste causó estragos entre los nemedios, matando a miles de ellos, incluido su líder. Finalmente, los fomoré obligaron a los nemedios restantes a abandonar Irlanda.

Los Fir Bolg fueron el cuarto grupo que invadió Irlanda e intentó establecer su civilización. Los relatos de *El libro de las invasiones* hablan de estos pueblos que trajeron a Irlanda su sistema judicial y su jerarquía gobernante. Su cronología y su historia son paralelas a las del Libro del Éxodo de la Biblia. Los Fir Bolg habían sido esclavizados, pero lograron escapar a Irlanda. Eran una tribu pacífica, pero su estancia en Irlanda duró poco. Los Fir Bolg fueron rápidamente superados por los Tuatha Dé Danann. Los detalles se cuentan en la primera batalla de Mag Tuired.

Los Tuatha Dé Danann son el quinto grupo de vencedores y el más conocido. *El libro de las Invasiones* detalla que su llegada fue diferente a la de los cuatro primeros grupos, que llegaron por mar. Los Tuatha Dé Danann eligieron demostrar sus poderes mágicos y divinos y aparecieron en nubes de niebla oscura.

Se dice que los Tuatha Dé Danann proceden de la diosa Danu y que establecieron la primera cultura de las diosas en Irlanda. Al igual que los grupos que llegaron antes que ellos, los Tuatha Dé Danann se enfrentaron a los fomoré en la batalla. Sin embargo, los Tuatha Dé Danann eran más poderosos y mantuvieron a raya a los fomoré.

Los Tuatha Dé Danann aportaron muchos dioses, diosas, tesoros mágicos y lugares especiales a las historias de la fundación de Irlanda. Los Tuatha Dé Danann trajeron a Irlanda la lanza de Lugh, el caldero de Dagda, la piedra de Fal y la espada de Nuada. Entre los dioses y diosas de los Tuatha Dé Danann se encuentran Lir, el dios del mar; Ogma, el dios del aprendizaje y la escritura; Lugh, el dios del sol y la luz; Brigid, la diosa de la fertilidad y la salud; y Dagda, el dios de la muerte y la vida.

Los Tuatha Dé Danann, que gobernaron Irlanda durante muchos años, fueron los últimos inmortales que controlaron el país. Cuando los milesianos, antepasados del pueblo celta, derrotaron a los Tuatha Dé Danann en la batalla de Tailtiu, los Tuatha Dé Danann desaparecieron de Irlanda.

Las historias cuentan que los Tuatha Dé Danann fueron conducidos a la clandestinidad. Otros relatos afirman que se llegó a un acuerdo entre los milesianos y los Tuatha Dé Danann en el que los milesianos gobernarían el mundo físico y los Tuatha Dé Danann controlarían el reino espiritual. En el mundo espiritual, los Tuatha Dé Danann viven en los montículos de hadas que se pueden encontrar por toda Irlanda, o se han retirado a Tír na nÓg, el Otro Mundo. Como los Tuatha Dé Danann son inmortales, siguen viviendo hasta nuestros días.

Los Jinetes de los Sidhe

Sevenseaocean, CC BY-SA 4.0 <https://creativecommons.org/licenses/by-sa/4.0>, vía Wikimedia Commons; https://commons.wikimedia.org/wiki/File:%22The_Riders_of_the_Sidhe%22_John_Duncan_1911_McManus_Galleries,_Dundee.jpg

Los *aos sí* proceden de los Tuatha Dé Danann. También conocidos como *sidhe* o «gente de los montículos», estos descendientes de los Tuatha Dé Danann incluyen a muchos personajes famosos de la mitología y el folclore irlandeses, como duendes, *banshees* y mutantes.

Cronológicamente, el Ciclo del Ulster sigue al Ciclo mitológico, que transcurrió hace más de dos mil años. Más de ochenta historias hablan de los Ulaid. Este grupo de personas vivía en la zona del actual Ulster, que debe su nombre a los Ulaid.

Anteriormente, la agrupación de historias se denominaba Ciclo de la rama roja o *Rúraíocht*. Durante este periodo, no existía un rey central que gobernara toda Irlanda. En su lugar, muchos reinos provinciales se repartían la tierra. El término «rama roja» es una traducción del irlandés antiguo de los nombres de dos de las casas gobernantes del rey Conchobar. A lo largo de las historias de este ciclo, se entreteje una mezcla de información semihistórica con componentes mitológicos.

Muchos relatos del Ciclo Ulaid se refieren a las acciones y hazañas del rey Conor o Conchobar mac Nessa y sus rivales. Conchobar gobernaba desde Emain Macha, donde se encuentra el fuerte de Navan, en Irlanda del Norte, con los caballeros de la Rama Roja. Sus oponentes eran el rey Ailill y la reina Medb, cuya corte se encontraba en Connaught.

Las historias del Ciclo de Ulaid tienen lugar en la época de Jesucristo, alrededor del siglo I de nuestra era. El calendario de la vida del rey Conchobar coincide casualmente con el de la estancia de Jesús en la Tierra. Sin embargo, puede que no sea tan casual. Como habrá notado, muchos de los mitos contienen algunos aspectos del cristianismo. Dado que los relatos fueron transcritos por monjes años después de que se transmitieran por tradición oral, es probable que los monjes les dieran su propio enfoque.

En esta agrupación de cuentos, los acontecimientos del mundo celta combinan elementos mágicos, similares a los del Ciclo mitológico, con poderosos guerreros y sus legendarias batallas. Los personajes pasan de tener rasgos de astucia y encantamientos a ser heroicos luchadores más grandes que la vida que luchan por la adoración de su tribu.

Mosaico que representa el robo al ganado de Cooley
Leandro Neumann Ciuffo, CC BY 2.0 <https://creativecommons.org/licenses/by/2.0>, vía Wikimedia Commons;
https://commons.wikimedia.org/wiki/File:Desmond_Kinney%E2%80%99s_mosaic_(6179099398).jpg

Una de las historias clave del Ciclo del Ulster es uno de sus elementos y figuras centrales: El robo al ganado de Cooley o *Táin Bó Cúailnge*. Uno de los más feroces y conocidos caballeros de la Rama Roja es Cú Chulainn, sobrino del rey Conchobar. Un día, la enemiga del rey Conchobar, la reina Medb, decide robar a su rival Donn Cúailnge, que tenía fama de ser el toro más fértil de Irlanda. En aquella época, la riqueza y el estatus venían determinados por la calidad y la cantidad del ganado.

La reina Medb envió a su ejército a capturar el toro, y tomaron por sorpresa a las fuerzas de Conchobar. Sin embargo, una vez que Cú Chulainn regresó, las tornas de la batalla cambiaron rápidamente. Cú Chulainn era hijo de Lugh, el dios del sol y la luz que condujo a los Tuatha Dé Danann a la victoria contra los fomoré. Cú Chulainn, de diecisiete años, desmanteló uno a uno el ejército de Medb.

Desesperada por ganar la batalla, Medb ofreció a Cú Chulainn tierras y dinero para que luchara por su reino. Cú Chulainn se negó; sin embargo, ofreció cesar sus ataques contra sus hombres si ella enviaba a un guerrero a luchar contra él. Con engaños, Medb obligó a Ferdia, el hermano adoptivo de Cú Chulainn, a luchar. Medb provocó a Ferdia haciendo correr la voz de que era un cobarde. Esto enfureció a Ferdia, que fue a ver a la reina e insistió en que se detuviera. Preparada para su visita, Medb organizó un fabuloso banquete. Tras agasajar a Ferdia con vinos y comida, se enamoró de la hermosa hija de Medb. Medb prometió a Ferdia la mano de su hija si luchaba contra Cú Chulainn.

Durante días se libró una feroz batalla. Toda Irlanda estaba cautivada por la lucha. Después de que la espada de Ferdia se clavara en el pecho de Cú Chulainn, llegó el momento de que Gáe Bolga, la lanza dentada proporcionada por Scáthach, la reina guerrera mágica, pusiera fin a la batalla. Con toda la fuerza y el poder que le quedaban, Cú Chulainn lanzó la lanza. Esta lanza especial requería una técnica que solo Cú Chulainn sabía ejecutar. Ferdia murió inmediatamente.

Al final, Medb y su marido se dan cuenta de que no pueden ganar la batalla por Donn Cúailnge. Siguió una paz de siete años entre los dos reinos. La reputación y el estatus legendario de Cú Chulainn se afianzaron firmemente entre todos los reinos. Luchó en muchas otras batallas hasta que la brujería y las artimañas de Lugaid mac Con Roí lo derrotaron a la edad de veintisiete años.

Compartiendo algunos rasgos similares con el Ciclo Ulaid, las historias y personajes del Ciclo feniano incluyen feroces guerreros con poderes sobrenaturales. Cú Chulainn, el héroe del Ciclo Ulaid, luchaba por su tribu y su pueblo. El icono del Ciclo feniano era Fionn mac Cumhaill (Finn McCool), el líder de los *fianna*. Este grupo de guerreros estaba formado más por renegados nómadas que por figuras de los primeros mitos irlandeses.

Fionn mac Cumhaill acude en ayuda de los *fianna*
https://commons.wikimedia.org/wiki/File:Finn_Mccool_Comes_to_Aid_the_Fianna.png

El rey supremo de Irlanda formó los *fianna*. Su intención era que los *fianna* trabajaran para protegerlo a él y a su reino. Muchos clanes se reunieron para formar los *fianna*, pero unirse a ella requería una lealtad de por vida. Para ser considerado miembro de esta banda de guerreros, había que superar una serie de pruebas.

Los *fianna* eran inteligentes, ya que necesitaban conocer los doce libros de poesía que contenían la historia de Irlanda. Como hábiles bardos y músicos, podían deleitar al público con horas de entretenimiento. Pero también eran guerreros poderosos y hábiles. Los *fianna* debían ser valientes y solo podían casarse por amor. Estos rasgos y habilidades hicieron que fueran bienvenidos en muchos pueblos mientras recorrían la campiña.

El rey supremos Cormac mac Airt eligió a Fionn mac Cumhaill para liderar a los *fianna*. Bajo la tutela de Fionn, los *fianna* alcanzaron la cima del poder. Fionn fue un líder eficaz durante la mayor parte de su mandato. Para ser justos, tenía una ventaja. Nació de un druida, quien le otorgó sabiduría. Fionn también obtuvo poderes de otro mundo cuando era joven.

Finnegas, un druida, había pasado más de siete años intentando atrapar el Salmón del Conocimiento. Este salmón especial contenía todo el conocimiento del mundo porque comía avellanas que caían de nueve árboles sagrados que rodeaban el Pozo de la Sabiduría. Un día, Finnegas y Fionn viajaron por el río Boyne. La leyenda decía que cualquiera que comiera el salmón obtendría el mismo conocimiento que él.

Fionn ayudó a Finnegas a pescar finalmente el pez. El joven Fionn se encargó de cocinar el pescado, pero le dijeron que no se lo comiera. Mientras Mac Cumhaill cocinaba el pescado, se quemó el pulgar. Instintivamente, se llevó el pulgar a la boca para mitigar el dolor. Los jugos del salmón estaban en su pulgar, haciendo que su sabiduría entrara en Fionn. Así, cada vez que Fionn se chupaba el pulgar, podía invocar la sabiduría del Salmón del Conocimiento, que le ofrecía una protección increíble.

Ilustración del Salmón del Conocimiento.
https://commons.wikimedia.org/wiki/File:Salmon-of-Knoweldge-1904.jpg

Enlazando las historias con el siguiente ciclo está el rey supremo Cormac mac Airt, el rey que eligió a Fionn mac Cumhaill como líder de los *fianna*. Sus hazañas son un componente significativo del último ciclo de la mitología irlandesa, que se denomina Ciclo del rey o Ciclo histórico. Los personajes de este ciclo son una mezcla de personajes históricos y mitológicos. Los escenarios y las hazañas de los personajes también pueden ser una fusión de realidad y magia. Sin embargo, las historias de este ciclo no siempre son una mezcla de míticas e históricas; algunas pueden ser puramente históricas, como las de Brian Boru.

Las historias del Ciclo del rey tratan, como su nombre indica, de los reyes de Irlanda. Estos relatos pretendían ofrecer ejemplos de lo que significaba ser un buen rey, así como representaciones de reyes ineficaces. Se compartían con los oyentes detalles de la vida de los reyes, como sus aventuras, su capacidad de liderazgo en la batalla, sus matrimonios y mucho más. Esta colección de mitos e historias incluye relatos desde el siglo III a. C. hasta aproximadamente el siglo XI de nuestra era.

Un concepto importante en este ciclo es la imposición de *geasa*. Se trata de restricciones decretadas a menudo por parejas. En el Ciclo del rey, una *geis* (singular de *geasa*) es un voto que vincula al rey con su pueblo. Romper el voto o cometer un acto prohibido significaba que el rey había violado su voto sagrado con el reino. Incumplir el *geis* acarreaba la deshonra y podía conducir a la muerte. Sin embargo, seguir las expectativas de la *geasa* hacía que una persona adquiriera un poder increíble.

En *Book of the Dun Cow* (El libro de la vaca Dun), se puede encontrar la historia del rey supremo Conaire Mór en *Togail Bruidne Dá Derga* o «La destrucción del albergue de Dá Derga». Conaire era hijo de Eterscél Mór, y todos los signos de su nacimiento le auguraban un futuro favorable y la realeza. Con un reino en su futuro, a Conaire se le colocó la *geasa*, como a todos los reyes. Los primeros días del reinado de Conaire vieron un reino pacífico y próspero.

Una de las *geasa* que enmarcaban el reinado de Conaire era que no podía cazar aves marinas. Las aves habían visitado a Conaire y le habían dicho que formaban parte de la tribu de luchadores de su padre, lo que las hacía intocables. Mientras Conaire fue rey, nunca pudo dejar entrar a una mujer en su casa después de medianoche. Tampoco podía seguir ni escuchar a los tres guerreros rojos que montaban caballos rojos.

Después de años de liderar Irlanda, el gobierno de Conaire llegó a un final mortal. Se vio obligado a elegir entre seguir su *geasa* o ayudar a sus hermanos adoptivos. Conaire violó sus votos y eligió ayudar a sus hermanos.

La promesa rota que precipitó la muerte de Conaire fue no seguir la advertencia que recibió de no ir al albergue de Da Derga. En su camino hacia el albergue, Conaire se encontró con los tres hombres vestidos de rojo que le habían advertido que evitara. Estos hombres eran heraldos que advertían a Conaire de su muerte inminente. Tras violar el *geis*, continuó hasta el albergue. Los enemigos de Conaire se reunieron con él allí, y fue atacado y asesinado en la emboscada.

Los relatos del Ciclo del rey cuentan las historias de muchos otros reyes. Y, al igual que otros mitos, pretendían ser una guía para que la gente viviera.

Capítulo 7: Samhain y sus múltiples tradiciones

Las tradiciones mitológicas celtas incluían la celebración de ocho días sagrados a lo largo del año civil, que se dividía en trimestres. Las estaciones dividían el año, con cuatro festivales que señalaban los cambios de estación. También se observaban los dos solsticios y equinoccios anuales.

Los cambios estacionales estaban marcados por los cuatro festivales del fuego: Imbolc, Beltane, Lugnasad y Samhain. Con Samhain comenzaba el año nuevo, aunque se celebraba al final de la temporada de cosechas, no a principios de enero como muchos de nosotros celebramos hoy en día. El 1 de febrero señalaba el comienzo de la primavera con Imbolc. El verano o Beltane se reconocía el 1 de mayo. Y como colofón de los cuatro principales días sagrados del año, el 1 de agosto se celebraba Lugnasad, el comienzo de la temporada de cosechas. Los festivales del fuego más significativos eran el comienzo de la oscuridad, señalado con Samhain, y el comienzo de la luz, que se celebraba en Beltane.

En la noche anterior a días sagrados significativos como Samhain, los antiguos celtas creían que los dioses estaban más cerca de la tierra que en cualquier otro día del año. En la víspera de Samhain, la cortina entre este mundo y el Otro Mundo era más delgada, lo que permitía una transferencia más fácil entre el mundo de los dioses y los *sidhe* al reino terrenal de los vivos. En otras palabras, el pueblo de las hadas y los muertos podían infiltrarse en el mundo de los seres terrenales.

Durante la celebración de Samhain, las puertas y ventanas se dejaban abiertas y sin pestillo, ya que los muertos, considerados huéspedes venerados, podían viajar fácilmente entre los mundos. Se preparaban comidas y pasteles especiales para recibir a los visitantes. A ningún mortal terrenal se le permitía tocar la comida que se dejaba para los visitantes muertos. Si alguien violaba este ritual, estaba condenado a vivir su vida después de la muerte como un alma hambrienta, ya que no podría participar en el banquete de Samhain.

Para entretener a los difuntos cuando no estaban comiendo, se organizaban actividades. Los niños del pueblo jugaban a juegos. Cada año, los líderes de la comunidad evaluaban el nivel de participación de cada una de las actividades. Solo se repetían en el siguiente Samhain las actividades que recibían una respuesta positiva, ya que los ancianos de la aldea querían asegurarse de que los muertos siguieran participando con los vivos.

Cuando se recogían las cosechas de verano, los antiguos celtas dejaban que las hogueras se apagaran solas, lo que simbolizaba el paso del año anterior y los preparativos para el nuevo. Una vez cosechados los campos, se encendía un nuevo fuego comunal. Los sacerdotes druidas realizaban un ritual y encendían un fuego puro para celebrar el Samhain. Se utilizaba una rueda, que representaba al sol, para encender el roble sagrado del fuego ceremonial. Los miembros de la comunidad arrojaban objetos simbólicos a las llamas mientras rezaban por el nuevo año. Los participantes se llevaban una llama pura del fuego comunitario a sus casas para encender sus hogares. Esta llama encendía un nuevo comienzo para la familia.

Samhain era un breve periodo de transición entre el verano y el invierno. Este tiempo transitorio se conoce como espacio liminal. Como Samhain era el movimiento entre el verano y el invierno, no se medía en tiempo, ya que las horas y los días de Samhain no eran ni de verano ni de invierno. Para los antiguos celtas, este «tiempo flotante» significaba que los que estaban en la Tierra no estaban atados a ella. Se consideraba un periodo tranquilo; los aldeanos y las familias no discutían entre sí.

Durante el espacio liminal de Samhain se produjeron importantes acontecimientos mitológicos. Uno de ellos fue la segunda batalla de Moytura o *Cath Magh Tuired*. En esta batalla, dos grupos de poderes sobrenaturales lucharon por la supremacía. En este épico enfrentamiento, triunfaron los Tuatha Dé Danann. Sin embargo, su rey, Nuada, murió como resultado de la batalla, dando lugar al liderazgo de Lugh.

Los siguientes enemigos de los Tuatha Dé Danann fueron los milesianos, considerados los antepasados de los celtas. Después de que los milesianos derrotaran a los Tuatha Dé Danann, estos fueron relegados a vivir bajo tierra. Los Tuatha Dé Danann pasaron a ser conocidos como los *aos sí*, el pueblo de los montículos de hadas. Los *sidhe*, o montículos, eran pasadizos hacia el Otro Mundo. Los *aos sí* viajaban abiertamente entre los dos mundos durante Samhain.

Ilustración de Aengus
Internet Archive Book Images, Sin restricciones, vía Wikimedia Commons;
https://commons.wikimedia.org/wiki/File:Heroes_of_the_dawn_(1914)_(14566173909).jpg

Otro mito en el que Samhain ocupa un lugar destacado es uno de los cuentos de Óengus o Aengus, miembro de los Tuatha Dé Danann. Él sueña continuamente con una mujer misteriosa. Cuando Aengus la busca, ella desaparece continuamente. El tiempo liminal de Samhain le permite a ella, una cambiaformas llamada Caer, ir entre los dos mundos, transformándose de humana en cisne.

Aengus busca a la mujer de sus sueños. Medb y Ailill lo ayudan. Juntos, encuentran a su padre, Ethal Anbuail. Sin embargo, él no tiene control sobre Caer, la diosa de los sueños y la profecía. Sin embargo, Ethal les dice dónde pueden encontrarla. Caer estará con otros 150 cisnes, y para que Aengus tenga a Caer, debe ser capaz de reconocerla entre todas las demás aves.

Aengus sabe que puede reconocer a la mujer que persigue sus sueños, aunque se haya transformado. Ve a Caer y la llama para que venga con él. Caer le responde que solo se unirá a Aengus si este entra en el agua. Su amor por ella es tan profundo que se transforma en cisne. Juntos, cantan música encantadora durante tres días y tres noches. La leyenda dice que aún se pueden oír las bellas melodías de Aengus y Caer durante Samhain.

Otro conocido personaje celta, Fionn mac Cumhaill, influyó en los acontecimientos utilizando los poderes místicos disponibles durante Samhain. Cuando Fionn era joven, aprendió poesía con Cethem. Todos los años, Cethem viajaba a un túmulo de hadas o *sidhe*. Fionn notó que Cethem siempre se detenía en un lugar específico, el hogar del hada Éle.

Éle tenía muchos admiradores debido a su increíble belleza, y todos le resultaban fastidiosos. Durante Samhain, muchos intentaban ganarse su afecto. Irritados por su atención, muchos admiradores perdieron la vida en su vana lucha por cortejar a la legendaria belleza.

A Fionn le molesta la muerte que Éle inflige mientras observa su cortejo de pretendientes. Así que, en Samhain, Fionn decide vengarse. Se esconde cerca del *sidhe* de Éle. Fionn venga las muertes de aquellos que habían encontrado la muerte en sus intentos de impresionar a Éle y, al hacerlo, se gana la admiración de las demás hadas.

Fionn mac Cumhaill luchando contra Áillen
Internet Archive Book Images, Sin restricciones, vía Wikimedia Commons;
https://commons.wikimedia.org/wiki/File:Heroes_of_the_dawn_(1914)_(14750481494).jpg

Fionn aparece como protagonista en otro mito relacionado con Samhain. Sus interacciones con Áillen mac Midgna se comparten en *The Boyhood Deeds of Fionn*. Cuando los Tuatha Dé Danann fueron derrotados por los milesianos, se vieron obligados a vivir en los montículos de las hadas. Una de las hadas, Áillen, se enfadó por su derrota y reubicación.

Áillen, un músico increíble, utilizó su talento musical para causar estragos en el increíble Gran Salón de Tara como parte de su venganza. Cada Samhain, Áillen aprovechaba el tiempo liminal para abandonar su *sidhe* y regresar al mundo mortal. Se ponía una capa mágica, que le daba el poder de respirar fuego, y se dirigía al palacio del rey supremo de Irlanda. En este venerado lugar de Tara, Áillen tocaba su arpa.

Todos los asistentes al gran salón caían bajo el hechizo de su música. Una vez que todos estaban dormidos, Áillen utilizaba sus poderes para soplar fuego, quemando el magnífico palacio hasta los cimientos. Una vez cumplida su misión, Áillen escapaba a su *sidhe* en el Otro Mundo.

Cada año, la renombrada sala de Tara era reconstruida. Pero nadie era capaz de detener a Áillen debido a la rapidez con la que sumía a la gente en un profundo sueño. Todo cambió cuando Fionn mac Cumhaill entró en escena. Fionn hizo un trato con el rey supremo. A cambio del liderazgo de los *fianna*, una banda errante de combatientes, Fionn libraría al mundo de Áillen. El rey aceptó.

Sin embargo, nadie era inmune al hechizo del arpa mágica, ni siquiera Fionn. Así que le pidió prestada una lanza a Fiacha, un guerrero. Cuando llegó la siguiente víspera de Samhain, Fionn respiró los vapores de la lanza mágica de Fiacha. Estos vapores mágicos le dieron a Fionn la protección que necesitaba contra la música. Cuando Áillen llegó a Tara, fue recibido por Fionn, que se negó a caer bajo su hechizo. Fionn se aprovechó de la confusión de Áillen, atravesándolo con la lanza hechizada. Fionn apuñaló a Áillen, librando al rey supremo de la destrucción anual de su fabulosa sala en la colina de Tara.

Asociado a la fiesta de Samhain y a otras fiestas en Irlanda está el fabuloso Dullahan, que se creía vinculado a Crom Dubh o Crom Cruach. Se sabía que Crom Dubh, el dios celta de la fertilidad, se apaciguaba con sacrificios humanos.

Tigernmas, el supremo rey de Irlanda que murió alrededor del año 1500 a. C., apoyaba el culto a Crom Dubh en su reino. Una noche de Samhain, Tigernmas y muchos habitantes de su reino adoraron a Crom Dubh en Magh Slécht, un lugar de reunión para los seguidores del dios. A la mañana siguiente, todos los que se habían reunido en Magh Slécht estaban muertos.

Se cree que el Dullahan, con sus conexiones con Crom Dubh, aparece alrededor de la medianoche durante el festival de Samhain y otros días festivos. Crom Dubh tenía expectativas sobre el número de almas que debían ofrecérsele en culto. Cuando el cristianismo llegó a Irlanda, ofrecer sacrificios humanos a los dioses dejó de ser una práctica aceptable. En ese momento, Crom Dubh se transformó en el Dullahan para poder cumplir sus cuotas de muerte. Según los relatos de los antiguos, Crom Dubh prefería que sus sacrificios fueran decapitados, razón por la cual el Dullahan aparece sin cabeza.

Aunque hay muchas descripciones del Dullahan, algunas hablan de él conduciendo una carroza espeluznante y oscura tirada por entre cuatro y seis sementales negros. Su *Cóiste Bodhar*, o carroza silenciosa, lo relaciona con la *banshee*. Sin embargo, a menudo se lo representa como un jinete sin cabeza. Las noches que cabalga, el Dullahan lleva su cabeza resplandeciente en la mano. Levantando la cabeza por encima de él, la visión paranormal del Dullahan le permite buscar a su víctima.

El látigo del Dullahan, construido con espinas dorsales humanas, se utiliza para obligar al semental a moverse tan rápido que los cascos del caballo echan chispas de fuego. La enorme montura del Dullahan emite llamas por la nariz y deja una estela de arbustos ardiendo a su paso.

Cuando el Dullahan, o *Gan Ceann* (que significa «sin cabeza» en irlandés), deja de cabalgar, alguien está a punto de morir. Solo habla una vez en su viaje, y es para pronunciar el nombre de su víctima. Al pronunciar el nombre de la persona, el Dullahan ha tomado su alma.

Los espectadores también deben temerle, ya que hay dos castigos por mirar al Dullahan. O te arroja un cubo de sangre a la cara o utiliza su fusta. Si te golpea con su látigo hecho de fragmentos de espina dorsal humana, te dejará ciego de un ojo.

La única protección contra el heraldo de la muerte es el oro. En el pasado, la gente llevaba algo de oro consigo o llevaba joyas de oro para mantenerlo a raya.

Como ocurre con muchos otros personajes de la mitología celta, se han contado variaciones de la historia del «Jinete sin cabeza» en muchos países y épocas. *La leyenda de Sleepy Hollow*, de Washington Irving, es un clásico estadounidense basado en el Dullahan. Estas y otras historias son eternas favoritas que se comparten en Halloween, que tiene sus raíces en Samhain.

Samhain también se conoce como el Festival de los Muertos o *Féile na Marbh* en irlandés. No todos los muertos eran visitantes pacíficos. Muchos deseaban vengarse. Por ejemplo, los *renacidos* son cadáveres que se levantan de entre los muertos para infligir terror a los vivos.

Un ejemplo de muerto viviente o, en irlandés, *neamh-mairbh* es Abhartach, «enano» en irlandés. Despreciado por el pueblo al que gobernaba, Abhartach era un hombre vengativo y envidioso. Creía que su esposa tenía una aventura, así que la siguió, saliendo por una ventana de su castillo para seguirla en secreto. Al hacerlo, cayó muerto.

El alivio se extendió por todo el reino. Queriendo librarse de Abhartach, el pueblo lo enterró inmediatamente. El decoro dictaba que los líderes de su rango debían ser enterrados de pie. Al día siguiente, Abhartach reapareció y exigió sangre a su pueblo. Atemorizados, sus súbditos accedieron y le suministraron su sangre. Pero sabían que no podrían saciar al gobernante no muerto para siempre, así que acudieron a Cathán, un jefe de las cercanías. Cathán esperó a que Abhartach reapareciera y lo mató. Una vez más, Abhartach fue debidamente enterrado. Y una vez más, Abhartach, el vil *neamh-mairbh*, regresó e insistió en obtener más sangre de los aldeanos.

Cathán pidió ayuda a san Eoghan. Este le dijo que, puesto que Abhartach ya estaba muerto, la única forma de matarlo era atravesarle el corazón con una espada hecha de tejo. El tejo tenía muchos simbolismos para el pueblo celta. Representaba la fuerza intensa y el contraste entre la vida y la muerte. Además, en la antigüedad, las puntas de las lanzas se mojaban en la savia venenosa del tejo.

Cathán hizo lo que le ordenó Eoghan. Tras apuñalar a Abhartach, Cathán lo enterró boca abajo. Encima de la tumba se colocó un bloque de piedra que no se podía mover. Todos los poderes místicos de Abhartach fueron eliminados. En las versiones precristianas, Eoghan es sustituido por un druida. En todas las historias, la tumba de Abhartach se llama Slaghtaverty Dolmen. La gente sigue diciendo que allí ocurren cosas extrañas. Se cree que el vampiro irlandés sirvió de inspiración para el Drácula de Bram Stoker.

Dullahan y Abhartach no eran los únicos espíritus hostiles que iban de un mundo a otro. Durante Samhain, los vivos utilizaban distintos medios para intentar mantener alejadas de sus hogares a las almas antagonistas. Una forma de hacerlo era apagar el fuego del hogar familiar el día de *Oíche Shamhna* o Samhain (31 de octubre).

Las comunidades se unían entonces para hacer *Samhnagans* u hogueras que emergían de la noche más oscura del año. Al volver a encender las hogueras comenzaba el nuevo año. Los druidas encendían el nuevo fuego, que contenía huesos de sacrificios de animales (hogueras de huesos). Se creía que los fuegos disuadían a los *aos sí* de volver a la Tierra.

Otro medio para ahuyentar a los antepasados indeseados era el uso de disfraces. Muchas hadas estaban en la Tierra durante Samhain para vengarse de los humanos que les habían hecho daño. La gente se disfrazaba de animales o monstruos para engañarlas. Niños y adultos llevaban máscaras y disfraces de espíritus aterradores. Las pieles de animales, incluidos el cráneo y las orejas, también se limpiaban y se llevaban puestas. Esta protección impedía que los espíritus capturaran a los humanos y se los llevaran al Otro Mundo.

Farol de nabos
Geni en Wikipedia en inglés, CC BY-SA 3.0 <http://creativecommons.org/licenses/by-sa/3.0/>, vía Wikimedia Commons; https://commons.wikimedia.org/wiki/File:TurnipJackolantern.jpg

Los faroles de nabo o remolacha se utilizaban para ahuyentar a los espíritus que guardaban rencor a los vivos. Se tallaban rostros aterradores en los tubérculos y se colocaban velas dentro de los nabos o remolachas huecos. La gente los llevaba de casa en casa o a las actividades de la fiesta. En casa, se colocaban en las ventanas. Se creía que las linternas con caras terroríficas asustaban a las hadas y a los espíritus para que no hicieran daño a los habitantes de la casa.

Los pueblos antiguos creían que los rituales practicados durante el festival de Samhain los ayudarían a atravesar la próxima estación de oscuridad. Un lugar importante para encender hogueras durante Samhain era la colina de Tlachtga. Investigaciones actuales apoyan que este lugar, a unas trece millas de la colina de Tara, donde vivían los reyes supremos, era utilizado por los druidas para encender las hogueras comunales para celebrar el año nuevo.

En la víspera de Samhain, se encendían hogueras en Tlachtga como preludio de los acontecimientos que seguían en Tara. El Samhain era una fiesta importante para los celtas, ya que garantizaba a la comunidad que los días de luz volverían de nuevo.

Capítulo 8: Cuentos populares botánicos

Desde el fuego de Samhain hasta el tejo mágico que podía destruir a Abhartach, los cuentos que tienen su base en la naturaleza forman la agrupación de cuentos populares botánicos. Las criaturas que viven en los bosques proporcionan historias y leyendas fantásticas. Su visión de la vida refleja la imprevisibilidad de lo cotidiano.

Los bosques encantados llenos de espíritus y fantasmas exploran las conexiones entre los seres humanos y la naturaleza. Estas historias han sido compartidas durante generaciones, proporcionando una experiencia común compartida. Las hadas y otras criaturas de los bosques han protagonizado aventuras espeluznantes y asombrosas.

Estos cuentos no suelen clasificarse en los ciclos mitológico, del Ulster, feniano o histórico de la mitología irlandesa. Los cuentos populares botánicos pretenden deleitar y transportar a los oyentes y lectores a otro mundo. Estos cuentos son tan caprichosos e imprevisibles como la propia naturaleza. Algunos ofrecen sugerencias para controlar la energía de la naturaleza. Otras hablan de cómo mantener buenas relaciones con los habitantes del bosque. Las hadas y otras criaturas recuerdan a los oyentes que deben respetar y proteger las tierras de nuestros antepasados.

Uno de estos cuentos es «La niebla verde». La gente creía que los *bogles*, un travieso grupo de duendes sobrenaturales, vivían entre ellos. Los *bogles* vivían principalmente en el interior como hadas domésticas, y los humanos que residían con ellos seguían rituales para apaciguar a los *bogles* y mantenerlos contentos. Si se producía algún cambio en el hogar de un *bogle* que este no aprobara, su amabilidad desaparecía en un instante.

Durante el invierno, los *bogles* tenían más tiempo para hacer travesuras. Antes de acostarse, la gente llevaba una linterna por la casa y cantaba palabras para contentar a los *bogles*. Se cantaban canciones de cuna para que los *bogles* permanecieran en sus rincones de las casas y los campos. Los *bogles* siempre estaban atentos y escuchaban a las familias con las que compartían su hogar.

Érase una vez una familia que tenía una niña que había enfermado durante el invierno. La niña anhelaba la niebla verde, que era el nuevo crecimiento de la primavera. Ella y su familia creían que recuperaría la salud cuando volvieran el sol y el verdor. Día tras día, se debilitaba hasta que necesitaban llevarla en brazos. Pero seguía celebrando el ritual de los *bogles* para dar la bienvenida a la primavera. Su madre la llevaba hasta la puerta y le permitía desmenuzar el pan y la sal necesarios para anunciar la llegada de la primavera.

Todos los habitantes del pueblo, incluida la niña y su familia, esperaban ansiosos el estallido de las semillas y las hierbas para crear la niebla verde. En la niebla verde, los *bogles*, si se aplacaban, hacían su magia para que comenzara la nueva estación de crecimiento. Sin embargo, el invierno se alargaba y el estado de la niña empeoraba. Disminuía la esperanza de que viviera para experimentar los poderes reconstituyentes de la primavera.

La niña le dijo a su madre que quería vivir para poder ver cómo los prímulas salían de su letargo invernal. Desesperada, dijo que estaría dispuesta a vivir tanto como las campánulas. Cuando se marchitaran, ella también lo haría. El pánico se apoderó de su madre, que sabía que los *bogles* siempre estaban escuchando.

La niña recuperó la salud mientras las hierbas brotaban y crecían. Todos estaban agradecidos, pero su madre seguía preocupada. Su hija se encariñó tanto con las flores que prohibió que nadie las tocara.

Como suele ocurrir en primavera, floreció el amor. La niña y su admirador pasaban horas el uno con el otro. Una tarde, la muchacha se fue a dormir en compañía de su pretendiente y, al despertarse, se encontró con una corona de flores de prímula. Aterrorizada, lloró y corrió a su habitación, encerrándose en ella.

Su familia y su admirador intentaron entrar a su habitación. Derribaron la puerta y la encontraron inconsciente. Tenía las flores marchitas en las manos. Esa misma noche murió. Al parecer, los *bogles* habían escuchado su promesa.

A Betty Stogs le fue mejor con las hadas, que aparecieron para ayudarla en el cuento de «Betty Stogs y las hadas». Para recapitular lo que es un hada, la mayoría de los relatos creen que los *aos sí*, que engloban a las hadas, son descendientes de los Tuatha Dé Danann. Esta raza sobrenatural fue conducida a la clandestinidad cuando llegaron los celtas. Trasladados al Otro Mundo, los *aos sí* viven en túmulos de hadas. De este grupo original han surgido muchas variantes de personitas o hadas, todas con poderes mágicos.

Aunque no son visibles para el ojo humano, el trabajo de las hadas es evidente. Regresan a este reino para vengar los males que creen que han cometido los humanos. Por eso Betty Stogs se encontró con hadas y *pixies*, otro tipo de hada.

Ilustración de *pixies*
https://commons.wikimedia.org/wiki/File:Page_83_illustration_in_More_English_Fairy_Tales.png

Betty era conocida por su pereza y llevaba una vida que muchos apreciarían. Estaba casada con un marido que la admiraba, vivía en una cabaña en los páramos y tenía un bebé recién nacido. Betty era realmente una joven afortunada. Sin embargo, no supo apreciar los dones de su vida. No cuidó de su bebé ni de su casa.

El gato que Betty tenía como mascota fue más madre para el bebé que ella misma. El gato compartía su comida con el bebé y lo mantenía caliente. El bebé estaba sucio por la falta de cuidados de Betty, que veía la suciedad como una forma de mantenerlo caliente.

Mientras su marido trabajaba en las minas, Betty dejaba al gato al cuidado del bebé mientras ella visitaba la taberna local. Al volver una noche después de beber, Betty encontró su casa vacía. El gato y el bebé no aparecían por ninguna parte. Desesperada, Betty buscó al bebé sin éxito.

Más tarde, su marido volvió del trabajo. Estaba indignado con Betty y su comportamiento. Pidieron ayuda a los vecinos y buscaron al bebé toda la noche sin éxito. Al amanecer, Betty se fijó en su gato y lo siguió. El gato condujo a Betty hasta su bebé, que estaba tumbado felizmente en la hierba. Betty se sorprendió al ver al bebé tan limpio y se lo llevó a casa.

Los ancianos de la aldea comprendieron lo que le había ocurrido al bebé. Sabían que las hadas habían visto lo mal que lo cuidaba Betty. Así que las hadas se llevaron al bebé. Durante toda la noche, limpiaron al bebé con jabones, hierbas y flores. Aún no habían terminado cuando salió el sol, pero tuvieron que volver a sus montículos bajo la tierra. Las hadas volverían para terminar su trabajo. Cuando hubieran terminado de limpiar al bebé, se lo llevarían a su casa.

Betty aprendió la lección. Sabía que, si no cuidaba bien a su hijo, las hadas volverían. Era una advertencia para todas las madres. Si una no cuidaba a su hijo, las hadas o duendes se llevaban a los bebés. Los bebés que eran alejados de sus hogares se criaban como hadas.

Los *leprechauns* son otra fuerza mágica relacionada con los bosques y las fuerzas naturales. Las ollas de oro, las «personitas» y el arco iris se asocian a menudo con los duendes. Se cree que la tremenda riqueza de los duendes —las ollas de oro— fue una idea de la antigüedad. Durante las guerras e invasiones de los vikingos, los irlandeses escondieron oro por todo el país. Los *leprechauns*, una de las ramas de las hadas, surgieron de la derrota de los Tuatha Dé Danann. Cuando los duendes descubrieron el oro enterrado, lo declararon suyo.

Se cree que *Luchorpán* («cuerpo pequeño») es el origen del término «*leprechaun*». Como los *leprechauns* vivían en los túmulos de hadas con otros de los Tuatha Dé Danann, su tamaño les permitía residir bajo tierra.

Los *leprechauns* suelen encontrarse con humanos en los cuentos. Durante estos encuentros, *leprechauns* y humanos intentan a menudo ser más astutos que el otro.

Dibujo de un *leprechaun*
Jean-noël Lafargue (Jean-no) Licencia de arte libre 1.3;
https://en.wikipedia.org/wiki/File:Leprechaun_ill_artlibre_jnl.png

«Tom Fitzpatrick y el duende» muestra a un duende y a un humano que intentan ser más listos que el otro para hacerse con una legendaria olla de oro. Durante la cosecha, Tom paseaba por los campos de *boliaun* (ambrosía). Al acercarse al seto, creyó ver un pequeño cántaro de licor. Para su sorpresa, junto al cántaro había un *leprechaun*.

Por supuesto, Tom había oído historias de *leprechaun*, pero nunca se había encontrado con uno. Entusiasmado por su buena suerte, Tom cogió al *leprechaun* y exigió que le llevara al oro. Si el *leprechaun* se negaba, Tom lo amenazó con matarlo. Aterrorizado, el *leprechaun* accedió.

El *leprechaun* prometió a Tom que el oro estaba a solo unos campos de distancia. Atravesando setos, zanjas y arroyos, Tom se aferró firmemente al *leprechaun* con la mano. Cuando llegaron a un enorme campo de *boliaun*, el duende señaló una planta. Le dijo a Tom que cavara debajo del *boliaun*. Una vez que cavara debajo de la planta, encontraría su olla de oro.

Tom estaba ansioso por empezar a cavar, pero se dio cuenta de que no tenía pala. Para marcar el *leprechaun* que contenía el oro prometido, Tom ató su liguero rojo a la planta. Antes de volver corriendo a casa, le hizo prometer al *leprechaun* que no quitaría el liguero. El *leprechaun* aceptó encantado.

Para sorpresa de Tom, cuando volvió al campo, cada *boliaun* tenía un liguero rojo atada a él. Tom ni siquiera intentó averiguar qué planta tenía el oro. Tal vez si Tom no se hubiera dado por vencido tan apresuradamente, habría encontrado oro debajo de cada planta. El *leprechaun* embaucador venció al humano y conservó el control de la tierra y los campos.

Escabullirse de Tom fue fácil para el *leprechaun*. Los túmulos de las hadas estaban repartidos por toda Irlanda (algunos creen que todavía lo están). Estos montículos eran moradas de bienvenida para todo tipo de hadas que se entrometían en los límites que separan el mundo humano del Otro Mundo.

Sus moradas estaban conectadas por una serie de caminos. Una red de senderos atravesaba toda Irlanda. Además de proporcionar acceso a sus hogares, los senderos de las hadas eran también conductos de misteriosos sucesos. Las hadas advertían a los mortales de las fronteras entre los dos mundos. Se informaba a la gente de que ocurrirían sucesos insólitos.

Un granjero del condado de Kerry aprendió por las malas las consecuencias de interferir con el pueblo de las hadas o *sidhe*. La casa en la que vivían él y su esposa estaba en condiciones deplorables. El tejado de paja no les protegería de otro invierno de viento, lluvia y nieve. Sabían que necesitaban construir una nueva cabaña.

La pareja buscó un terreno adecuado. Tras encontrar un buen lugar, el granjero pidió ayuda a sus vecinos. Juntos, la comunidad construyó una nueva casa para el granjero y su mujer. Mientras terminaban el proyecto, pasó por allí un anciano. Se detuvo y observó la nueva casa. Al alejarse, el hombre afirmó que nadie podría dormir tranquilo en aquella casa.

Sin saberlo, el granjero y su esposa se mudaron a su nueva casa. Agotados por el duro trabajo, la pareja se metió en la cama, lista para un sueño reparador. Justo después de medianoche, la cocina emitía un fuerte ruido metálico. El granjero se apresuró a buscar el origen del ruido y esperó ver objetos de los armarios esparcidos por el suelo.

Sin embargo, la cocina estaba organizada y ordenada. Dos veces más esa noche, la pareja fue despertada de su sueño por un estridente alboroto. La segunda noche en su nuevo hogar, el granjero se acostó vestido, dispuesto a saltar de la cama para atrapar a los ruidosos. Cuando se produjo la conmoción, buscó en su casa el origen de los sonidos.

Sin saber qué hacer a continuación, su mujer visitó al párroco local. El sacerdote visitó y bendijo la casa. Esperanzada, la pareja se fue a la cama esa noche, pero no hubo ningún cambio. Volvieron a sufrir una noche de sueño interrumpido por los golpes y el estruendo. Este patrón continuó noche tras noche.

Un día, mientras el granjero estaba en la ciudad para vender ganado, visitó el bar local para tomar una pinta. Mientras bebía su cerveza, el granjero se fijó en el anciano que había hecho el extraño comentario sobre su casa. El anciano se marchó de repente y el granjero salió corriendo tras él. Cuando el granjero lo alcanzó, el anciano observó lo cansado que parecía el granjero. Los dos volvieron y compartieron una pinta mientras el granjero contaba su historia.

El anciano accedió a acompañar al granjero a su casa para ver si podía discernir el problema. Al verla, el anciano recordó inmediatamente su anterior preocupación. La casa había sido construida en un camino de hadas. Todas las noches, las hadas intentaban acceder a su camino. Sin embargo, cada noche, las hadas chocaban con la casa que actuaba como un muro en su camino.

Sin saberlo, el granjero había construido su casa entre dos espinos. Afortunadamente, había una solución. El anciano explicó al granjero que tenía que mantener abiertas las puertas delantera y trasera de la casa cada noche. Así se eliminaban los obstáculos en el camino de las hadas. El granjero estuvo más que dispuesto a probar el remedio y mantuvo las puertas abiertas. Las hadas no volvieron a despertarlo.

El espino, también conocido como árbol de las hadas, era un lugar de encuentro sagrado para las hadas. Se cree que cortar un espino da muy mala suerte. Por el contrario, se cree que tener un árbol de las hadas en la propiedad produce prosperidad.

Hasta el día de hoy, se pueden ver espinos salpicando el paisaje irlandés. Las leyendas hablan de retrasos de un año en la construcción de carreteras debido a un espino en el camino. Respetar a los *sidhe* es importante en Irlanda. Dejar una ruta para que las hadas viajen al Otro Mundo mantiene las conexiones ancestrales para que los antepasados puedan seguir guiando a su familia viva.

Las hadas no solo tienen árboles protegidos y mágicos, sino también hierba de las hadas o hierba hambrienta. Originaria de Hungry Hill (traducción literal: colina Hambrienta), la hierba hambrienta también se llama *féar gortach* en irlandés. La primera persona conocida que accedió a Hungry Hill desapareció. La desaparición de la persona creó miedo en los demás, y muchos se negaron a pasar por la colina.

Hungry Hill tiene vistas al océano, lo que la convierte en un lugar precioso. Un día, un joven pescador recién llegado a Irlanda decidió que quería pescar en el océano adyacente a Hungry Hill. Olvidó desayunar antes de salir de casa y, mientras caminaba hacia el océano, sintió hambre. Decidió que comería algo de su almuerzo mientras subía la colina.

La gente de los alrededores se fijó en el joven pescador. Conocedores de los peligros de la colina, los lugareños gritaron al joven que se bajara. El pescador hizo caso omiso de sus gritos. Mientras el hombre seguía subiendo la colina, la hierba empezó a envolverlo. Sin darse cuenta del peligro, el hombre siguió comiendo mientras caminaba. Con cada bocado de su comida, la serpenteante hierba se desenrollaba del hombre.

Cuando el hombre llegó a la orilla, se encontró con unos pescadores que venían de la otra dirección. El joven contó la historia de la ascensión a la colina. Los demás se asombraron y compartieron con él los peligros y muertes que causaba Hungry Hill. Todos supusieron que comer sobre la hierba debía de haber protegido al joven.

Enojadas porque el mortal había subido a la colina, las hadas empezaron a plantar más parches de hierba hambrienta por toda Irlanda. Las hadas eligieron lugares donde los humanos las habían menospreciado u ofendido. Para combatir los efectos de la hierba, la gente siempre llevaba comida consigo. La comida se comía mientras se caminaba por la hierba, aunque algunas personas dejaban ofrendas de comida a las hadas.

Algunas personas creen que los seres del Otro Mundo siguen viajando entre ambos mundos. Para mantener abiertos los pasadizos, los mortales deben seguir las expectativas de las hadas o sufrir las consecuencias.

TERCERA SECCIÓN:
Mitos escoceses y galeses

Capítulo 9: Cailleach

La mitología celta engloba las historias y creencias de las antiguas tribus celtas. Estos pueblos vivían principalmente en las zonas de las actuales Irlanda, Escocia, Gales, Inglaterra y partes de Francia y España. Narraciones llenas de criaturas fantásticas, dioses, héroes y villanos enmarcaban el complejo sistema de creencias de los celtas. Los relatos perdurables de los antiguos nos influyen y entretienen hoy en día.

El folclore y los cuentos escoceses conectan a los lectores y oyentes de hoy con sus antepasados. Un país lleno de paisajes variados y distintivos, las historias del pasado ayudan a explicar cómo se formaron los espectaculares terrenos de Escocia. Las escarpadas montañas y los mágicos lagos de Escocia siguen encantando a visitantes y residentes, y sus historias son tan místicas como sus paisajes.

Cailleach es una diosa celta a la que se atribuye la formación de gran parte de la topografía escocesa. Cailleach, una de las diosas madre, representa muchos símbolos maternales. En la mitología escocesa, se la considera la creadora de todos los dioses y diosas.

Considerada la más antigua de todos los dioses y diosas, Cailleach, o la «Vieja de Béara», es más vieja que el ser humano más viejo, Fintan el Sabio. Para escapar del diluvio universal, Fintan se refugió en la actual Irlanda con la nieta de Noé, Cessair. Fintan esperaba una tierra estéril, pero se sorprendió al encontrarla ocupada por Cailleach.

Dado que Cailleach tiene numerosas responsabilidades, se la conoce con diversos nombres. Se la conoce como la Reina del Invierno o la Velada. También se la conoce como la Bruja de Béara (Cailleach significa «bruja»). Es difícil discernir la raíz de su nombre, pero la mayoría coincide en que procede de *caille*, que significa velo, y *caillech*, que significa velada. A menudo se representa a Cailleach como una vieja bruja con velo.

También hay versiones regionales de su nombre. Los escoceses la llaman Carline, Beira, Cailleach Bheur y, burlonamente, «Gentle Annie» (Annie la Gentil). Otras variantes de su nombre son la Doncella del Maíz y «la que controla los vientos de invierno». Independientemente de su nombre, había cuatro áreas clave que ella comandaba. El campo de acción de Cailleach era muy amplio, yendo de la creación a la destrucción. Ella era la fuente del cambio estacional al invierno cada año. En todas las regiones celtas, Cailleach era considerada protectora de los animales, especialmente de los lobos. En Escocia, a menudo se la veía como pastora de ciervos.

Sus intenciones eran tan amplias como el control que ejercía. Cailleach podía ser dañina para los que se cruzaban en su camino, pero también trabajaba para garantizar que la cosecha de cereales fuera suficiente para el largo y frío invierno.

Cailleach suele aparecer como una anciana con velo. A menudo se la representa con un ojo utilizable o con un solo ojo en medio de la frente. Sea cual sea su representación, su vista se considera extraordinaria. Bajo el velo se ve una larga cabellera blanca. El tono de su piel, pálido o azul oscuro, se complementa con una boca llena de dientes de color rojo óxido.

Como muchas otras deidades celtas, es gigantesca, en proporción a sus habilidades y poderes. Retratada como una vieja bruja, Cailleach nunca envejece. Su vestimenta es de color gris apagado y suele ir envuelta en un chal. A menudo se la ve sosteniendo o utilizando un bastón o un *shillelagh*.

Tradicionalmente, los *shillelaghs* se formaban con espinos negros sagrados. Sus largas y afiladas espinas herían con facilidad a cualquiera que se acercara a los árboles. Supuestamente, las brujas utilizaban las oscuras púas para apuñalar a quienes querían someter a sus hechizos. Las espinas provocaban un profundo letargo a quienes se pinchaban. Se cree que estos árboles se utilizaron en la corona de espinas que llevaba Jesús.

Estas connotaciones ominosas relacionan los espinos negros y sus púas con la oscuridad del invierno. La diosa del invierno, Cailleach, golpea su espino negro para dar comienzo al invierno. Los inviernos muy oscuros y fríos se denominan inviernos de espino negro.

Muchos mitos celtas contienen dioses y diosas de tres, dos o más caras. A menudo se piensa que Cailleach es una diosa de dos caras, ya que se cree que ella y Brigid son dos caras de la misma diosa. Una comienza su reinado en el festival de Samhain, y la otra inicia su control en el festival de Imbolc.

Sin embargo, no todos los relatos consideran a las dos diosas como dos caras de la misma deidad. Se habla de batallas entre Cailleach y Brigid. No obstante, ambas ideas describen cómo las estaciones cambian de la oscuridad a la claridad; algunos solo lo veían como una transición pacífica, mientras que otros lo consideraban más violento.

Una historia que describe la transformación de las estaciones ocurre en Escocia. Durante Samhain, Cailleach coge su tela escocesa, que es una bufanda de lana que se lleva en las Tierras Altas escocesas, y la lava. Como es de proporciones gigantescas, necesita mucha agua y esfuerzo. Para lavarla, Cailleach utiliza el remolino de Corryvreckan, situado entre las islas de Scarba y Jura, frente a la costa oeste de Escocia.

El remolino de Corryvreckan
Walter Baxter / El remolino de Corryvreckan;
https://commons.wikimedia.org/wiki/File:The_Corryvreckan_Whirlpool_-_geograph-2404815-by-Walter-Baxter.jpg

Utilizando sus increíbles poderes, Cailleach lava su plaid durante tres días enteros. Debido a la turbulencia de las aguas y a la intensidad de Cailleach, el estampado de tartán verde y azul del plaid se lava por completo. Una vez limpio, lo pone a secar. Como ahora es de un blanco puro, el plaid cubre la tierra con la primera nevada.

Una versión muy difundida en Escocia sobre cómo se produce el invierno incluye a Cailleach y a Brigid, que es la personificación de la primavera. En este cuento, Brigid es encarcelada en una cueva por Cailleach. Como Brigid está atrapada bajo tierra, no puede difundir su calor y su luz en la Tierra. Cailleach mantiene el control del mundo, propagando el frío, la oscuridad y las tormentas invernales de nieve y hielo.

En estos mitos escoceses, el poder entre las dos diosas se transfiere anualmente. Cailleach gobierna después de Samhain. En el solsticio de invierno, el día más corto del año, el poder de Cailleach empieza a flaquear. Sus súbditos, cansados de los largos y oscuros días, comienzan a rebelarse. En su lucha por mantener el control, Cailleach crea las tormentas de enero y febrero, llamadas *A'Chailleach*.

Se da cuenta de que está perdiendo su poder y busca fuerzas en el Pozo de la Juventud. Cuando Cailleach bebe sus aguas especiales, rejuvenece gradualmente. Son los días más suaves del invierno, señal inequívoca de que se acerca la primavera.

Otra versión de la transición de las estaciones implica a Cailleach, Brigid, y Angus, que es uno de los muchos hijos de Cailleach. Esta rapta a Brigid la noche de Samhain. Para asegurarse de que Brigid no interfiera en el gobierno de Cailleach como diosa del invierno, la confina bajo Ben Nevis, la montaña más alta de Escocia.

Ben Nevis
Graham Lewis, CC BY 2.0 <https://creativecommons.org/licenses/by/2.0>, vía Wikimedia Commons; https://commons.wikimedia.org/wiki/File:Ben_Cruachan_-_Flickr_-_Graham_Grinner_Lewis.jpg

En un sueño, Angus tiene una visión de la bella Brigid, pero no sabe dónde está encarcelada. Pide consejo al rey sobre lo que debe hacer. El rey le aconseja que vaya a Escocia y encuentre a su amada Brigid. En la víspera de Imbolc, Angus llega hasta Brigid e intenta liberarla. Cailleach y Angus luchan por el control, que los mortales experimentan como el tiempo turbulento de febrero y marzo.

Las flores de principios de primavera crecen cuando Angus y Brigid empiezan a ganar la batalla contra Cailleach. Una bruja vieja y cansada, su poder sigue disminuyendo hasta que se convierte en piedra. Cailleach descansará como una piedra hasta Samhain, cuando capturará de nuevo a Brigid. Cailleach volverá a aprisionarla y reclamará su lugar como diosa del invierno.

Otras versiones del mito intentaban tranquilizar a los celtas sobre cómo y por qué cambiaban las estaciones. En una historia que aclara el paso del invierno al verano, Cailleach se transforma en cuervo. Como cuervo, recoge leña. Si recoge leña suficiente para encender un gran fuego, transforma el día en un día soleado y hermoso. Cuando esto ocurre, el invierno dura más. Sin embargo, si no consigue encender una hoguera o se queda dormida, el día seguirá siendo oscuro y triste. En ese caso, el invierno terminará antes. Una tradición similar continúa hoy en día con el Día de la Marmota, que se celebra en Canadá y Estados Unidos.

Otra variación sobre lo largo que será el invierno depende de una batalla entre Cailleach y una de sus hermanas. Hacia el final de cada invierno, la hermana de Cailleach acude a sus tierras para luchar. Como el invierno siempre termina, la hermana de Cailleach siempre gana. Sin embargo, la duración de la lucha determina la duración del invierno. Cuanto más larga sea la batalla, más días de invierno habrá. Una vez que Cailleach pierde, vaga por el campo para recuperar fuerzas. Al final del verano, las hermanas vuelven a luchar. Esta vez, Cailleach siempre gana.

Ilustración de Cailleach
Internet Archive Book Images, Sin restricciones, vía Wikimedia Commons;
https://commons.wikimedia.org/wiki/File:Wonder_tales_from_Scottish_myth_and_legend_(1917)_(14566397697).jpg

Además de defender el invierno, el Cailleach protege y vigila a los animales. Su aparición asusta a los animales cada invierno. Están tan aterrorizados que se esconden de su horrible rostro. Al asustarlos y hacerlos hibernar, Cailleach les salva la vida, ya que no sobrevivirían al frío invierno.

Su buena voluntad hacia los animales se manifiesta en su protección de los ciervos. Como no hibernan en invierno, Cailleach utiliza su bastón para ayudarlos. Mientras viaja por Escocia, atraviesa la nieve y el hielo con su *shillelagh*. De este modo, los ciervos tienen acceso a alimentos que les permiten sobrevivir al invierno.

Cailleach también influye en el invierno como diosa del grano. Para que la gente sobreviviera al frío y estéril invierno, era imprescindible una abundante cosecha de grano. La última vaina de grano que se segaba se ofrecía a Cailleach con la esperanza de que la siembra de primavera fuera un éxito. Esa misma vaina de grano contenía las primeras semillas que se sembraban en la siguiente temporada de siembra.

Cada año, durante la cosecha, el primer agricultor que terminaba su tarea hacía una muñeca con su última gavilla de maíz. En la Escocia de aquella época, el maíz es lo que hoy llamamos trigo. La muñeca de maíz se llamaba Carline. De este modo, los campesinos y aldeanos mostraban su admiración y culto a Cailleach con la creación de Carline.

Las características de Carline variaban en función del éxito o la decepción de la cosecha. En años de buena cosecha, la muñeca del maíz se diseñaba con aspecto de doncella. Las cosechas menos exitosas se mostraban a través de la creación de Carline como una bruja.

Carline era arrojada al campo del último agricultor en completar la cosecha. Era responsabilidad del último agricultor cuidar de la muñeca de maíz, que representaba a Cailleach. Durante todo el invierno, ese granjero y su familia tenían que alimentar y dar cobijo a la bruja del invierno. Su naturaleza errática hacía de esta una responsabilidad que nadie deseaba. Su lugar en la casa estaba junto al hogar, donde permanecía hasta la primavera.

El primer día de la temporada de siembra, Carline era sacada de casa. La plantaban con las primeras semillas o la daban de comer a los caballos que araban los campos. Así se bendecía la temporada de siembra y se ponía fin al control de Cailleach sobre la casa y la estación invernal.

La leyenda afirma que Cailleach utilizó su *shillelagh* y/o su martillo para crear y destruir Escocia. Muchos atribuyen a Cailleach la formación de gran parte de la belleza natural de Escocia, lo que la convierte en una de los dioses celtas modeladores de la tierra. Junto con ocho brujas que la ayudaban, Cailleach utilizó su *shillelagh* para crear los lagos, montañas, valles y ríos. Una de las brujas o doncellas más conocidas es Nessa, famosa en el lago Ness. Cuando Nessa no cumplió con sus obligaciones, Cailleach convirtió a Nessa en la masa de agua que ahora se llama Loch Ness (lago Ness).

En algunos cuentos, las brujas son en realidad las hermanas de Cailleach. Todas vivían juntas en el centro de la Tierra. Cuando empezaron a cavar su camino hacia la superficie, empezaron a recoger muchas rocas y piedras, los cuales metían en sacos que llevaban consigo. Finalmente, se adentraron en las aguas del océano. Las ocho hermanas tomaron caminos separados. Cuando Cailleach necesitó descansar, dejó su saco en el suelo. Las rocas se soltaron y dieron forma a la Escocia de hoy.

Cailleach desempeñó un papel destacado en la explicación de los antiguos de por qué las tierras de Escocia tenían la forma que tenían. Hay muchas historias y accidentes geográficos relacionados con Cailleach. A menudo se la representa atravesando Escocia a grandes zancadas, dejando caer piedras, ya sea a propósito o accidentalmente, desde su delantal o *creel* (una cesta de mimbre). Las islas y colinas de Escocia surgieron de estas piedras. Cailleach formó algunas montañas para ayudarla en sus viajes.

Una cadena de islas que se atribuye a Cailleach son las Hébridas Interiores. Se formaron cuando Cailleach soltó trozos de turba y rocas que había traído del centro de la tierra. Creó esta cadena de setenta y nueve islas en el océano Atlántico, frente a la costa de Escocia. Otra isla que formó Cailleach fue Ailsa Craig. Un pescador navegó bajo Cailleach y su vela la tocó. Se sobresaltó tanto que dejó caer la gran piedra que llevaba en las manos. Esta roca es la isla de Ailsa Craig.

Otro punto de referencia aún visible hoy en día que supuestamente fue creado por Cailleach es el *Sgriob na Calliach*. Situado en la isla de Skye, *Beinn na Caillich* (colinas Rojas) es una cadena montañosa de Escocia que Cailleach frecuentaba. Desde este lugar, infligía a la zona sus devastadoras tormentas invernales. También excavaba piedras y rocas en este lugar. Mientras Cailleach recogía piedras, perdió el control y resbaló. El sendero *Sgriob na Calliach* significa el surco o la frente arrugada de Cailleach.

Imagen de Loch Awe
Chris Heaton, CC BY-SA 2.0 <https://creativecommons.org/licenses/by-sa/2.0>, vía Wikimedia Commons; https://commons.wikimedia.org/wiki/File:Loch_Awe.jpg

Las numerosas tareas y responsabilidades de Cailleach a menudo la agotaban. Un día, estaba trabajando en la cima del Ben Krachan, uno de los picos más altos de Escocia. Después de utilizar el pozo para sacar agua, tuvo que cambiar la tapa, una pesada losa de piedra. Si la losa no se sustituía al atardecer, el agua del pozo se desbordaba. Una vez que comenzaba a desbordarse, no podía detenerse y el mundo se inundaba.

Cailleach quitó la tapa del pozo para coger agua. Se sentó junto a la losa de piedra para descansar unos minutos. Sin embargo, estaba muy cansada y cayó en un profundo sueño. Cuando se puso el sol, el agua brotó del pozo. Fuertes corrientes de agua descendieron por la ladera de la montaña. El estruendo de las cascadas despertó a Cailleach.

Inmediatamente, volvió a tapar el pozo e impidió que el mundo se inundara. Aunque se apresuró a detener el flujo de agua, esta siguió inundando el valle de Tempe. Hoy, esa tierra se llama Loch Awe.

Con sus múltiples papeles y sus vastas habilidades, Cailleach aparece en muchos cuentos. Su capacidad para transformarse de vieja bruja en joven doncella hace que muchos la juzguen mal a ella y a su poder. Cailleach no es una anciana frágil; como dos caras de la misma diosa, se transforma rápidamente en una hermosa diosa joven cada primavera. Cada año trae la renovación de la vida. Su historia y su legado siguen formando parte de Escocia y de su historia.

Capítulo 10: Un monstruo en el lago Ness

Al igual que muchas culturas, los pueblos antiguos contaban historias sobre cómo se formaron sus mundos. La belleza mítica y la historia de Escocia se comparten a través de su folclore. Muchos de los relatos se basaban en la topografía de la tierra, explicando cómo surgieron las montañas, los ríos y los lagos. Además, el mar y la costa son protagonistas destacados de la cultura y los rituales escoceses.

Al igual que otros mitos celtas, los cuentos originarios de Escocia, concretamente de las Hébridas, se basaban en historias sobre océanos, mares y otras vías fluviales. Los personajes de los cuentos solían ser seres acuáticos, como monstruos marinos, espíritus del agua y sirenas. A menudo, las hazañas de estas criaturas advertían a la gente sobre los poderes de los mares y explicaban el origen de las tormentas.

Las historias procedían de los marineros, ya que algunos supuestamente encontraron la muerte a causa de monstruos marinos que controlaban y vagaban por las aguas. Los marineros supervivientes contaban historias de serpientes gigantescas que habían encontrado en el océano. Las serpientes tenían cabezas enormes, ojos de más de treinta centímetros y dientes increíblemente largos y afilados que sobresalían de sus bocas. Podían tener jorobas en la espalda y brazos largos. Los monstruos marinos eran la némesis de los primeros navegantes debido a su poder y enorme tamaño.

Situadas frente a la costa occidental de Escocia, las Hébridas Interiores y Exteriores desempeñaron un importante papel en la creación y conservación de los cuentos escoceses. Las Hébridas son un conjunto de más de cuarenta islas, pero hay innumerables atolones deshabitados entretejidos por toda la cadena insular. Como las islas están aisladas, los primeros pueblos de las Hébridas no sufrieron tanto el impacto de las oleadas de conquistadores como otras partes del mundo celta. Así, normandos, romanos y otros no influyeron en las leyendas que cuentan los habitantes de las Hébridas.

Durante muchos años se han avistado criaturas marinas en las costas de las Hébridas. A finales del siglo XIX, se informó de múltiples avistamientos de un monstruo marino frente a las costas de Lewis, una de las islas Hébridas. Un grupo de marineros alemanes dijo haber visto una serpiente marina con numerosas protuberancias en la espalda. Los del barco sugirieron que la serpiente medía más de cuarenta metros de largo.

Se han visto otros monstruos acuáticos en la misma zona. Se dice que Searrach Uisge vive en Loch Suainbhal. La gente lleva siglos diciendo haber visto a esta criatura. Los detalles sobre Searrach Uisge comparan a la criatura con el tamaño de un barco volcado. Otros dicen que mide unos doce metros y tiene rasgos similares a los de una anguila. Las leyendas cuentan que todos los años se ofrecen corderos en sacrificio a Searrach Uisge.

Loch Morar
John Haynes / Sron Ghaothar en Loch Morar;
https://commons.wikimedia.org/wiki/File:Sron_Ghaothar_on_Loch_Morar_-_geograph.org.uk_-_190066.jpg

En las Tierras Altas de Escocia, los lugareños cuentan historias de Morag. Habitante de Loch Morar, Morag ha sido vista por muchos testigos, a menudo al mismo tiempo. En una ocasión, nueve personas vieron la misma serpiente marina en Loch Morar. En los años sesenta, dos hombres en una barca se toparon literalmente con Morag. Ella se defendió atacándolos. Los hombres se defendieron y Morag se escabulló a las profundidades de Loch Morar.

En el siglo XIX, sus apariciones solían coincidir con la muerte inminente de algún habitante de la zona. Cuando un residente de Morar moría o cuando uno de los clanes escoceses sufría en batalla, Morag sentía un gran dolor. Se la oía llorar de tristeza. Se la considera mitad mujer y mitad criatura marina. Las imágenes más recientes de Morag la describen con dos o tres jorobas en la espalda. Se cree que mide unos nueve metros de largo y tiene una piel marrón llena de bultos. Su cabeza mide más de treinta centímetros de ancho.

De todos los monstruos marinos de Escocia, el más famoso es el monstruo del lago Ness o Nessie. Se atribuye a Cailleach, o diosa del invierno que dio forma a gran parte del paisaje natural de Escocia, la formación del lago Ness. Cailleach tenía ocho doncellas o brujas que la ayudaban en sus tareas. Reinaba desde la cima del Ben Nevis, donde supervisaba el trabajo de sus doncellas.

Una de las ocho doncellas de Cailleach era Nessa. Cailleach era responsable de los pozos de Inverness, Escocia. Como tenía tantas obligaciones, necesitaba ayuda. Así que asignó a Nessa la tarea de vigilar uno de los pozos más pequeños. La tarea de Nessa consistía en mantener el pozo tapado durante toda la noche. Tenía que asegurarse de que la tapa del pozo se colocaba todos los días al atardecer.

Una noche, cuando Nessa volvía al pozo para taparlo, se quedó dormida o se distrajo. Nessa era conocida por tener la voz más melódica de las doncellas. Su canto era más hermoso que el de los pájaros y las arpas de las hadas. A menudo, divagaba mientras creaba música que se mezclaba armoniosamente con la naturaleza, lo que la distraía de sus tareas cotidianas.

En cualquier caso, Nessa llegó al pozo después de la puesta de sol. Se encontró con una corriente de agua que brotaba del pozo. Sin saber cómo detener el flujo del agua, echó a correr. Nessa sabía que Cailleach se enfadaría con ella. Y desde su posición privilegiada en la cima del Ben Nevis, Cailleach la observaba, enfurecida. Le gritó a Nessa, diciéndole a la doncella que, como no había cumplido con su deber, estaría unida al agua para siempre. Maldecida por Cailleach, Nessa se transfiguró en el río Nessa, que desembocó en el lago Ness y lo formó.

La música de Nessa solo puede escucharse una vez al año. En el aniversario de su transformación de doncella cantora en río y lago, Nessa entona una melodía triste. Atrás quedaron los días de las canciones exultantes, pues ahora Nessa solo conoce la tristeza. Su descuido la llevó a sus problemas, que Nessa comparte con el pueblo a través del canto cuando surge de las aguas. Como ocurre con tantos otros mitos, la gente puede aprender de los errores y desgracias de los protagonistas de las historias.

El primer avistamiento registrado del monstruo del lago Ness data del año 565 de nuestra era. Existen diversas versiones del encuentro entre san Columba y el monstruo del lago Ness. Una de ellas afirma que Columba se encontró con un monstruo que aterrorizaba a un hombre en el río Ness. Según la historia, san Columba fue capaz de calmar la situación y liberar al hombre de las garras de la criatura acuática.

Otra versión cuenta que san Columba visitó Escocia desde Irlanda y se alojó cerca del río Ness. Durante su visita, un residente local le contó la historia de un monstruo que vivía en el lago Ness. Para comprobar la veracidad del relato, Columba envió a uno de sus hombres al lago. Una vez notificado el avistamiento del monstruo, Columba se dirigió a la orilla del agua. Se dice que hizo la señal de la cruz cuando vio al monstruo. Se cree que esto provocó el exilio del monstruo.

En otro relato sobre san Columba y Nessie, Columba viajaba por Escocia. Durante su viaje, tuvo que atravesar el lago Ness. Al llegar a las orillas del lago, se encontró con unos habitantes que enterraban a un vecino. El hombre había muerto por la mordedura de una criatura acuática mientras nadaba en el lago Ness.

Columba se dirigió a su grupo de seguidores y pidió que alguien cruzara a nado el lago. Aunque la travesía a nado estaba llena de peligros y posiblemente de muerte, uno de los devotos de Columba acudió a su llamada. El monje accedió a cruzar a nado el lago y regresar con una barca anclada en el otro extremo de las aguas.

Cuando el hombre empezó a nadar, el monstruo emergió de las oscuras profundidades. En busca de otra víctima, el monstruo se abalanzó sobre el monje. Todos los que estaban en la orilla observaban horrorizados. El monstruo se acercó al monje, dispuesto a atacarlo y matarlo.

Mientras se desarrollaba el incidente, san Columba mantuvo la calma. Comenzó a persignarse. Después de hacerlo, Columba apeló a Dios. Entonces, en nombre de Dios, ordenó al monstruo que se detuviera. Al oír la orden de Columba, el monstruo del lago Ness retrocedió inmediatamente. El monje y todos los que se encontraban a orillas del lago estaban a salvo. Los relatos de la época dicen que el monje se llamaba Lugne Mocumin.

Muchos atribuyen la reticencia de Nessie a su castigo por san Columba. Otros creen que es el propio tamaño del lago Ness lo que hace tan difícil encontrar a Nessie. Toda el agua de los lagos y ríos de Inglaterra y Gales juntos no equivale a la cantidad de agua del lago Ness. Sin embargo, se han producido y se siguen produciendo avistamientos.

A finales de la década de 1930 se construyó una carretera que facilitaba el acceso de los automóviles al lago Ness. Como la carretera permitía a los automovilistas una visión clara del lago, aumentaron los avistamientos de Nessie. Poco después de la finalización de la carretera, los visitantes de la zona contaron haber observado una enorme criatura similar a un dinosaurio u otra criatura prehistórica.

Representación de Nessie en acuarela
Uso comercial gratuito; https://pixabay.com/illustrations/nessi-sea-serpent-watercolor-hole-6030872/

El interés por localizar a Nessie siguió creciendo. En 1933, un periódico pagó a un conocido cazador, Marmaduke Wetherell, para que localizara al monstruo del lago Ness. Supuestamente, el cazador descubrió enormes huellas cerca de la orilla del lago. Por el tamaño de las huellas, se estimó que la criatura medía al menos seis metros. Más tarde se determinó que las huellas eran falsas. No se sabe a ciencia cierta quién estaba detrás de este plan para engañar al público.

El siguiente avistamiento de Nessie se produjo al año siguiente. Se reunió un grupo de investigación de veinte hombres. A cada participante se le pagó por su papel en la expedición. Nueve horas al día durante cinco semanas, los hombres se situaron alrededor del lago. Cada uno tenía unos prismáticos y una cámara para fotografiar las pruebas de la existencia de Nessie. El grupo de búsqueda tomó más de veinte fotografías. Sin embargo, las imágenes no proporcionaron pruebas concluyentes de la existencia del famoso habitante del lago.

La noticia de una fotografía tomada por Robert Wilson despertó el interés de todo el mundo a mediados de la década de 1930. La imagen se publicó en un periódico. Por la imagen, el monstruo del lago Ness tenía los atributos físicos de un reptil extinguido, pues parecía medir más de cuatro metros de largo con un cuello extendido similar al de un plesiosaurio. Sin embargo, décadas más tarde se reveló que la imagen era falsa.

Aun así, a principios de los años 30, se informó de otro encuentro con el monstruo del lago Ness. Arthur Grant iba en moto cuando vio a Nessie. Describió a la criatura con rasgos comparables a los de un plesiosaurio. Cuando la criatura se dirigió hacia el agua, Grant la siguió. Por desgracia, no observó a la criatura entrar en el agua. Sin embargo, se dio cuenta de las ondas que la entrada de la criatura en el agua creado. No existen pruebas concretas que demuestren o refuten el avistamiento de Grant en 1934.

Unos años más tarde, G. E. Taylor, un turista de Natal, Sudáfrica, se encontraba en la zona. Taylor formaba parte del creciente número de viajeros que visitaban Escocia con la esperanza de avistar al escurridizo monstruo del lago Ness. Utilizó película en color de 16 mm para grabar su visita; se cree que este fue el primer intento de obtener una fotografía en color de Nessie. Cuando Taylor creyó tener a Nessie en el punto de mira, la grabó durante tres minutos. Taylor vendió la película y sus imágenes a Maurice Burton, zoólogo y autor científico. Solo se ha utilizado una imagen de la película, ya que Burton la incluyó en un libro titulado *The Elusive Monster* (*El escurridizo monstruo*). Burton afirma que la imagen es de un objeto flotante.

Se cree que Burton devolvió la película a Taylor, y ninguna de sus otras imágenes ha sido vista por nadie. Que se sepa, la película solo se compartió con Burton; nadie más la ha visto nunca. Los que creen que Nessie existe siguen buscando la película, aunque nadie sabe si todavía existe. La película es tan misteriosa como los secretos del lago Ness.

A finales de los años 30 y en los 40, el interés por Nessie y la posibilidad de buscarlo disminuyeron debido a la Segunda Guerra Mundial. La fotografía de Lachlan Stewart en 1951 añadió credibilidad a la existencia de Nessie. Él y un amigo observaron un movimiento significativo en el agua del lago. Stewart llevaba una cámara consigo y pudo obtener imágenes de lo que causaba el movimiento en el agua. Ambos afirmaron haber visto una criatura de tres jorobas que se deslizaba rápidamente por el agua. Tan repentinamente como apareció, la criatura se sumergió en las profundidades.

Hay opiniones encontradas sobre la historia. La hija de Stewart responde por su padre y afirma que él no participaría en un engaño. Su hija también afirma que las fotos eran válidas.

Unos años más tarde, la tripulación de un barco pesquero observó imágenes que podrían haber sido de Nessie. El sonar del *Rival III* detectó un objeto de gran tamaño. El sonar (del inglés SONAR, acrónimo de Sound Navigation And Ranging, «navegación por sonido») emplea ondas sonoras para medir distancias en el agua y detectar movimientos y objetos. La enorme forma seguía al barco a una profundidad de entre 146 y 30 metros del fondo del lago. Durante casi media milla, el objeto siguió el ritmo de la embarcación. Después, como en otros avistamientos, el objeto, que tal vez era Nessie, desapareció de su pantalla.

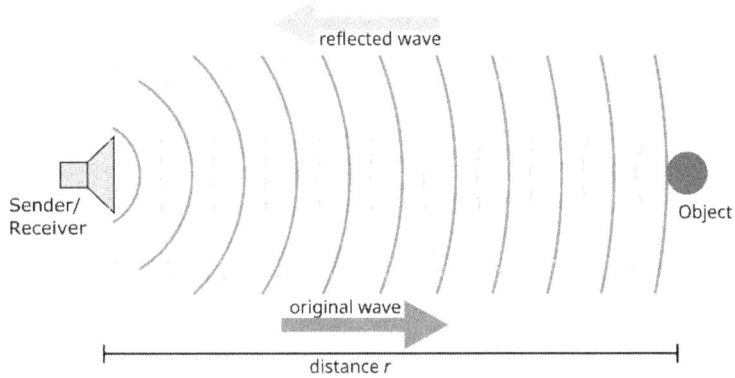

Principio del sonar
Georg Wiora (Dr. Schorsch), CC BY-SA 3.0 <http://creativecommons.org/licenses/by-sa/3.0>, vía Wikimedia Commons; https://commons.wikimedia.org/wiki/File:Sonar_Principle_EN.svg

En 1967 se llevó a cabo otra búsqueda de Nessie mediante sonar. D. Gordon Tucker, desarrollador de sonares, situó el equipo de su equipo en el lago Ness, buscando respuestas sobre la existencia de Nessie. Su ensayo se llevó a cabo durante dos semanas. El equipo de sonar detectó las ondas sonoras de los objetos del lago. Las ondas sonoras identificaron grandes objetos en movimiento que se desplazaban rápidamente por el agua. Debido al tamaño y la velocidad del objeto, Tucker no creyó que se tratara de peces o bancos de peces. La longitud de la imagen vista por Tucker corroboraba las opiniones anteriores sobre el tamaño estimado de Nessie.

Veinte años después, la operación Deepscan se empleó para buscar respuestas sobre el monstruo del lago Ness. En esta búsqueda se utilizó un equipo de ecosonda, que es un tipo de sonar. Se observó una masa importante en la información recibida de la ecosonda. Las imágenes detectaron movimiento en la masa, que estaba situada en el fondo del lago. No se ha llegado a una decisión unánime sobre si estas imágenes eran de Nessie. Hay creyentes que consideran que esta operación apoya firmemente la existencia de Nessie.

Por último, en 2014, apareció una imagen en Apple Maps. Situada en la punta norte del lago, la impresión era de algo que alcanzaba casi los treinta metros de longitud. No parece que la imagen fuera alterada en modo alguno. Los no creyentes afirman que la imagen era el resultado de la estela de un barco en el lago. Otros opinan que sigue apoyando la idea de que el escurridizo Nessie vive en el lago Ness.

Cada año se producen una media de veinte avistamientos del monstruo del lago Ness. Quizá nunca se compruebe si Nessie está realmente en el lago Ness. O quizá solo los creyentes puedan verla. Sea como fuere, sigue atrayendo a los visitantes que la buscan con optimismo.

Capítulo 11: Kelpies y Selkies

El monstruo del lago Ness no es la única criatura que vive en los cursos de agua de Escocia, ni Nessie es el único monstruo acuático cuya historia es críptica y no está corroborada. Hay quien cree que Nessie fue una historia contada para asustar a los niños. Algunos de los lagos de Escocia son increíblemente profundos, y los ríos fluyen muy deprisa. Las historias de monstruos aterradores que capturan a los más pequeños impedían que los niños se adentraran en las aguas, ya que los padres temían que sus hijos fueran arrastrados por los ríos o cayeran a los profundos lagos.

Otro personaje prominente destinado a advertir de los peligros del agua eran los kelpies. Las piedras talladas encontradas cerca del lago Ness muestran imágenes de una extraña bestia acuática. Se cree que estas tallas fueron las primeras representaciones de kelpies. En la mayoría de los grabados en piedra hallados en esta zona de Escocia, los animales son claramente reconocibles.

Los pictos crearon estos grabados, que están elaboradamente detallados. Estos antiguos pueblos vivían en el norte y el este de la actual Escocia. Los pictos no dejaron ningún registro escrito, pero sus piedras han proporcionado información a los historiadores. Los romanos, que intentaron conquistarlos, también han dejado información sobre ellos.

Hay dos opiniones sobre el significado de la palabra «picto». Un bando cree que procede de la palabra latina *picti*, que significa «pintado». Los pictos solían pintarse con tintes y tatuajes. La otra teoría es que los pictos se referían a sí mismos como *pecht*, que significa «antepasados».

Solo un animal de las tallas pictas es misterioso; a menudo se hace referencia a él como el elefante nadador o la bestia picta. Esta misma imagen se encuentra en más de cincuenta de las piedras dejadas por los pictos, y se cree que los místicos y mitológicos *kelpies* están relacionados con estas imágenes.

Los kelpies son seres acuáticos con cola de delfín. Cuando los kelpies salen del agua, pueden transformarse en caballos cuando están en tierra. Casi todas las masas de agua de Escocia tienen historias locales relacionadas con kelpies. Curiosamente, el mayor número de avistamientos de kelpie en Escocia se encuentra cerca de donde se hallaron las enigmáticas tallas de los pictos en el lago Ness.

La propia palabra «kelpie» procede probablemente de la palabra *cailpeach* o *colpach*, que significa «potro» o «vaquilla» en gaélico. Estos caballitos de mar suelen aparecer ante los humanos como simpáticos ponis o caballos con las crines empapadas. Sin embargo, los kelpies son seres maliciosos. Atraen a la gente para que monte en ellos. Una vez que el jinete monta al kelpie metamorfo, queda literalmente atrapado, ya que su piel está recubierta de un adhesivo mágico. Incluso cuando el jinete desprevenido se da cuenta de lo que está pasando, es incapaz de desmontar. Por desgracia, estos viajes aparentemente inofensivos acaban con la muerte acuática del jinete. Las muertes por ahogamiento solían atribuirse a los kelpies.

Estos místicos y malévolos caballitos de mar merodean por los ríos y cursos de agua de Escocia en busca de víctimas. La única forma de escapar es agarrar la brida del kelpie. Hay que ser rápido como el rayo y controlar al kelpie antes de subirse a su lomo. Si uno tiene la suerte de dominar al kelpie, puede controlarlo y evitar su muerte.

Un kelpie capturado tiene un poder increíble. La leyenda cuenta que la fuerza de un kelpie capturado equivale a la de cien caballos. Durante su cautiverio, los kelpies ayudaban a los lugareños a transportar suministros pesados. Algunos ayudaban a sus captores a transportar piedras para construir murallas y castillos. Para mantenerlos bajo control se utilizaban ronzales con el signo de la cruz.

Los kelpies suelen transformarse en caballos. Sin embargo, pueden cambiar su apariencia en cualquier criatura que elija. A veces, los kelpies alteran su forma para parecerse a un humano. La versión humana de un kelpie vaga por las orillas del agua, haciéndose pasar por un joven seductor. Aunque hermoso, el kelpie transformado sigue teniendo el pelo mojado y enredado con plantas silvestres. Su objetivo es atraer a una joven para que se le acerque. Una vez atrapada, la mujer es conducida a la muerte.

Los Kelpies también pueden aparecer como mujeres. Como mujer, siguen el mismo escenario. Los kelpies adoptan la personalidad de una mujer hermosa y pasean por la orilla del río, buscando atraer la atención de un joven, que será conducido a la muerte.

Pintura de un kelpie hembra
https://commons.wikimedia.org/wiki/File:Thekelpie_large.jpg

Un kelpie también puede transformarse en una persona de aspecto desgreñado. Siguiendo su modus operandi habitual, el kelpie transformado pasaba el rato junto a la orilla del agua. Cuando un turista ingenuo pasaba por allí, el peludo kelpie con aspecto humano saltaba y atacaba. Un método alternativo que utilizaban los kelpies para librar su zona de turistas era activar sus poderes mágicos. Los kelpies hacían señas a las aguas, que arrebataban a los viajeros y los arrastraban.

El único aviso de que había kelpies en la zona era el sonido que emanaba de sus colas. Cuando los kelpies regresaban de sus aventuras a sus hogares acuáticos, sus colas hacían eco del retumbar de los truenos. Si alguna vez va a Escocia, preste atención a los truenos o a los chillidos espeluznantes. Si oye alguno de ellos, tenga cuidado: puede que haya kelpies en la zona.

No hay pruebas fehacientes de que los kelpies existan, pero las historias relacionadas con ellos son fascinantes. Estas historias se refieren a personas que no tuvieron en cuenta el poder y la magia de los kelpies. Una de ellas ocurrió en Braco. El río local se desbordó, impidiendo a un hombre que vivía en la zona llegar a su casa. Necesitaba ayuda para cruzar las aguas embravecidas. Por suerte para él, vio un caballo que se alimentaba tranquilamente de las hierbas de la orilla del río crecido.

De alguna manera, el hombre no vio la escena con preocupación; solo sintió alivio al encontrar un caballo. El hombre se acercó al caballo, que de buena gana dejó que el hombre se subiera a su lomo. Cuando el hombre estuvo listo, el caballo, que en realidad era un kelpie, se lanzó al agua. El hombre fue arrastrado a las profundidades de las rugientes aguas y nunca se lo volvió a ver.

Aunque la mayoría de los encuentros con kelpies no acaban bien para los humanos, algunas personas consiguen sobrevivir. En otra historia, el kelpie volvió a utilizar el truco de la crecida de un río para llevar a cabo sus artimañas. Un marido se quedó varado a un lado del río mientras su esposa, enferma de muerte, esperaba en casa su regreso. Sintiéndose impotente y abrumado, el marido se derrumbó llorando al borde del río que no se podía cruzar.

Un amable samaritano se acercó al desolado marido. Empapado, el samaritano dio la impresión de haber ayudado a otros a cruzar el río. El afligido marido aceptó de buen grado su ofrecimiento de ayuda. El samaritano se echó al marido al hombro y entró en el agua. Una vez en medio del río crecido, el desconocido intentó arrojar al marido al río.

Se entabló una lucha entre ambos. Sin dejar de luchar, los dos llegaron al otro lado de la orilla. El marido pudo tocar el suelo y se apartó del desconocido. Alejándose del río y del «samaritano», el marido se apresuró a volver a casa. El desconocido, furioso por haber perdido la batalla y su conquista, volvió a su forma de kelpie. El kelpie arrancó piedras de la orilla del río y se las lanzó al hombre, que escapó.

Después de aquel incidente, la gente que pasaba por la orilla del río apilaba piedras de kelpie. Estas rocas se apilaban hasta crear un *cairn* (un gran montón de rocas).

Un kelpie vagaba continuamente por los bosques y cursos de agua cercanos al lago Ness, asustando a los residentes locales. Un lugareño, James MacGrigor, trató de eliminar la amenaza. Se acercó sigilosamente al kelpie y le quitó la brida, que es su fuente de vida. Sin sus bridas, los kelpies solo pueden sobrevivir veinticuatro horas.

Este kelpie tenía la capacidad de hablar. Le suplicó a MacGrigor que le diera su brida, pero este se negó rotundamente. Incapaz de convencer a MacGrigor, el kelpie adoptó otra táctica y lo siguió hasta su casa. Cuando llegó a casa de MacGrigor, vio la cruz clavada sobre la puerta principal. El kelpie, pensando que había burlado al humano, informó a MacGrigor de que no podría entrar en su propia casa porque llevaba la brida. MacGrigor arrojó la brida al interior de la casa por una ventana abierta.

El destino del kelpie estaba sellado. La brida se conoce ahora como «la bola y la brida». Cualquiera que sostenga la brida tiene acceso a increíbles poderes curativos. Todo lo que una persona tiene que hacer es colocar la brida en el agua. Luego, giran la brida tres veces en el agua mientras se bendicen a sí mismos «en el nombre del Padre, en el nombre del Hijo y en el nombre del Espíritu Santo».

Rosstheamazing, CC BY-SA 3.0 <https://creativecommons.org/licenses/by-sa/3.0>, vía Wikimedia Commons; https://commons.wikimedia.org/wiki/File:The_Kelpies_in_Falkirk.jpg

El poder de los kelpies se plasma vívidamente en *Los Kelpies*. *Los Kelpies* son estructuras de acero de casi 30 metros de altura. Fueron diseñadas y construidas por Andy Scott, un escultor escocés. Cada Kelpie necesitó más de 330 toneladas de acero para su construcción. Se necesitaron más de 1.300 toneladas de hormigón reforzado con acero para soportar el peso de cada cabeza. Cada escultura consta de dieciocho mil piezas separadas; de ellas, novecientas son las escamas inoxidables.

Los Kelpies pueden visitarse en el parque Helix, situado entre Falkirk y Grangemouth (Escocia). Al contemplar estas enormes estructuras no hay peligro de caer en el agua. *Los Kelpies*, con su tamaño, fuerza y toneladas de acero, solo representan el poder que los míticos kelpies tenían y siguen teniendo (al menos según algunos) sobre los ríos y vías fluviales de Escocia.

Se dice que las selkies, otro grupo de criaturas mágicas y míticas, habitan las aguas oceánicas de la costa occidental de Escocia. Se cree que son originarios de las aguas que rodean las islas del Norte, formadas por las Orcadas y las Shetland. La palabra «selkies» es un derivado de las palabras escocesas para foca: *selch* o *selk*. Las selkies se transforman de foca en humano y viceversa.

Aunque la mayoría está de acuerdo en el origen de las selkies, hay muchas versiones sobre cómo surgieron. Como las historias de los celtas no se escribieron hasta más tarde (y se les añadieron elementos cristianos en el proceso), se han formado muchas conjeturas a lo largo del tiempo. Es probable que las selkies y sus historias fueran la forma que tenían los antiguos de mostrar su respeto y admiración por el poder, la imprevisibilidad y la belleza del océano.

Algunos creyentes en las selkies las consideran hadas. En el folclore escocés, las hadas están estrechamente vinculadas a la naturaleza. Para las selkies, su conexión con la naturaleza era el océano. Hace cientos de años, la gente pensaba que las selkies, como las hadas, eran ángeles caídos en desgracia. Dios aún no las había aceptado en el cielo. Mientras esperaban el día del Juicio Final, las hadas vivían como animales. Las selkies vivían como focas.

Un cuento dice que las selkies fueron una vez personas. Sin embargo, cometieron un grave delito. Por su horrible fechoría, fueron maldecidas y transformadas en focas. Su castigo era vivir en la Tierra en forma de animal.

Otra explicación de cómo surgieron las selkies procede de las islas Orcadas. Hace mucho tiempo, los bardos contaban historias sobre las selkies, que en realidad son personas que se han ahogado. Las almas de los fallecidos siguen viviendo como selkies. Sin embargo, una vez al año, en la víspera del solsticio de verano, las almas pueden pasar de un mundo a otro. Así, las selkies pueden elegir entre cruzar al Otro Mundo, seguir siendo selkies o volver a su forma humana.

Los mitos de todas las culturas han ayudado a la gente a comprender los misterios del mundo. Otra explicación de cómo surgieron las selkies ayudó a explicar lo desconocido. Por ejemplo, cuando los niños nacían con los pies palmeados, las selkies y sus historias servían para ayudar a los padres a entender a su bebé. Algunos bebés nacen con la piel escamosa o la cara parecida a la de una foca, y la leyenda de las selkies podría haber servido para explicar por qué. Hoy existen nombres científicos para las variaciones genéticas, pero hace cientos de años, la historia de las selkies habría servido para tranquilizar a los padres.

Independientemente de su origen, las historias de estos cambiaformas incluyen el encanto del océano, el romance y el desamor. El verdadero hogar de una selkie es el océano. Sin embargo, a veces el glamour de la vida en tierra como humano hace que un selkie se despoje de su piel. Las selkies viven atormentadas, deseando lo que no poseen. Algunas selkies anhelan una vida en tierra mientras están en el mar; luego, cuando se convierten en humanos, añoran el mar. Para complicar su situación, las selkies humanas son irresistibles para los seres humanos.

Las selkies seducen por su belleza y personalidad. Disfrutan bailando bajo la luz de la luna y tienen un alma bondadosa. Cuando las selkies abandonan el océano y comienzan su vida en tierra, adoptan una forma humana. Si una selkie pierde la piel de foca que se ha quitado, no puede volver al océano. El ser humano que tiene la piel ahora las controla. Si una selkie encuentra su piel, siempre vuelve a las aguas. Así, sus historias siempre terminan con un corazón roto.

Tal fue la historia de un pescador escocés. Un día, paseaba por la costa cuando se topó con un grupo de mujeres que giraban bajo el cielo iluminado por la luna. Intentó acercarse sigilosamente para verlas mejor. Sin embargo, el pescador rompió una rama, advirtiendo a las mujeres de la presencia de un extraño. Las mujeres corrieron hacia un montón de pieles de foca para poder huir.

Pero el pescador llegó al montón de pieles justo cuando lo hacía el grupo de mujeres. Cogió la última piel del montón. Con lágrimas en los ojos, la mujer suplicó al forastero que le devolviera la piel. Sin embargo, el pescador conocía las leyendas de las selkies. Sabía que, si guardaba y escondía la piel, la mujer selkie tendría que quedarse en tierra y casarse con él.

Se casaron y, con el paso de los años, tuvieron dos hijos. La selkie era una madre cariñosa y una esposa obediente. Sin embargo, añoraba el mar. Un día, sus dos hijos encontraron un tesoro. Le mostraron a su madre la sorpresa: una hermosa piel de foca. Extasiada por haber recuperado su piel, la mujer supo que no tenía elección. Aunque la madre quería mucho a sus hijos, el océano le pedía que regresara.

La madre sentó a los niños para darles la noticia y empezó por explicarles la herencia de las selkies. Les dijo que tenía que volver inmediatamente. En cuanto su marido se durmió, la madre y sus dos hijos se acercaron a la orilla. Conteniendo las lágrimas, les dijo cuánto los quería y que, cuando la oyeran cantar, se acercaran al agua para nadar con ella. Luego se fue nadando.

A la mañana siguiente, los niños contaron a su padre lo sucedido. Como el pescador había amado a su mujer, se llenó de tristeza, pero se alegró por el tiempo que habían pasado juntos.

Las selkies suelen ser del género femenino. Sin embargo, hay selkies machos que llegan a tierra y se transforman en humanos. Los selkies machos son conocidos por su buen aspecto y su capacidad para hipnotizar a las mujeres. Cuando llegan a tierra, persiguen a las mujeres que están infelizmente casadas. Cuando la esposa descontenta está lista para una nueva pareja, solo tiene que llorar siete lágrimas en el océano. Un selkie macho mudará su piel y vendrá a tierra a rescatarla.

Cuando una mujer tiene una aventura o abandona a su marido, se cree que un selkie macho la ha tentado. Los selkies machos también explican lo ocurrido a las mujeres desaparecidas, ya que un selkie debe de haberse llevado a una nueva amante a su hogar en el agua.

Todas estas historias de amor terminan con alguien triste y desamparado. Las selkies son amantes apasionadas y amables. Sin embargo, para las selkies no hay amor más grande que el mar.

Capítulo 12: Nueve doncellas y un gaitero fantasma

Los cuentos y mitos populares que se transmitían oralmente de generación en generación en Escocia y otros lugares celebraban las maravillas naturales de una zona y proporcionaban orientación sobre cómo respetar el entorno. También explicaban aspectos de la vida que parecían incomprensibles. Pero no todas las criaturas mágicas de Escocia vivían en lagos u océanos. También florecieron mundos imaginarios llenos de criaturas sobrenaturales.

Una zona que, según se decía, estaba llena de hadas eran las Sidlaws, unas colinas situadas al norte de la ciudad de Dundee, en Escocia. Las hadas moraban en la Tierra para intervenir en la vida de sus vecinos humanos. A veces, las hadas buscaban ayudar a los mortales; en otras ocasiones, los seres sobrenaturales eran traviesos bromistas.

La Piedra de Balluderon, también conocida como Piedra de Martín
Val Vannet; https://commons.wikimedia.org/wiki/File:Martin%27s_Stone_-_geograph.org.uk_-_14993.jpg

En la base de las Sidlaws se encuentra la Piedra de Martin. El trozo de piedra roto es un resto de una piedra simbólica anhelada por los pictos. Los pictos eran un grupo de tribus que vivieron en Escocia desde el año 100 de la era cristiana hasta alrededor del 900 de nuestra era. Tallaban detalles en piedras que aún hoy se descifran. La investigación actual sobre el propósito de las piedras con símbolos pictos teoriza que las piedras elaboradamente grabadas conmemoraban acontecimientos significativos, personas importantes y/o establecían límites de propiedad. También es posible que los pictos utilizaran los símbolos de las piedras para rastrear información sobre los miembros de sus tribus.

La leyenda cuenta la historia de *Las nueve doncellas de Dundee* y la Piedra de Martin. El relato se sitúa cerca del pueblo de Dundee, en la base de los Sidlaws. Muchos años atrás, un padre viudo y sus nueve hijas cuidaban sus tierras en la granja de Pitempton. La familia cultivaba felizmente sus plantas y jardines. Cada vez que recogían la cosecha, la familia la compartía con todos los habitantes del pueblo.

Después de un largo y agotador día de desherbar y trabajar en el campo, necesitaban agua del pozo del pueblo. Así que el granjero pidió a su hija mayor que caminara hasta el pozo para conseguir un cubo de agua. Aunque el trayecto solo debía durar unos minutos, el granjero no se preocupó cuando su hija no regresó. Pidió a su segunda hija mayor que fuera al pozo a ver cómo estaba la mayor.

El tiempo siguió pasando más lentamente porque ni la hija mayor ni la segunda hija mayor volvieron a casa. A continuación, la tercera hija mayor fue enviada al pozo del pueblo. Tampoco regresó. El padre siguió enviando a sus hijas hasta que se quedó solo en casa.

Confuso y angustiado, el granjero supo que tenía que ir él mismo al pozo. Entró corriendo en el pueblo y corrió hacia el pozo. Una mirada lo sobrecogió y se derrumbó de dolor. Sus nueve hijas estaban muertas. Destrozados y entrelazados, los cuerpos de sus hijas muertas se amontonaban junto al pozo. Mirando a sus hijas, el granjero vio un dragón con forma de serpiente.

Desolado, el granjero supo que necesitaba ayuda. Se recompuso y corrió hacia el centro del pueblo. En su camino, se encontró con Martin. Gritó sobre la desdichada escena con la que se había topado e informó a Martin de que su hija mayor había muerto. Martin estaba prometido a ella, por lo que estaba tan furioso como su padre.

Martin era el herrero del pueblo y corrió a su herrería. Allí recogió su lanza y su caballo para combatir al dragón. Galopó hasta el pozo que el dragón había convertido en su guarida. Buscando vengar la muerte de su amada y sus hermanas, Martín luchó sin miedo contra la bestia viciosa.

El dragón se abalanzó sobre Martín, que se alejó rápidamente al galope. Intentando confundir al dragón, Martín corrió por los campos abiertos de la aldea. El dragón mordió el anzuelo y le pisó los talones a Martín y a su caballo. Ambos se rodearon mutuamente mientras Martín intentaba apuñalar al dragón con su lanza. Sin embargo, el siseante dragón siguió eludiéndolo.

Martin sabía que necesitaba ayuda para derrotar al dragón, así que cabalgó hasta la siguiente aldea para conseguir ayuda. Los aldeanos salieron corriendo de sus casas, tras escuchar la desgarradora noticia del granjero y sus nueve hijas. Muchos de los aldeanos también tenían familiares que habían muerto a manos del dragón, así que estaban ansiosos por ayudar.

Con Martin a la cabeza, los aldeanos pusieron un cebo al dragón y lo condujeron a un lago cercano. Con una chapoteo y gemidos aterradores, el dragón se sumergió en el agua. Luchó por salir, escupiendo agua sobre todos sus perseguidores.

La persecución continuó, pero el dragón era ahora más lento debido a toda el agua que había ingerido. Martin tuvo la oportunidad perfecta para matar al dragón. Los aldeanos, Martin y el dragón se encontraron en un prado cercano. Lleno de ira y con el corazón roto, Martin empuñó con fuerza su lanza y se preparó para asestar un golpe. Sin embargo, dudó un segundo, lo que provocó que su lanzamiento no alcanzara al dragón.

Agitándose con furia, el dragón empezó a arremeter contra la multitud. Los aldeanos, percibiendo un cambio en el control de la batalla, animaron a Martin a gritos. Ansiosos por presenciar la muerte del dragón, gritaron: «¡Golpea, Martin!».

Martin sabía que tenía que actuar de inmediato. Con todas sus fuerzas, Martin blandió su lanza y golpeó al dragón directamente en el corazón. Chillando de dolor, el dragón se desplomó. La multitud gritó de júbilo: por fin se habían librado del reino de terror del dragón.

En el lugar donde se produjo el acto final, se colocó una piedra en conmemoración de las nueve hijas del granjero y de las heroicas acciones de Martin. Los grabados de la Piedra de Martin, que pueden haber sido realizados por los pictos, relatan los detalles de la historia. La piedra puede contemplarse aún hoy y sigue situada en su emplazamiento original. Solo queda la mitad de la piedra original de cuando fue tallada en los siglos VIII o IX. Hoy en día, la piedra está protegida por una valla de hierro en el campo donde tuvo lugar la batalla entre Martín y el dragón. Las imágenes desgastadas de la piedra incluyen un jinete sobre un caballo que parece trotar, un segundo jinete bajo una cruz celta y el símbolo picto de la bestia.

Tras el incidente, el pueblo recibió el nombre de Strathmartine en honor a Martin. El nombre del pueblo es para recordar el apoyo que

Martin recibió de la multitud con el pregón «Strike, Martin» (Golpea, Martin), que se convirtió en Strathmartine. Hoy en día, el pueblo se llama Bridgefoot. La Piedra de Martin está a una milla al norte del centro del pueblo.

En el centro de Dundee, en High Street, se encuentra la estatua de un dragón que recuerda la leyenda. Por todo Dundee encontrará otros dragones que complementan las imágenes pictas de la batalla.

Imagen del dragón de Dundee
Kenneth Allen; https://commons.wikimedia.org/wiki/File:Dundee_dragon_-_geograph.org.uk_-_777300.jpg

Otros cuentos y textos religiosos hacen referencia a nueve doncellas. Por ejemplo, está la historia de san Donald de Ogilvy. Ogilvy se encuentra a unas millas al norte de Sidlaws, por lo que está cerca de donde transcurrió la historia de Martin. Donald de Ogilvy también tuvo nueve hijas. Tras la muerte de su esposa, Donald convirtió su hogar en un lugar de oración, sacrificio y vida sencilla.

Este estilo de vida enclaustrado se mantuvo hasta que murió el padre de las nueve doncellas. Según la historia, tras su muerte, las nueve hermanas ingresaron en el monasterio de Abernethy. Algunas versiones dicen que el rey de los pictos invitó a las hermanas a unirse al monasterio. Las investigaciones han descubierto que los pictos fundaron una catedral en Abernethy ya en el año 700. En el lugar se descubrieron pruebas de piedras con símbolos pictos.

La leyenda también habla del rey picto Garnard, que invitó a las hermanas a vivir en su claustro, proporcionándoles su propio espacio de oración dentro del monasterio. Mientras vivieron allí, las nueve doncellas continuaron el estilo de vida que llevaban con su padre. Cada una de las hermanas fue enterrada en el monasterio tras su muerte. Se creó una secuencia de paneles de madera grabados para contar la historia de las hermanas. Están expuestos en la sala de oración de la capilla. Desgraciadamente, los paneles fueron destruidos durante la Reforma protestante.

Las Nueve Doncellas han sido veneradas por su estilo de vida monástico y su devoción a su padre y entre ellas. En otra versión de las nueve doncellas, el amor y el acto de venganza de Martín por la doncella mayor es una conmovedora historia de amor.

Al igual que su historia recorre los alrededores de la Piedra de Martin, también lo hace la persistente melodía de los gaiteros fantasmas. Gaitas y Escocia son sinónimos para muchos. Muchos festivales y celebraciones tradicionales incluyen gaiteros. Se tiene constancia de la existencia de gaitas desde el año 1000 antes de Cristo. En los antiguos y fantasmagóricos castillos, cuevas y túneles de antaño, emanan leyendas e historias de misteriosa música de gaiteros.

Una de ellas es la del gaitero fantasma de la bahía de Clanyard. Historias de antaño hablan de hadas que habitan las cuevas y túneles que se encuentran en las calas de la costa escocesa. Algunos de estos lugares fueron compartidos más tarde con piratas y contrabandistas. Los bucaneros escondían sus alijos robados en la red de túneles. Para mantener a la gente alejada de los bienes que habían arrebatado a otros, contrabandistas y piratas continuaron con las historias de las cuevas encantadas.

Se sabía que las hadas habitaban el tramo de calas y ensenadas que va desde la ensenada de Grennan hasta la bahía de Clanyard. Los habitantes de la zona no se atrevían a entrar en el reino de las hadas. Sin embargo, un día, un joven gaitero se aventuró voluntariamente en las cuevas. Creía firmemente que marcharía a través de las cuevas y aparecería en la bahía de Clanyard.

El gaitero empezó a tocar una hermosa melodía. Mientras llenaba el aire con su música, él y su fiel perro se dirigieron hacia las cuevas. Durante horas, los lugareños pudieron oír las majestuosas notas de la flauta. Como en un concierto, el fiel compañero del gaitero aullaba al ritmo de la música. Con el paso del tiempo, los sonidos comenzaron a desvanecerse a medida que el gaitero se adentraba en las cuevas.

De repente, los acordes de la música se asemejaron al sonido de un aullido. Tan rápido como empezó, se detuvo. Entonces solo se hizo el silencio.

El perro del gaitero salió corriendo de las cuevas. Ladrando y chillando, el perro corrió hacia la gente del pueblo. El aterrorizado perro no tenía pelo, y el gaitero no aparecía por ninguna parte. Nadie volvió a ver al gaitero.

Ahora desiertas, las cuevas son un lugar abandonado. Desde la desaparición del gaitero, no se ha visto ni oído hablar de las hadas en esta zona. O las hadas han abandonado esta parte de Escocia, o los seres sobrenaturales han cavado cuevas más profundas.

En las cálidas tardes de verano, todavía se puede oír a lo lejos la música de gaitas que emana de la bahía de Clanyard. El gaitero vive eternamente a través de su música.

En la isla de Skye ocurrió algo parecido. Allí había una escuela de gaiteros. Una famosa familia local buscaba un ayudante de gaitero para su banda. Se trataba de un puesto muy codiciado y prestigioso. Para hacerlo más emocionante, se iba a seleccionar a un estudiante de la escuela local de gaiteros.

Con grandes esperanzas, todos los estudiantes empezaron a practicar en serio. Todos querían el puesto. Uno de ellos lo deseaba más que nada en el mundo. Cogió su gaita y practicó y practicó. Por desgracia, no tenía talento. Pero siguió intentándolo. Llevó sus gaitas a practicar cerca del lago local para inspirarse. Incluso él podía oír que su música era deficiente.

Exasperado, tiró la gaita al suelo. Se tumbó en la loma cubierta de hierba y lloró. De repente, el frondoso montículo verde se abrió y una hermosa mujer emergió del mundo subterráneo. Ella le preguntó al angustiado joven por qué lloraba y estaba tan alterado. Él le explicó a la bella mujer que había una vacante de gaitero y lo mucho que significaba para él el puesto de ayudante de gaitero.

Después de reflexionar sobre la situación del joven, la mujer le dijo al gaitero que podría tener una solución. Le pidió que pensara en dos ideas diferentes. Mientras pensaba, el gaitero tenía que determinar cuál creía que era la mejor opción para él. ¿Quería ser un gaitero conocido que realmente no tocaba bien? ¿O quería ser un gaitero increíble que no fuera reconocido ni conocido?

El joven gaitero pensó en las opciones y le dijo a la mujer que quería ser un gran gaitero. Sin embargo, le preocupaba no poder tocar nunca bien. Ella le dijo que podía ayudarlo. El hada le entregó un puntero mágico (la parte de la gaita que produce la melodía) y le dijo que empezara a tocar. El joven gaitero puso el puntero en su gaita y empezó a tocar.

Una música increíble flotaba en el aire. Entonces, el hada le dijo el trato. Siempre que el gaitero estuviera contento con su vida, su música reflejaría su felicidad. Sus melodías harían cantar y bailar a todo el mundo. Los días difíciles que entristecían al joven creaban sonidos melancólicos. La gente que lo escuchara lloraría.

Para que el joven se quedara con el puntero de plata y pudiera controlar la música que creaba, tuvo que aceptar una cosa más. Cada vez que el hada llamaba al gaitero, este debía responder inmediatamente. Preguntó al joven si estaba de acuerdo con estas condiciones. Estaba tan entusiasmado con su capacidad para tocar que aceptó de buen grado.

Tan pronto como regresó, se convirtió en el ayudante del gaitero del castillo local. Poco a poco fue ganando importancia en la banda de gaiteros del castillo. Con el tiempo, se casó y tuvo hijos, que también eran increíbles gaiteros. Él y su familia se hicieron famosos, pero se había olvidado por completo del hada que le había regalado el puntero de plata.

Un día, de la nada, el hada le hizo señas para que fuera a la cueva donde se conocieron. Alegre, se dirigió a la loma cubierta de hierba mientras tocaba la gaita. Su fiel perro trotaba a su lado. Incluso su familia caminaba con él. Se detuvieron en el puente que conducía a la ladera cubierta de hierba.

Siguió tocando a la vista de su familia hasta que llegó a la cueva Dorada. Incluso cuando ya no podían verlo a él ni al perro de la familia, seguían oyendo su melodía. De repente, se hizo el silencio. El perro sin pelo corrió de vuelta con la familia, pero nunca más volvieron a ver al gaitero.

Otra historia de un gaitero está relacionada con la guerra civil inglesa. En Escocia, la gente estaba dividida en esta guerra; algunos eran leales a la Corona, mientras que otros apoyaban al Parlamento. Dos clanes muy conocidos en Escocia diferían sobre a quién apoyaban.

Castillo de Duntrune

Patrick Mackie, CC BY-SA 2.0 <https://creativecommons.org/licenses/by-sa/2.0>, vía Wikimedia Commons; https://commons.wikimedia.org/wiki/File:DuntruneCastle(PatrickMackie)Jun2006.jpg

Su desacuerdo fructificó en el castillo de Duntrune, en Argyll, Escocia. Uno de los clanes, los MacDonald, estaba liderado por Coll o Colkitto. Coll tenía su propio gaitero para dirigir a sus hombres en la batalla. En el castillo de Duntrune, Coll planeó un ataque contra los Campbell. Hay múltiples versiones de lo que sucedió a continuación.

Según una de ellas, el gaitero fue enviado con un grupo de avanzada para espiar a los Campbell. Los Campbell se dieron cuenta de la presencia de los intrusos y los capturaron. El gaitero de Coll fue encerrado en la habitación de la torre. En otra historia, Coll tomó el control del castillo. Una vez asegurado el castillo, Coll dejó a algunos de sus hombres y al gaitero para que mantuvieran el control mientras él continuaba sus batallas por el campo. Tras las batallas, Coll planeó regresar al castillo de Duntrune. Sin embargo, los Campbell derrocaron a sus atacantes y recuperaron el castillo.

En ambas versiones, Coll se acercó al castillo. El gaitero pudo ver que Coll y sus tropas avanzaban. Para advertir a Coll, el gaitero empezó a tocar la gaita. Tocaba con gusto, y las melodías se perdían en la distancia. La música llegó hasta Coll. Mientras escuchaba la música, observó que había algo diferente en los sonidos. Su preciado gaitero estaba enviando una advertencia a través de su música.

Haciendo caso a las notas de precaución, Coll y sus tropas se retiraron. Cuando los Campbell vieron su retirada, se dieron cuenta de lo que había hecho el gaitero. En represalia, el clan le arrebató su medio de vida. Le cortaron los dedos y murió desangrado.

Durante años, las melodías del gaitero se escucharon por todo el castillo. La leyenda cuenta que años después se encontró un esqueleto en la muralla del castillo. El esqueleto no tenía dedos.

CUARTA SECCIÓN:
Poderes superiores y supersticiones

Capítulo 13: Dioses y diosas irlandeses

Los dioses de los cuentos irlandeses eran representados a menudo como estatuas. Además, las figuras clave eran individuos física e intelectualmente convincentes. Un poder extraordinario que tenían muchos de estos seres sobrenaturales era la capacidad de alterar su forma física. Con su talento para cambiar de forma, los dioses podían eludir a sus captores y los problemas.

Representación del Otro Mundo
https://commons.wikimedia.org/wiki/File:Irishfairytales01step_0137.jpg

Aunque las deidades fallecieran, perduraban en las historias y a menudo se reencarnaban. La vida después de la muerte no era solo para los dioses; los antiguos celtas también creían en su transferencia a otro mundo. Una vez que el alma pasaba al Otro Mundo, la vida continuaba.

Los antiguos irlandeses adoraban a múltiples dioses y diosas. Aunque se desconoce el origen de muchas de estas deidades, otras están relacionadas con los Tuatha Dé Danann. Los Tuatha Dé Danann eran una raza de seres sobrenaturales semejantes a dioses. Los Tuatha Dé Danann habitaron Irlanda hace miles de años. En su batalla por el control de la actual Irlanda, los Tuatha Dé Danann perdieron frente a los milesianos, antepasados de los irlandeses.

Se cree que el nombre Tuatha Dé Danann significa la tribu de la diosa Danu, una de las muchas diosas de la antigua Irlanda. Se cree que fue ella quien guió y apoyó a los Tuatha Dé Danann. Con el apoyo de Danu, los Tuatha Dé Danann pudieron desarrollar sus poderes y su magia. La mítica niebla que envolvió a los Tuatha Dé Danann cuando llegaron en picado y se establecieron en Irlanda representaba la alentadora protección de Danu hacia su pueblo.

Danu, una diosa importante, es considerada una diosa madre, ya que todos los Tuatha Dé Danann son sus descendientes. Aunque se la considera una de las primeras diosas irlandesas, solo se conservan fragmentos de información sobre ella. Gran parte de lo que se conoce y venera de Danu es a través de su linaje, que demuestra su poder y talento.

En la antigua lengua irlandesa, *dan*, la raíz del nombre de Danu, está relacionado con el talento artístico y la perspicacia. Por lo tanto, se cree que el origen de las habilidades y destrezas de los Tuatha Dé Danann eran favores que Danu había concedido a sus seguidores. Todos en la tribu confiaban en Danu por sus proezas, y todos en Irlanda están conectados con Danu, dependiendo de ella en busca de sabiduría y bendiciones.

Un mito irlandés de la creación cuenta la historia de Danu y Donn, de los primeros dioses y diosas de Irlanda. Ambos emanaron del Gran Vacío, la nada anterior a la creación del mundo. Creados para ser compañeros, los dos se hicieron inseparables. Una versión habla del gran amor que sentían el uno por el otro. Su amor produjo un resplandor bendito en sus corazones.

Poco después, la pareja tuvo hijos. Esto creó un problema, ya que la pareja estaba muy unida. Uno de los niños, Brian, se dio cuenta de que él y sus hermanos no sobrevivirían si permanecían confinados entre sus dos padres. El tiempo se agotaba; era imperativo que Brian convenciera a su madre para que los dejara escapar. Danu tenía que decidir entre salvar la vida de sus hijos o estar con Donn.

Su amor por sus hijos triunfó sobre su amor por Donn. La única opción de Brian era matar a su padre. Blandiendo su espada, Brian cortó a su padre en nueve partes. Angustiada por la muerte de Donn, Danu sollozó. Sus lágrimas se mezclaron con la sangre de Donn. Conocidas como las Aguas del Cielo, las lágrimas de Danu crearon los océanos y mares del mundo. Los hijos de Danu fueron arrastrados por las aguas y aterrizaron en la Tierra.

Las nueve secciones del cuerpo de Donn formaron otras partes del mundo natural. Los cielos se formaron a partir de su cabeza. Su cerebro dio forma a las nubes. El sol y la luna surgieron de la cara y la mente de Donn, respectivamente. Sus huesos crearon las piedras de la Tierra, y el viento era el aliento de Donn.

Algunas versiones del mito celta de la creación continúan con la formación de los Tuatha Dé Danann por Danu. Cuando Danu lloró la muerte de Donn, vio semillas en sus lágrimas. Dentro de las semillas estaba Donn. Una vez formada la Tierra, las lágrimas de Danu comenzaron a inseminar la Tierra. Eochaidh, una de las semillas de las lágrimas de Danu, creció hasta convertirse en un enorme roble. Dos bellotas cayeron del gran roble. Las lágrimas de Danu nutrieron las bellotas, que se convirtieron en Nemed. De Nemed y su tribu surgieron los Tuatha Dé Danann, o la tribu de Danu.

Otra deidad importante para los Tuatha Dé Danann era el Dagda. Su nombre se traduce como dios bueno, y bueno se refiere a lo hábil y poderoso que era. Dagda era el líder de los Tuatha Dé Danann. Como dios guerrero, tenía poder sobre los reinos sobrenatural y mortal. Dagda tiene muchos nombres debido a sus múltiples talentos. Cada nombre proporciona información sobre sus talentos y funciones. Sus responsabilidades y control abarcan desde la vida hasta la muerte y las estaciones, lo que lo convierte en un «dios padre».

Además de sus habilidades, Dagda poseía tres riquezas veneradas. La primera era uno de los cuatro tesoros de los Tuatha Dé Danann: un caldero mágico de la abundancia. Nadie que viajara o luchara con Dagda pasaría hambre jamás. Solo en el cucharón del enorme caldero cabían tumbados dos de los poderosos guerreros de Dagda. La comida del caldero siempre se compartía, en representación de la bondad de Dagda. En la batalla, las tropas de Dagda siempre quedaban saciadas con un abundante festín. Pero su magia iba más allá de la comida, ya que el caldero podía resucitar a los muertos.

El feroz garrote de Dagda tenía la capacidad de determinar la vida y la muerte. Un extremo del garrote podía matar a cualquier enemigo. El otro extremo podía resucitar a los muertos. El garrote de Dagda era tan poderoso que podía matar a nueve hombres de un solo golpe. Su gigantesco *lorg mór* (que podía ser un bastón, un garrote o un palo) se transportaba sobre ruedas de una batalla a otra. Cuando se arrastraba por el campo, dejaba cavernosos surcos que se utilizaban para señalar las fronteras entre provincias.

La tercera de sus herramientas mágicas era un arpa decorativa de roble. Cuando Dagda tocaba su arpa, su música provocaba tres resultados diferentes. Los oyentes acababan durmiendo, riendo o afligidos. El arpa también tenía el poder de cambiar las estaciones.

Antes de las batallas, Dagda tocaba música para que sus hombres se concentraran en sus tareas. Una vez terminada la batalla, Dagda volvía a tocar el arpa. Su música ayudaba a sus guerreros a curarse de sus heridas físicas y a llorar la pérdida de compañeros.

Uno de los enemigos a los que se enfrentaron los Tuatha Dé Danann fueron los fomoré, que habían oído hablar del arpa de Dagda. Los fomoré sabían que capturar el arpa les aseguraría la victoria. Durante una batalla, algunos fomoré fueron enviados a la casa del Dagda mientras los Tuatha Dé Danann estaban en el campo de batalla. Suponiendo que sus tropas saldrían victoriosas, los fomoré y sus familias se fugaron con el arpa y esperaron las buenas noticias.

Los Tuatha Dé Danann se impusieron a los fomoré y ganaron la batalla. Después de la batalla, Dagda fue a tocar el arpa. Cuando descubrieron que había desaparecido, Dagda y sus hombres la buscaron. Localizaron a los fomoré rodeando el arpa en un castillo desierto.

Sin embargo, como se trataba de un instrumento mágico, Dagda no tuvo más remedio que llamarla. En ese momento, los fomoré cogieron sus armas, listos para luchar de nuevo. A pesar de la inferioridad numérica, Dagda empezó a tocar con calma.

Su primera canción hizo sollozar a los fomoré. Luego cambió la melodía y tocó canciones alegres, causando gran alegría y risas. Esto hizo que los fomoré abandonaran sus armas. Para terminar su popurrí, Dagda rasgueó canciones para dormir. Cuando todos los fomoré se durmieron, Dagda y sus hombres regresaron a sus hogares. Habían ganado la batalla. Nadie volvió a intentar robar el arpa.

Los poderes mágicos del Dagda ayudaron al nacimiento de su hijo, Aengus. Aunque estaba casado con Morrígan, el verdadero amor de Dagda era Boann. Sin embargo, Boann estaba casada. Su marido, Elcmar, era juez de los Tuatha Dé Danann. En su papel de líder, Dagda podía influir en dónde y cuándo Elcmar tenía que desempeñar sus funciones judiciales.

Para tener tiempo con Boann, Dagda ordenó a Elcmar que se reuniera con el rey supremo Bres. Dagda y Boann consumaron su afecto mutuo, lo que resultó en el embarazo de Boann. Para protegerse a sí mismo, a su amante y a su hijo nonato, Dagda utilizó su poder mágico para mantener el sol en su lugar durante nueve meses. Dagda hizo que el tiempo se detuviera.

Así, Boann concibió y dio a luz a un niño en un solo día. Llamado Aengus por su vigor, representa la eterna juventud debido a su periodo de gestación de veinticuatro horas. Además de su papel como dios de la vitalidad juvenil, Aengus representa el amor y el uso poético del lenguaje. Este talento fue utilizado por Aengus para conspirar con su padre y engañar a Elcmar.

El hogar de Elcmar y Boann estaba en Brú na Bóinne. Aengus y Dagda estaban de viaje y pararon en casa de Elcmar para visitarlos. Allí, Aengus preguntó a Elcmar si él y Dagda podían quedarse un día y una noche. Elcmar aceptó de buen grado. Más tarde, Elcmar se dio cuenta del error que había cometido al apresurarse a ser hospitalario. En irlandés antiguo, la expresión «un día y una noche» significaba en realidad todos los días y todas las noches. Elcmar había renunciado a su hogar.

El primer amor de Aengus le causó dolor. Étaín era una belleza impresionante, pero era mortal. Cuando Aengus vio a la encantadora Étaín, se enamoró. Complicando la potencial relación estaba Midir. Dagda era el padre tanto de Aengus como de Midir; de hecho, Midir había criado a Aengus. Además, Midir ya estaba casado con Fúamnach.

Los dos hermanos rivalizaban por el afecto de Étaín. Al final, Étaín eligió a Midir, que abandonó a su esposa. En su ira, Fúamnach, una hechicera, transformó a Étaín en una mosca. Luego creó ráfagas de viento para barrer a Étaín de sus vidas. Aengus estaba furioso con Fúamnach. Utilizó sus habilidades místicas para localizar a Étaín. Aengus creía que podría cuidar de Étaín y devolverle su antigua belleza.

Sin embargo, antes de que Étaín pudiera transformarse, cayó sobre una copa de vino. La esposa de un guerrero del Ulster bebió mucho de la copa, ingirió a Étaín y se quedó embarazada. Étaín se reencarnó, pero no recordó a Aengus ni a Midir.

Furioso por haber perdido al amor de su vida, Aengus buscó a Fúamnach. En su ira, la decapitó. El dios que representa el amor mató para proteger a su amada de cualquier daño adicional.

La diosa irlandesa de la poesía es la hermanastra de Aengus, Brigid. Hija de Dagda a través de su matrimonio con Morrígan, Brigid formaba parte de los Tuatha Dé Danann. Estaba relacionada con Imbolc y supervisaba muchos aspectos de la vida. Se la consideraba la diosa de la poesía, la curación, el fuego, la vida familiar y el parto.

Representación de Brigid
https://commons.wikimedia.org/wiki/File:Thecomingofbrideduncan1917.jpg

En algunos mitos, Brigid está casada con Bres, que también formaba parte de los Tuatha Dé Danann. El padre de Bres, Elatha, era fomoré, y su madre, Ériu, es la homónima de Irlanda. Después de que el líder de la tribu, Nuada, resultara herido en la primera batalla de Magh Tuired (también llamada Moytura), Bres fue nombrado rey supremo.

Como Bres era en parte fomoré, fue elegido rey, ya que los Tuatha Dé Danann buscaban mejorar su relación con los fomoré. El matrimonio de Brigid y Bres fue también una forma de poner fin a la enemistad entre los dos grupos. De su relación nació un hijo, Ruadan.

Sin embargo, Bres no fue un rey eficaz. Favoreció a los fomoré e hizo que los Tuatha Dé Danann trabajaran para ellos. Impuso elevados impuestos, sumiendo a los Tuatha Dé Danann en la pobreza. Lo peor de todo es que su reinado no evitó la siguiente batalla.

Antes del comienzo de la segunda batalla de Magh Tuired, Nuada reasumió el liderazgo de los Tuatha Dé Danann, y Bres se alió con los fomoré. La batalla iba bien para los Tuatha Dé Danann. Entonces, los fomoré enviaron a buscar a Ruadan, que fue bien recibido por ambos bandos debido a su linaje.

Después de cada batalla, los Tuatha Dé Danann heridos volvían con espadas afiladas para luchar contra los fomoré. Los fomoré preguntaron a Ruadan cómo era posible. Él explicó que los guerreros eran tratados por el médico de los Tuatha Dé Danann, Dian Cécht. Tras los enfrentamientos, los combatientes se sumergían en el pozo de Slaine de Dian Cécht y recuperaban la salud.

Otro recurso con el que contaban los Tuatha Dé Danann era su herrero. Diariamente, las lanzas y otras armas eran afiladas por Goibniu, que manejaba la forja. Los fomoré convencieron a Ruadan de que debía ayudarles matando a Goibniu.

Ruadan fue a ver a Goibniu a la forja y le pidió una nueva lanza. Goibniu, que no sospechaba nada malicioso, accedió de buena gana. Él y sus compañeros artesanos crearon una lanza hermosa y mortal. Se la entregó a Ruadan, ansioso por escuchar sus elogios. Ruadan levantó la lanza por encima de su cabeza como si probara su peso antes de clavar el arma en Goibniu.

El herrero herido arrancó la lanza de su cuerpo y se la clavó a Ruadan. Como Ruadan había elegido ponerse del lado de los fomoré, no tenía derecho al pozo de Slaine de Dian Cécht. Y en el suelo de la fundición, el joven Ruadan murió.

Hay múltiples versiones que detallan su muerte. Un relato dice que ocurrió en la fundición, mientras que, en otra versión, el hecho ocurrió en el campo de batalla.

Brigid corrió al lugar de la muerte de su hijo. Su inconsolable desesperación fue escuchada por los fomoré y los Tuatha Dé Danann. Sus gritos fueron la primera vez que se oyeron lamentos en los campos de Irlanda. Sus poéticos lamentos iniciaron la tradición irlandesa de los quejidos (lamentos vocalizados de los muertos) en las tumbas. La diosa de la vida y la muerte, que protege los cementerios, demostró su conexión con todos con su muestra de dolor.

La misma batalla que causó tanto dolor a Brigid dio lugar a un nuevo líder: el dios Lugh. Al igual que Ruadan, el linaje de Lugh era una mezcla de Tuatha Dé Danann y fomoré. En la segunda batalla de Magh Tuired, Lugh tuvo que luchar contra su abuelo, Balor. Balor, también conocido como Ojo Maligno, solo tenía un ojo. El enorme párpado pesaba tanto que se necesitaban cuatro hombres para abrirlo. Los enemigos que se atrevían a mirarlo al ojo quedaban incapacitados.

Lugh poseía uno de los cuatro tesoros de los Tuatha Dé Danann: *Gáe Assail* o la lanza de Assal, que tenía poderes mágicos. La lanza nunca fallaba su objetivo. Una vez cumplida su misión, volvía a la mano de su lanzador. Cuando no se utilizaba, se sumergía en un caldero de agua; de lo contrario, la lanza prendía fuego a todo lo que se encontraba cerca.

Durante los duros combates, Balor decapitó a Nuada, rey supremo de los Tuatha Dé Danann. Lugh arrojó su lanza al ojo de su abuelo, lo que condujo a la victoria de los Tuatha Dé Danann. Los fomoré fueron expulsados de Irlanda y Lugh fue proclamado rey de los Tuatha Dé Danann. Gobernó un reino pacífico durante más de cuarenta años.

Capítulo 14: Dioses y diosas británicos

Los actuales países que forman parte de Gran Bretaña comparten muchas deidades similares entre sí.

La manifestación física más conocida de un sistema de creencias míticas en Gran Bretaña es Stonehenge. Hace más de cinco mil años, durante el Neolítico, se construyó Stonehenge. El Neolítico es la última parte de la Edad de Piedra. Durante esta época, los pueblos antiguos empezaron a dejar de ser nómadas para asentarse en aldeas.

Cuando la gente empezó a crear pueblos semipermanentes, los lugares de enterramiento de los muertos pasaron a formar parte del paisaje. El culto a los antepasados, las creencias en la vida después de la muerte y las conexiones entre los vivos y los muertos han formado parte de las culturas durante siglos. Sin embargo, no se sabe si este tipo de estructura de creencias empezó a desarrollarse durante el Neolítico. Independientemente de ello, se produjo la formación de megalitos. Los megalitos son grandes piedras ensambladas siguiendo algún tipo de patrón. Se cree que los megalitos servían como monumento o memorial.

Aunque no existe una respuesta definitiva a la pregunta de por qué se construyó Stonehenge, forma parte del conjunto de megalitos atribuidos a quienes vivieron hace más de cinco mil años. Las pruebas demuestran que la fase final de la construcción de Stonehenge se completó como máximo entre 1500 y 1200 a. C. Las piedras utilizadas para Stonehenge fueron trasladadas a 240 o 320 kilómetros de su ubicación original.

Muchos investigadores utilizan este hecho como prueba de que Stonehenge debió de crearse con un importante propósito religioso. La ardua tarea de arrastrar manualmente rocas a tal distancia solo pudo realizarse para rendir culto a antepasados o deidades. Además, otras culturas utilizaban solo determinadas piedras en la creación de monumentos a sus muertos y dioses. Se creía que algunas formaciones rocosas podían transmitir conexiones de este mundo al sobrenatural.

Imagen de Stonehenge
Uso libre bajo licencia Unsplash. Jack B., https://unsplash.com/photos/aJj87xsnVQA

La orientación de las piedras de Stonehenge está relacionada con los amaneceres de pleno verano y los atardeceres de pleno invierno, o con los solsticios de verano e invierno. Muchas otras culturas antiguas tienen dioses asociados con el cambio de las estaciones. Cualquier deidad asociada a Stonehenge podría estar relacionada con el culto a los antepasados, las cosechas abundantes, la fertilidad, la curación o quizás con algo totalmente distinto.

Al igual que leer o escuchar mitos e historias de dioses, Stonehenge ofrece a los visitantes una visión de una cultura del pasado. Y al igual que algunas de estas historias nos dejan asombrados, Stonehenge hace lo mismo.

Aunque no hay historias o deidades específicas ligadas a Stonehenge, sí hay muchos seres sobrenaturales y relatos de Gran Bretaña. Muchos de ellos han evolucionado hasta convertirse en folclore, pero sus orígenes ayudaron a los pueblos antiguos a desarrollar sus sociedades basándose en un sistema de valores. A menudo, la gente aprendía rasgos que emular y evitar a través de estos cuentos.

Los dioses y diosas británicos reinaban sobre los humanos de las actuales Escocia, Gales e Inglaterra. Las hazañas de estas deidades aparecen principalmente en el *Mabinogion*. En esta colección aparecen un total de once relatos. Originalmente, estos relatos se compartían oralmente de generación en generación. Como ocurre con otros mitos, las historias evolucionaron con el paso del tiempo, con variaciones infundidas por diferentes narradores.

También conocida como las *Cuatro Ramas*, esta colección de deidades, junto con sus reinos y tierras, lenguas y hazañas ha inspirado otras muchas obras de ficción. Las referencias a la leyenda de Arturo aparecieron por primera vez en estas obras. Muchos dioses de Inglaterra, Gales y Escocia fueron plasmados en estas historias, la mayoría de los cuales procedían de dos familias rivales: los hijos de Dôn y los hijos de Llŷr (Lir).

Los hijos de Dôn representan la luz. Su matriarca era la hija de Mathonwy, Dôn (Mathonwy era el rey de Gwynedd). En algunas versiones, el marido de Dôn es desconocido; en otras, su marido es Beli, el dios de la muerte. La diosa tuvo al menos seis hijos. Eran dioses familiares o líderes de los hijos de Dôn. Se la considera análoga a la diosa Danu, una diosa irlandesa. Ambas diosas proliferaban su liderazgo a través de sus hijos.

Análogo al dios irlandés Bile es Beli, hijo de Mynogian, que fue el gobernante de Britania. A menudo se lo llama Beli Mawr. Al igual que en las historias de Dôn, el número de hijos que tuvo y con quién varían. La mayoría de las fuentes se refieren a los hijos de Dôn y Beli como los Hijos de la Luz.

Llŷr representa a los hijos de la Oscuridad en los relatos del *Mabinogion*. Llŷr era el patriarca de la familia, y él y su familia entraban a menudo en conflicto con la familia de Dôn y Beli. Llŷr estaba casado con Penarddun, y tuvieron tres hijos. Sus dos hijos fueron Bran y Manawydan, mientras que Branwen era su hija. Se cree que Penarddun era hermana de

Beli Mawr. Penarddun también tuvo dos hijos con Euroswydd. Se llamaban Nisien y Efnysien.

En la segunda rama o parte del *Mabinogion*, los hijos de Llŷr desempeñan papeles destacados. Esta sección del relato se titula «Branwen, hija de Llŷr». Bran, también conocido como Bran el Bendito y Bendigeidfran, era rey de Britania. El rey de Irlanda, Matholwch (también escrito Mallolwch), buscaba esposa. En sus viajes, Matholwch hace saber a Bran sus deseos. Bran ofrece noblemente la mano de su hermana a Matholwch, que acepta la oferta.

Sin embargo, el hermanastro de Bran, Efnysien, se sintió menospreciado. No fue porque Branwen fuera entregada en matrimonio; más bien, Efnysien consideró que debería haber sido consultado en la decisión. En represalia, Efnysien agredió e hirió a los caballos de Matholwch. El rey de Irlanda se siente ofendido, por lo que emprende la marcha sin Branwen. Para asegurarse de que Matholwch no se marchara sin su hermana, Bran le ofreció caballos de su propio establo. Además, Bran le regaló a Matholwch un caldero mágico que podía devolver la vida a los muertos para enmendar las acciones de Efnysien.

Representación de Branwen
https://commons.wikimedia.org/wiki/File:Branwen.jpg

Matholwch aceptó los regalos y la petición de perdón. Branwen se casó entonces con el rey de Irlanda. El comienzo de su matrimonio y de su vida juntos en Irlanda fue in éxito. Pronto tuvieron un hijo, Gwern. Desgraciadamente, los súbditos de Matholwch consideraron que debería haber recibido más de Bran en compensación por el incidente con los caballos y Efnysien. Matholwch, queriendo apaciguar a sus seguidores, les dio la razón.

Comenzaron los malos tratos a Branwen. Fue tratada como si fuera una sirvienta y no estuviera casada con el rey de Irlanda. Para asegurarse de que Bran no se enterara de los malos tratos, Irlanda dejó de permitir que los barcos procedentes de Gran Bretaña atracaran en sus costas. Desesperada por encontrar un respiro, Branwen comenzó a entrenar a un pájaro. Durante tres largos años, enseñó a un estornino a enviar un mensaje a su hermano, el rey de Bretaña.

Cuando supo lo que le había ocurrido a Branwen, Bran, indignado, reunió sus fuerzas y partió hacia Irlanda. Como era un gigante, Bran no podía navegar en ninguno de los barcos porque se hundirían, así que caminó por el agua. Solo se veía la cabeza de Bran mientras vadeaba el mar para liberar a su hermana. Cuando Matholwch se enteró de que se acercaban barcos y Bran, se retiró de su castillo y se dirigió tierra adentro. En su camino, las tropas irlandesas destruyeron el puente sobre el río Liffey.

Bran y sus tropas continuaron persiguiendo a Matholwch. Cuando Bran llegó al río Liffey, tendió su cuerpo sobre la vía fluvial, lo que permitió a las tropas británicas utilizarlo como puente. El rey de Britania y sus hombres se abrieron paso a través de los bosques de Irlanda mientras continuaban tras Matholwch. Bran era más alto que cualquier árbol de Irlanda, y su cabeza se elevaba por encima de la línea de árboles. Los irlandeses sabían que estaba en camino.

Al darse cuenta de que Bran no se detendría, Matholwch envió un mensajero a Bran con una oferta de paz. La propuesta de Matholwch era que se retiraría del poder y que el título de rey sería otorgado a su hijo con Branwen, Gwern. Además, Matholwch compensaría a Branwen por lo mal que la había tratado.

Para reconocer el acuerdo, Matholwch construyó tiendas lo suficientemente grandes para que Bran pudiera participar en las negociaciones. Sin que los britanos lo supieran, en cada tienda había escondidas doscientas tropas irlandesas. A Bran y a sus hombres les dijeron que en cada tienda había grandes sacos de harina. Efnysien sabía la verdad y entró en cada tienda para exprimir las bolsas, matando a los guerreros.

La transferencia de liderazgo acordada continuó, excepto que Efnysien impugnó el nuevo papel de Gwern como rey. Entonces, cuando pudo, Efnysien agarró a Gwern y lo arrojó al fuego. Conmocionada, Branwen se lanzó hacia el fuego para salvar a su hijo, pero Bran la detuvo antes de que se hiciera daño. Se desató la lucha y el caos.

Usando el caldero mágico que Bran le había dado a Matholwch, los irlandeses trajeron de vuelta a los guerreros que Efnysien había matado. Todos los luchadores muertos durante esta batalla renacieron inmediatamente en el caldero.

Al darse cuenta de la muerte y la ruina que había causado, Efnysien se escondió entre los irlandeses muertos. Cuando los cuerpos fueron arrojados al caldero, Efnysien alargó su cuerpo, haciendo añicos el caldero del renacimiento. Sus acciones dieron la victoria a los británicos, pero Efnysien fue asesinado. Los únicos irlandeses que sobrevivieron fueron cinco mujeres embarazadas. Solo siete de los hombres de Bran sobrevivieron, y el propio Bran resultó mortalmente herido.

Sabiendo que era demasiado grande para ser transportado de vuelta a Britania, Bran pidió a su hermano, Manawydan, que le cortara la cabeza. La cabeza de Bran se uniría a la de los siete en su viaje de vuelta a casa. Aseguró al grupo que les proporcionaría entretenimiento a cambio de su ayuda. Una vez en casa, Bran predijo que su cabeza permanecería en la Sala de Gwales durante ochenta años, donde seguiría divirtiéndolos. Al cabo de ochenta años, cuando se abrieran las puertas que daban a Cornualles, habría que enterrar su cabeza.

Los siete hombres, la cabeza de Bran y Branwen regresaron a su condado. Una vez que llegaron, el traumático matrimonio de Branwen, la muerte de su hijo y su hermano, y el cansancio de luchar le causaron la muerte de un corazón roto. También se contó al pueblo la muerte de Caradog, el hijo de Bran. Bran había dejado a su hijo al frente de Britania mientras él estaba en Irlanda luchando.

Sin embargo, Casswallawn, el hijo de Beli de la familia de los hijos de la Luz, causó la muerte de Caradog. Casswallawn llevaba su capa de invisibilidad mientras mataba a los compañeros cercanos y a los jefes de Caradog, lo que provocó que este muriera de pena. Manawydan, hermano de Bran, era el único heredero al trono. Como Manawydan seguía lejos luchando en Irlanda, Casswallawn se hizo con el control de Britania.

Así, el grupo de siete supervivientes cumplió la profecía de Bran. Durante ochenta años, saborearon deliciosas comidas, disfrutaron de la música y la danza, y disfrutaron de la compañía de Bran. La mayor parte de su viaje transcurrió en Gwales, que es análogo al Otro Mundo. El salón real tenía tres puertas; dos permanecían abiertas, y la que daba a Cornualles estaba siempre cerrada. Bran recordó a los siete que, si la tercera puerta no se abría nunca, su estancia en Gwales continuaría. Mientras estuvieron en el salón real, ninguno de ellos sintió tristeza ni infelicidad.

Sin embargo, un día, Gwynn el Viejo decidió abrir la tercera puerta. Como resultado, los recuerdos de la batalla entre Gran Bretaña e Irlanda y todas sus pérdidas inundaron al pueblo. Ahora, necesitaban satisfacer la última parte de la predicción de Bran. Los siete viajaron a la colina Blanca de Londres, donde enterraron la cabeza de Bran, que protegería a Gran Bretaña de los invasores. Las cinco mujeres embarazadas que habían permanecido en Irlanda tras la batalla para salvar a Branwen dieron a luz. Poco a poco, Irlanda se fue repoblando.

En *Lludd y Llefelys*, el rey de Britania sigue siendo coronado por el linaje del dios Beli Mawr. Al final del reinado de Caswallawn, otro de los hijos de Beli Mawr, Lludd, es nombrado rey de Britania. El hermano de Lludd, Llefelys, se casó con la familia gobernante de Francia y fue coronado rey de Francia.

Durante los primeros años del reinado de Lludd, Gran Bretaña prosperó. Fundó su capital, Caer Lludd, la actual Londres. Sus súbditos prosperaban; disponían de vivienda, comida y bebida. Todo iba bien para el nuevo rey. Entonces, se vio asediado por tres calvarios que amenazaban su pacífico gobierno. Lludd zarpó hacia Francia en busca de la ayuda de su hermano.

En primer lugar, Lludd necesitaba hacer frente a los Coraniaid, una tribu de seres sobrenaturales y maliciosos que habían invadido Gran Bretaña. Uno de los rasgos que los hacía aparentemente invencibles era su oído. El oído de los Coraniaid era tan agudo que podían oír cualquier ruido movido por las corrientes de viento. Con esta habilidad mágica, los Coraniaid nunca corrían el riesgo de ser heridos.

La segunda desgracia que Lludd debía remediar era un grito aterrador. Cada 1º de Mayo, un grito invadía Gran Bretaña. El horror invisible causaba estragos en la tierra. Experimentar el grito causaba fragilidad física en muchos. En otros, el sonido asolaba sus mentes, produciendo enfermedades mentales. Como resultado del horrible grito, las mujeres embarazadas abortaban.

La última afección a la que se enfrentaba Lludd provocaba la desaparición de los alimentos. Independientemente de la cantidad de comida que el rey almacenara, esta desaparecía a la mañana siguiente. La única forma de remediar el problema era comerse toda la comida inmediatamente.

Una vez que Lludd llegó a Francia, él y Llefelys tuvieron que idear un medio para comunicarse que los Coraniaid no pudieran oír. Los dos hermanos utilizaron un largo cuerno de latón para ahogar los sonidos de su conversación. Cuando empezaron a hablar, cada uno solo podía oír al otro con palabras duras y odiosas. Se dieron cuenta de que había que limpiar el cuerno de latón, ya que un gnomo se había infiltrado en él, provocando los malentendidos. Una vez purificado el cuerno, los hermanos empezaron a discutir sus planes.

Para resolver el problema de los Coraniaid, Llefelys informó a Lludd de que un insecto especial, machacado y mezclado con agua, los mataría. Aunque era fatal para la Coraniaid, el brebaje no tenía ningún efecto perjudicial para la gente de Gran Bretaña. Llefelys explicó a continuación el grito. Dos dragones fueron atrapados en batalla. Si Lludd tendía una trampa a los dragones y los alimentaba con hidromiel, se dormirían. Por último, un mago estaba hechizando a los guardias de Lludd. Una vez que el hechizo surtía efecto, el mago se colaba y se llevaba la comida. Para solucionar este problema, Lludd debía desafiar al mago por la propiedad de sus almacenes.

Armado de soluciones, Lludd regresó a su reino. Trituró los insectos que le proporcionó Llefelys y los mezcló con agua. A continuación, Lludd reunió a todos los habitantes de su reino, incluidos los Coraniaid. Una vez reunidos, roció la potente mezcla sobre la multitud. Todos los Coraniaid murieron al ser tocados por el brebaje, pero ningún británico resultó herido. Se reservaron más insectos por si Gran Bretaña volvía a ser invadida.

Lo siguiente en la agenda era abordar el problema del grito que emanaba de los dragones rojos y blancos en guerra. En Oxford, Lludd siguió las instrucciones de su hermano y tendió una trampa. Cavó un gran pozo y lo llenó con hidromiel del mejor cervecero local. Luego, cubrió la parte superior del pozo. Como de costumbre, los dragones lucharon entre sí. Mientras luchaban, cayeron en el pozo. Sedientos por la lucha, bebieron la sabrosa cerveza. Una vez que se durmieron, Lludd los llevó a Dinas Emrys, donde permanecen hasta el día de hoy.

Por último, Llefelys había ordenado a Lludd que cocinara un maravilloso banquete para atraer al mago. Como el mago podía adormecer a cualquiera, Lludd necesitaba tener una cuba de agua helada. Cada vez que Lludd se sintiera aletargado, debía sumergirse en el agua para revigorizarse. Finalmente, llegó el mago, dispuesto a comerse el festín y llevarse toda la comida. Se entabló una batalla y Lludd resultó vencedor. El mago aceptó unirse al reino de Lludd como súbdito leal.

Lludd enfrentándose al mago
https://commons.wikimedia.org/wiki/File:And_thereupon_King_Lludd_went_after_him_and_spoke_unto_him_thus._%27Stop,_stop%27,_said_he.jpg

Así, Lludd, el dios de la curación, reanudó su reinado pacífico sobre Gran Bretaña.

Capítulo 15: Deidades celtas irlandesas

La mitología irlandesa está repleta de dioses y otras criaturas místicas y mágicas. Muchos de los demás personajes de los mitos y el folclore irlandeses se agrupan bajo el nombre de hadas. Hay varias grafías de hada, y mucha gente utiliza las variantes indistintamente. Históricamente, hada procede del latín y se refería al destino o a las Parcas. En francés antiguo, la palabra hada designaba la magia y la brujería.

El término hadas se utilizará aquí para referirse a una amplia categoría de criaturas relacionadas con dioses o con la mitología. Estos seres tienen poderes sobrenaturales; algunos son caprichosos, mientras que otros pueden ser malévolos. A menudo, sus personalidades se basan en el trato que reciben de los humanos. El aspecto físico de las hadas difiere y ha cambiado a lo largo del tiempo.

En el mundo de las hadas celtas, uno de los primeros grupos de hadas surgió de los Tuatha Dé Danann. El pueblo de Danu libró muchas batallas por su tierra, que se encuentra en la actual Irlanda. Hace miles de años, los Tuatha Dé Danann, una raza sobrenatural, vivieron en Irlanda tras ser desterrados del cielo. Los milesianos, considerados por muchos como los antepasados de los actuales irlandeses, invadieron Irlanda cuando estaba ocupada por los Tuatha Dé Danann.

Algunas historias cuentan que la invasión milesia fue por venganza. Según estos relatos, el pueblo de Danu había matado al líder de los milesianos. Cuando los milesianos desembarcaron, consultaron con el rey de los Tuatha Dé Danann.

Amergin, el mediador de los milesianos, coincidió con los Tuatha Dé Danann en que la tierra les pertenecía por derecho. Sin embargo, propuso una solución: él y los milesianos se retirarían de la tierra. Acordaron esperar tres días. Después, los milesianos navegarían mar adentro sobre las nueve olas verdes. Una vez que los invasores estuvieran tan lejos, podrían intentar otro desembarco. Si lograban desembarcar y conquistar la isla, esta pasaría a pertenecer a los milesianos. Ambas partes aceptaron la idea.

Tras el acuerdo, los milesianos abordaron sus naves, pero los Tuatha Dé Danann utilizaron sus poderes mágicos. De repente, los milesianos se encontraron a sí mismos y a sus barcos en medio de una poderosa tormenta. Sus barcos fueron zarandeados por el mar embravecido, causando muchas bajas y casi destruyendo toda la flota. Durante la tormenta, el hijo y la esposa de Amergin murieron. Él empezó a cantar una invocación por su familia. Su conjuro fue más fuerte que la tormenta y separó los mares. Amergin y los milesianos desembarcaron en Irlanda y conquistaron a los Tuatha Dé Danann.

Tras perder sus derechos sobre la tierra, los Tuatha Dé Danann fueron relegados a vivir bajo la superficie terrestre. En su mundo subterráneo, el pueblo de Danu recreó sus reinos. *Sidhes* o montículos de tierra marcan la ubicación de sus viviendas. *Aos sí*, o «gente de los montículos», se convirtió en el nuevo nombre de los Tuatha Dé Danann. Con el tiempo, se convirtieron en hadas y otras criaturas mágicas.

Un grupo de hadas mágicas que vive en los montículos de hadas de toda Irlanda son los *leprechauns*. Como ocurre con muchos otros términos y personajes de la literatura antigua, existen numerosas variantes ortográficas. Algunas versiones son regionales, pero muchos creen que la versión actual de «leprechaun» tiene su origen en *lurchorpán*, de la grafía medieval del irlandés medio, que significa «cuerpo pequeño». *Leprechaun* es la grafía más utilizada hoy en día.

Otros creen que la palabra y el grupo de hadas empezaron con Lugh, el dios del sol y la luz. Lugh era un poderoso guerrero que luchó valientemente por los Tuatha Dé Danann. Fue líder de la tribu durante cuarenta años. Tras su reinado, descubrió que su esposa había tenido una aventura. Para vengar el nombre de su familia, mató a su pretendiente, Cermait. A su vez, los tres hijos de Cermait tomaron represalias y capturaron a Lugh. Después de que Lugh se ahogara en un lago, ahora llamado Loch Lugborta, pasó a formar parte de los que moraban en el Otro Mundo.

El estatus de Lugh disminuyó, pues ya no era el poderoso guerrero embaucador. Algunos relatos cuentan que Lugh, antaño dios de la artesanía, se transformó de feroz combatiente en zapatero y sastre. En el reino subterráneo de los *sidhe*, se convirtió en «Lugh el Encorvado» («Lugh-chromain»), un hada artesana o duende.

La mayoría de las historias coinciden en que los *leprechauns* son de baja estatura, pero rápidos y ágiles. Históricamente, los duendes eran varones y vivían en solitario. En su reino subterráneo, eran hábiles zapateros que fabricaban calzado para las demás hadas. Los *leprechauns* solían ser los guardianes de los tesoros de oro para los que vivían en el *sidhe*. Como los *leprechauns* eran conocidos por su frugalidad, otras hadas les confiaban sus riquezas.

Los humanos que buscaban *leprechauns* y su oro utilizaban dos métodos para encontrarlos. Se suponía que al final del arco iris había un *leprechauns* custodiando su legendaria olla de oro. También se podía escuchar el sonido del martillo de un zapatero.

Representación de un *leprechaun*
https://commons.wikimedia.org/wiki/File:Leprechaun_engraving_1900.jpg

Estos embaucadores eran difíciles de capturar; una vez en cautividad, era difícil para el secuestrador mantener a raya al travieso *leprechaun*. En caso de ser capturados, los *leprechauns* tenían preparado un plan de escape. En primer lugar, apelaban al deseo humano de oro y riquezas, ofreciendo tesoros por su liberación. Para demostrar su fiabilidad, los duendes mostraban dónde guardaban la plata y el oro.

La bolsa de cuero del *leprechauns* contenía un chelín de plata. Esta moneda mágica permanecía con el humano hasta que el duende era liberado. Una vez que el duende escapaba, el chelín de plata volvía a su bolsa. En otro pequeño saco, el duende tenía monedas de oro. Estas le servían para salir de apuros si se encontraba atrapado. Cuando el duende se alejaba del peligro, la moneda de oro se convertía en ceniza.

Otro truco de los *leprechauns* para escapar de los mortales consistía en pedir tres deseos. Estos deseos solían estar plagados de malentendidos. En el primer cuento conocido sobre un *leprechaun*, Fergus, rey del Ulster, es engañado por los *leprechauns*. Un grupo de *leprechauns*, llamados *sprites* en este cuento, encuentra a Fergus dormido en la playa. Tras quitarle la espada, las criaturas mágicas intentan llevárselo por encima del agua. Cuando los dedos de los pies de Fergus sienten el frío del lago, se despierta de inmediato. Rápidamente, agarra a tres de los *leprechauns*.

El rey del Ulster conoce la magia de los *leprechauns*. Así que exige sus tres deseos a cambio de su liberación. El primer deseo de Fergus es poder respirar bajo el agua. Los *leprechauns* le dicen que podrá hacerlo en todos los cursos de agua excepto en Loch Rudraige.

Representación de Fergus respirando bajo el agua
https://commons.wikimedia.org/wiki/File:7_Fergus_goes_down_into_the_lake.jpg

Creyéndose por encima de la restricción impuesta a su deseo, Fergus decide ir a nadar a Loch Rudraige. Orgulloso de sí mismo, Fergus cree haber burlado a los *leprechauns*. Aquí estaba, disfrutando y respirando bajo el agua en Loch Rudraige. La alegría de Fergus termina cuando se encuentra con Muirdris, una bestia horrible. Su susto es tan profundo que su rostro queda deformado de forma permanente y horrible a causa del shock.

El desfigurado rey del Ulster regresa a rastras a su reino. Sus súbditos se horrorizan al ver el rostro del rey. Nadie en el reino está dispuesto a decirle a Fergus qué aspecto tiene, por lo que todos los espejos del reino se tapan, se dan la vuela o se quitan. Con el paso del tiempo, Fergus se convierte en un viejo cascarrabias y trata mal a los habitantes de su reino. Finalmente, un sirviente no soporta más los malos tratos y le cuenta la verdad.

Fergus se da cuenta de por qué no fue elegido para convertirse en rey supremo, ya que comprende que su desfiguración le ha impedido alcanzar el rango más alto de la tierra. La ira lo consume. Furioso, Fergus parte hacia Loch Rudraige en busca de venganza. Muirdris y Fergus luchan encarnizadamente durante más de cuarenta y ocho horas seguidas. Pero al final, Fergus mata al monstruo.

La batalla consume todas las fuerzas de Fergus. Valientemente, nada hasta la orilla. Una vez en la playa, donde los *leprechauns* le habían encontrado años atrás, Fergus se desploma. Sucumbe a la muerte. Al final, los *leprechauns* se impusieron gracias a sus legendarias artimañas.

Algunos folcloristas y mitólogos creen que los *leprechauns* tienen parientes, mientras que otros los consideran un grupo aparte en el reino de las hadas. Un grupo de hadas emparentadas son los *clurichauns*. Otra figura masculina diminuta, los traviesos *clurichauns* disfrutaban bebiendo cervezas y vinos y fumando. A menudo, los *clurichauns* se colaban en los sótanos de las casas para deleitarse con las bebidas allí almacenadas. Después, encendían sus pipas de arcilla y se relajaban. Otras noches, los *clurichauns* ebrios se divertían montando ovejas o cabras por el campo.

Imagen de un *clurichaun*
https://commons.wikimedia.org/wiki/File:Celtic_Fairy_Tales-1892-048-1.jpg

A los *clurichauns* se los representa con la cara rubicunda, quizá por su consumo de alcohol y tabaco, y son conocidos por gastar bromas y crear el caos en el hogar. Sus hazañas pueden ser problemáticas; sin embargo, si un *clurichaun* sabe que es bienvenido en su bodega, protegerá sus barriles de vino y cuidará de usted y su familia. Si se sienten menospreciados u ofendidos por usted, los *clurichauns* buscarán venganza. Cuando los *clurichauns* abandonan una casa, la gente dice echar de menos el sonido de las melodías irlandesas que cantaban después de tomarse unas copas.

Considerados similares a los *leprechauns* y los *clurichauns* están los *fear dearg* (*far darrig*), que significa «hombre rojo». Un *fear dearg* es un embaucador que gasta bromas pesadas a los residentes de viviendas más grandes, pero su naturaleza traviesa puede ser más oscura que la de los *leprechauns* o los *clurichauns*. Cuando uno de ellos pasa por su casa, disfruta sentado junto al cálido fuego.

Sin embargo, su visita augura un cambio de suerte, ya que le persigue la mala suerte. Es prudente apaciguar al *fear dearg*. Si no está contento con el trato que recibe, su suerte cambiará más rápida y gravemente. Debido a la inminente perdición que presagia su estancia, los que se encuentran con él suelen tener pesadillas.

En lugar de las bolsas de oro y plata que llevan los *leprechauns*, el *fear dearg* lleva un saco de arpillera que utiliza para llevarse a los recién nacidos. Los bebés son sustituidos por mutantes, un tipo de hada. En otras incursiones, los *fear dearg* han secuestrado a personas. Su oscura versión de la travesura incluye obligar a la persona secuestrada a entrar en una habitación oscura y cerrada. Una vez encerrada, la persona experimenta los aterradores sonidos del *fear dearg*. El *fear dearg* se deleita con el espectáculo antes de liberar al atormentado mortal.

Otra ominosa criatura del mundo de las hadas es la *banshee*. La *sidhe*, mujer de las hadas, o *banshee* es conocida como presagio de la muerte. El grito de una *banshee* señala que la muerte se cierne sobre la familia que escucha sus gritos. El lamento de una *banshee* también se denomina *keening* (lamento) del irlandés antiguo *caoine*. Aunque los gritos de la *banshee* son perturbadores, no causan la muerte. El sonido de los lamentos de las *banshees* varía en Irlanda. Pueden ser desde suaves y tranquilizadores hasta tan intensos y penetrantes que rompen cristales.

Los avistamientos de *banshees* son raros. Se cree que se manifiesta como una hermosa joven, una figura maternal mayor o una anciana exhausta. Estos personajes corresponden a Morrígan. Una diosa triple que representa todas las etapas de la vida de una mujer, Morrígan era una combinación de tres diosas individuales: Macha, Badb y Nemain.

Como profeta y cambiaformas, el chillido de Morrígan y su presencia en la muerte de muchos hombres desarrollaron su conexión con las *banshees*. Se sabía que Morrígan se transformaba, y a menudo se la veía como un cuervo. Cuando volaba por los campos de batalla, sus gritos espeluznantes infundían miedo al enemigo. Otras veces, el aspecto físico de Morrígan cambiaba al de una lavandera. La ropa del guerrero que se tiñó de rojo por la sangre era la que moriría en la batalla.

Los gritos de una *banshee* imitaban los de Morrígan. Hace años, muchos creían que sus familias tenían su propia *banshee*. Una *banshee* permanecía con ellos hasta que todos los miembros de la familia morían y recibían un entierro apropiado. Una vez enterrada la persona, la *banshee* se aseguraba de que su alma recibiera el trato que se merecía. Las almas egoístas y crueles sufrían, mientras que los espíritus bondadosos y de buen corazón pasaban a un reino tranquilo.

Otro presagio irlandés de la muerte es el Cóiste Bodhar, que significa carruaje silencioso o de la muerte. El Cóiste Bodhar no puede regresar al otro reino sin un pasajero del mundo mortal. El jinete sin cabeza conduce el fantasmal carruaje. Quienes han visto este espectáculo hablan del ominoso silencio que rodea al vehículo.

Michael Noonan, residente de Ballyduff, al oeste de Irlanda, vio un carruaje negro, seis caballos negros y un conductor sin cabeza vestido de negro deslizándose silenciosamente por los pueblos del sur de Irlanda. Para aumentar la extrañeza de la escena, Michael dijo a los aldeanos que todos los caballos carecían de cabeza. Alejándose a toda velocidad, Michael esperaba que el Cóiste Bodhar solo estuviera de paso por su pueblo. Tan rápido como apareció el carruaje de la muerte, desapareció de su vista.

Michael se dirigió a casa con la vaga esperanza de que la escena hubiera sido fruto de su imaginación. Por la mañana temprano, estaba en el campo, cuidando de su caballo. Oyó el estruendoso sonido de un caballo que corría hacia él. Madden, un vecino del pueblo, estaba angustiado. Necesitaba asistencia médica para su patrón.

Michael corrió a la botica local en busca de provisiones. Armado con provisiones, Michael saltó sobre su caballo y galopó hacia el patrón de Madden. Llegó demasiado tarde; el carruaje de la muerte ya se había cobrado otra víctima.

Otro visitante que aparece por la noche es el púca (púcaí). Los púcaí, que cambian de forma, pueden transformarse en cualquier ser que deseen, incluso en personas. A menudo, los púcaí se muestran como magníficos caballos oscuros y sedosos, con crines sueltas, y ojos dorados y brillantes. A juego con los increíbles ojos del púca, del cuello de su caballo cuelgan cadenas.

Los púcaí disfrutan de su capacidad para crear el caos. La gente nunca sabe qué esperar de estas criaturas con aspecto de duendes. Un rasgo que contribuye a su capacidad para causar confusión y caos es su habilidad para hablar como una persona. En sus conversaciones con los humanos, tienden por naturaleza a falsear la verdad. Los púcaí están dispuestos a engañar y estafar, lo que los convierte en astutos visitantes del mundo de las hadas.

Los púcaí participan de buen grado en actividades peligrosas. Como caballo, a los púcaí les gusta pasar por las tabernas en busca de gente que ha bebido demasiadas pintas. Amablemente, el púca se ofrece a llevar a casa a la persona desprevenida. Volver a casa a caballo es mucho más fácil que andando, así que muchos se suben al caballo. Pero el púca está listo para una aventura trepidante, no para volver a casa.

Los púcaí son increíblemente fuertes y talentosos, rasgos de los que les encanta presumir. Una vez que un humano ha montado en un púca que se ha transformado en caballo, comienza la escapada. El púca salta muros de piedra, salta por encima de setos y corre de prado en prado mientras el jinete apenas puede sostenerse. El púca continúa su algarabía hasta el amanecer, aterrorizando a su pasajero todo el tiempo. Entonces, el caballo se detiene de repente y arroja al jinete. El hombre se levanta a trompicones y se aleja a toda prisa del caballo.

La leyenda cuenta que solo un jinete fue capaz de controlar al púca. El rey supremo de Irlanda, Brian Boru, aceptó el reto del púca de dar un paseo. Antes de comenzar la alocada cabalgata, el rey tomó en silencio tres pelos de la cola del púca. Luego, Boru se los echó al cuello como si fueran riendas. Cuando empezó a cabalgar, tiró de los pelos para controlarlo. Las riendas y la destreza física de Boru bastaron para que el rey mantuviera su montura.

El púca reconoció su derrota. A cambio, el rey hizo que los púcaí aceptaran dos órdenes. Los púcaí acordaron que no causarían dolor ni sufrimiento a los cristianos ni a sus propiedades. En segundo lugar, los púcaí no ejercerían violencia contra los irlandeses. El púca solo podía hacerlo si una persona iba a cometer una mala acción. Dado que los púcaí son conocidos por sus engaños y mentiras, es poco probable que cumplieran su acuerdo.

Aunque puede ser un viaje desafiante, los púcaí son grandes conversadores. Tienen una gran facilidad de palabra y estarían encantados de pasar las horas charlando con uno. A veces ofrecen consejos maravillosos, pero recuerde que les encantan las aventuras.

Capítulo 16: Deidades celtas británicas

Las historias y aventuras protagonizadas por dioses y diosas de Gales, Inglaterra y Escocia se agrupan bajo el nombre de mitos bretones celtas. De estos relatos han surgido muchas leyendas folclóricas muy conocidas. Los orígenes de las heroicas aventuras del rey Arturo y sus caballeros se remontan a los mitos celtas.

Los bardos iban de aldea en aldea compartiendo estas atesoradas historias. Los oyentes se quedaban embelesados cuando los bardos les describían escenarios increíbles y personajes sobrenaturales. La mayoría de las leyendas e historias británicas proceden del *Mabinogion*, que consta de cuatro partes principales interconectadas con un personaje, Pryderi, que aparece en las cuatro.

Además de las *Cuatro Ramas del Mabinogion*, hay otras siete historias. Cinco de ellos nos presentan las primeras versiones del rey Arturo. Algunos relatos se ambientan en la corte de Arturo y sus caballeros. Otros relatos relacionados con el *Mabinogion* muestran a Arturo interactuando con seres mitológicos y personajes que aparecen en relatos posteriores del rey Arturo y sus caballeros de la Mesa Redonda.

Se cree que el cuento galés *Culhwch y Olwen* es una de las primeras historias en las que se presenta a Arturo. El hijo del rey Cilydd se casa con Goleuddydd, que queda embarazada. Debido al problemático parto del bebé, Goleuddydd muere. Huérfano de madre, Culhwch es criado por el cuidador de cerdos del reino.

El rey Cilydd quiere una nueva esposa y madre para su hijo. Uno de los hombres de la corte del rey sugiere a la esposa del rey Doged. Como ella ya está casada, el rey Cilydd tiene que matar a Doged. Cilydd lo hace, asumiendo el control del reino de Doged, incluidas sus tierras, su viuda y su hija.

La nueva reina desea asegurar la sucesión de su linaje y el de su marido. Cuando la nueva reina se da cuenta de que su marido ya tiene un hijo, cree que su problema está resuelto. Para asegurar la continuidad de su linaje, la resolución de la madrastra de Culhwch es que este se case con su hermanastra. Culhwch se niega. Despreciada, su madrastra lanza un maleficio sobre Culhwch.

La maldición de Culhwch es que solo puede casarse con Olwen, la hija del rey de los gigantes, Ysbaddaden Bencawr. Sin embargo, la hermosa Olwen tiene una situación complicada. Se ha predicho que, si Olwen se casa, su padre morirá. Culhwch tampoco puede encontrar el reino de Ysbaddaden Bencawr sin ayuda. Solo el primo de Culhwch, Arturo, puede ayudarle con éxito en su viaje.

Culhwch parte hacia la corte de su primo en Celliwig, Cornualles. Se cree que esta es la primera mención de la ubicación de la corte de Arturo. Arturo acepta ayudar a Culhwch en su misión de encontrar a Olwen. Arturo elige a algunos de sus hombres más talentosos para que se unan a él y a Culhwch. Seis de los guerreros más valientes aceptan ayudarlos en su viaje: Bedwyr (sir Bedivere), Cai (sir Cay), Cynddylig Gyfarwydd, Gwalchmei (sir Gawain, que es también sobrino de Arturo), Gwrhyr Gwalstawd Ieithoedd, y Menw, hijo de Tairgwaedd.

En su búsqueda, la troupe se encuentra con la tía de Culhwch, hermana de su madre. Le piden ayuda para encontrar a Olwen. La mujer del pastor intenta decirle a Culhwch que cese en su búsqueda, ya que no se ha vuelto a ver a ninguno de los pretendientes de Olwen. Culhwch se niega a cesar su expedición; está enamorado de Olwen y debe encontrarla. Consciente de que su sobrino no se dejará disuadir, proporciona información al grupo. Todos los sábados, Olwen acude a casa de la tía de Culhwch para que le laven el pelo.

El sábado, Culhwch se presenta en casa de su tía. Ve los caminos llenos de flores blancas. Dondequiera que Olwen pisa, surgen flores blancas, lo que ilumina el significado del nombre de Olwen, «camino blanco». Aunque Culhwch nunca antes había visto a Olwen, queda hipnotizado. Ambos se conocen y Olwen considera a Culhwch un pretendiente aceptable. Sin embargo, conoce el destino de su padre si se casa. Para que Culhwch gane su mano en matrimonio, tiene que completar con éxito las arduas tareas que selecciona Ysbaddaden.

Impertérritos, Culhwch y sus hombres continúan su odisea. Con Olwen, van al castillo de Ysbaddaden. El rey de los gigantes está preparado para ellos. Tiene una lista de requisitos que deben cumplirse antes de que Olwen se case con Culhwch. Para la boda, Ysbaddaden quiere poder afeitarse la barba y prepararse el pelo. Los únicos objetos que podrán lograrlo son un colmillo especial y un juego de tijeras mágicas, una navaja y un peine. Sin embargo, el colmillo tiene que ser de Ysgithyrwyn, y el set para preparar el pelo está entrelazado con la barba de Twrch Trwyth, un jabalí.

El primer paso para conseguir esta hazaña es obtener la espada del gigante Wrnach. Esta arma es necesaria porque es la única forma de matar a Twrch Trwyth. Los hombres siguen la pista de Wrnach, que está convencido de que la hoja de la espada necesita afilarse. Sir Cai le quita el arma a Wrnach y rápidamente decapita al gigante, demostrándole que estaba equivocado.

A continuación, Culhwch y sus hombres tienen que encontrar la prisión que retiene a Mabon ap Modron, ya que necesitan su ayuda para capturar al jabalí. Para encontrarlo, buscan la ayuda de un salmón mágico de Llyn Llyw. El salmón es lo suficientemente grande como para llevar a todo el grupo y transporta a los hombres río abajo hasta Gloucester.

Fuera de la prisión, planean su ataque. Conocen la ubicación de Mabon porque le oyen cantar canciones tristes sobre su encarcelamiento. Cai y Bedwyr logran entrar en la prisión mientras los demás atacan la cárcel. Una vez que Cai y Bedwyr tienen a Mabon, los hombres huyen del lugar.

Ahora, necesitan atrapar a Drudwyn, el sabueso más feroz de todas las tierras. Es tan poderoso que Mabon es el único humano que puede controlarlo. El cachorro mágico es la única criatura que puede localizar y capturar a Twrch Trwyth.

En su camino para encontrar a Twrch Trwyth, persiguen a Ysgithyrwyn, un enorme jabalí con colmillos distintivos. Los colmillos son la única manera de que Ysbaddaden pueda afeitarse su enorme barba para la boda. Matan a la bestia salvaje y le quitan su afilado colmillo.

Escultura de Twrch Trwyth
Nigel Davies / Detalle de la escultura de Twrch Trwyth;
https://commons.wikimedia.org/wiki/File:Detail_of_Twrch_Trwyth_sculpture_-_geograph.org.uk_-_915217.jpg

La persecución para capturar a Twrch Trwyth lleva a la banda por muchos pueblos y por todo el condado. Drudwyn los conduce a través de muchas aventuras y causa mucho caos. Tras perder hombres y numerosas heridas, se acercan a Twrch Trwyth. Mabon agarra la navaja de la barba de Twrch Trwyth. En el río Hafren, uno de los hombres de Arturo se apodera de las tijeras de esquilar. Cuando llegan a Cornualles, Arturo le arrebata el peine. Persiguiéndolo con la espada del gigante, Twrch Trwyth es expulsado al mar, donde muere.

La última tarea del grupo es conseguir sangre de la Bruja Negra. La sangre es la única forma de ablandar la barba de Ysbaddaden antes de que pueda ser afeitada. Arturo consigue derrotarla, llevándose su sangre como premio.

Uno de los súbditos de Ysbaddaden, Goreu, es elegido para preparar al rey de los gigantes para la boda de Culhwch y Olwen. En un acto de venganza por la muerte de sus hermanos y el malévolo gobierno del rey, Goreu lo decapita.

La boda se celebra según lo previsto. Olwen, la hermosa novia, y Culhwch, el feliz novio, se casan por fin. Tras la celebración, Arturo y sus hombres regresan a su corte para prepararse para otra aventura.

Vinculada a Arturo y a algunas ediciones del *Mabinogion* hay una diosa formidable llamada Ceridwen. Esta tiene los poderes y capacidades de Awen. En las creencias antiguas, Awen era una combinación de profecía, sabiduría profunda e inspiración, que eran algunos de los ámbitos sobre los que reinaba Ceridwen. Otras esferas de influencia incluían la muerte, la fertilidad y la creación o renacimiento.

Algunas de las fuerzas de Ceridwen procedían de su papel como guardiana del caldero encantado. El caldero embrujado elaboraba brebajes para alterar la apariencia, cambiar de forma y otorgar el poder de Awen. Dado que los ingredientes y los brebajes resultantes eran tan potentes, debían manipularse con sumo cuidado; de lo contrario, podrían producirse consecuencias imprevistas. En este recipiente mágico, Ceridwen creaba mezclas que normalmente estaban destinadas a beneficiar a otros.

En *El cuento de Taliesin*, que a menudo se incluye como parte del *Mabinogion*, el caldero desempeña un papel importante. Ceridwen y su marido, Tegid Foel, tienen dos hijos: un hijo y una hija. Creirwy, su hija, está considerada una de las tres jóvenes más bellas del país.

Sin embargo, su hijo, Morfran, no es tan afortunado. Nació con deformidades físicas y mentales. Los padres quieren a ambos niños por lo que son, aunque están preocupados por el futuro de Morfran debido a sus problemas. Por ello, Ceridwen y Tegid buscan la manera de que Morfran tenga una buena vida a pesar de sus problemas.

Pintura de Ceridwen
https://commons.wikimedia.org/wiki/File:Ceridwen.jpg

Utilizando sus poderes como diosa y controladora del caldero, Ceridwen desarrolla una poción especial para ayudar a Morfran. Su poción transformará a Morfran infundiéndole inteligencia y sabiduría sobrenaturales. Se trata de una mezcla de ingredientes tan especial que, para que sea efectiva, debe fermentar durante exactamente un año y un día.

Para avivar el fuego bajo el caldero, Ceridwen encomienda la tarea a Morda, un ciego. Gwion Bach, un joven sirviente, recibe la orden de remover el caldero durante un año y un día. Para asegurarse de que solo su hijo se beneficie del elixir, Ceridwen modifica a la receta. Una vez mezcladas todas las hierbas, solo las tres primeras gotas de la mezcla proporcionarán Awen al receptor. El resto es venenoso.

Finalmente, llega el último día de preparativos. Al remover el elixir mágico para su mezcla final, Gwion Bach se salpica sin querer tres gotas en el dedo. Sin pensarlo, Gwion Bach se lleva el dedo a la boca para aliviar la sensación de ardor. Al instante, Gwion se infunde con el Awen que se había preparado para Morfran. Lo suficientemente sabio como para saber que Ceridwen se pondrá furiosa, Gwion Bach huye.

Cuando Ceridwen llega, va al caldero por las tres primeras gotas. Al no ver a Gwion Bach, Ceridwen se da cuenta de que algo estaba tramando. Se detiene antes de dar veneno a su hijo. Enfurecida, Ceridwen comienza a perseguir a Gwion.

Utilizando sus nuevos poderes, Gwion se transforma en liebre. Para alcanzarlo, Ceridwen se transforma en galgo. Cuando se acerca a él, Gwion se convierte en pez y salta al río cercano. Tras él se lanza al agua Ceridwen, que se ha transformado en una nutria hambrienta. Gwion sale del agua convertido en pájaro, pero Ceridwen, más poderosa y experimentada, se convierte en halcón.

Al darse cuenta de lo fuerte que es Ceridwen, Gwion intenta esconderse. La mejor manera de esconderse es volverse muy pequeño, así que se transforma en un pequeño grano. Su intención es ocultarse entre todos los granos esparcidos por el paisaje. Como Ceridwen es una diosa poderosa, como gallina no tiene ningún problema en encontrar a Gwion. Para poner fin a la larga persecución, se lo come.

Sin embargo, el consumo de Gwion como un trozo de grano no puso fin a su historia, solo a la caza. Debido a la formidable tintura, la semilla dentro de Ceridwen la impregna. Enfadada, Ceridwen jura matar a la versión regenerada de Gwion cuando nazca. Pero cuando Gwion renace, es tan hermoso que Ceridwen no se atreve a matarlo. También sabe que no puede quedárselo ni amarlo.

Envuelve al bebé en una bolsa de cuero y lo arroja al mar. Finalmente, el bebé flota hasta la orilla. Tras desembarcar, el príncipe Elffin ap Gwyddno encuentra al bebé en la playa.

Aunque Morfran nunca recibió los beneficios de la mezcla del caldero de su madre, muchas historias cuentan que llegó a formar parte de la corte del rey Arturo.

El bebé de Ceridwen aparece en otros relatos relacionados con el *Mabinogion*. Su salvador, el príncipe Elffin, estaba en la playa porque su padre lo había enviado a buscar peces en la presa. Se desanimó cuando solo vio la bolsa de cuero. Ese era el día habitual de Elffin porque era una persona con mala suerte.

Cuando Elffin vio al bebé, se sorprendió de lo radiante que tenía la frente. El bebé pasó a ser conocido como Taliesin o «frente radiante». Elffin sabía que tenía que llevar al bebé a su padre, Gwyddno Garanhir. Sin embargo, no sabía qué decirle; después de todo, había sido otro viaje infructuoso a la presa en busca de salmones. Mientras se preocupaba por qué hacer, el bebé empezó a cantar poesía, una canción de consuelo.

En esta canción, Taliesin le contó a Elffin que había sido enviado para ayudarlo. Taliesin también divulgó que, si Elffin utilizaba sus habilidades con eficacia, entonces Elffin prosperaría y vencería a sus enemigos. Por último, Taliesin reveló que algún día sería un famoso bardo y profeta.

Cuando el par llegó a casa de Gwyddno, este preguntó a Elffin cuántos peces había pescado. Elffin respondió: «Ninguno, pero lo que he encontrado es mucho mejor que un salmón». Gwyddno se mostró escéptico, pensando que la mala suerte de su hijo continuaba. Sin embargo, Taliesin le dijo al padre de Elffin que este tenía razón; era más valioso para ellos que los peces. Sorprendido de oír hablar tan bien a un bebé, Gwyddno le creyó.

Taliesin fue adoptado por Elffin y su esposa, y sus profecías resultaron acertadas; Elffin prosperó con la ayuda de Taliesin.

El rey Maelgwn Gwynedd, tío de Elffin, invitó a Elffin | al castillo de Deganwy por Navidad el año en que Taliesin cumplió trece años. Durante la fiesta, el rey insistió en que Elffin aclamara las maravillas de su corte y su esposa. En lugar de ello, Elffin proclamó que su esposa era más bella y virtuosa y que él tenía al bardo con más talento. Enfurecido, el rey metió a su sobrino en la cárcel.

A continuación, Rhun, el hijo del rey, recibió la orden de ir a casa de Elffin. Con fama de irresistible para las mujeres, Rhun debía demostrar si las afirmaciones de Elffin sobre la integridad de su esposa eran ciertas. Taliesin sabía lo que había ocurrido en la corte del rey y comprendía los motivos de Maelgwn. Así pues, él y la esposa de Elffin urdieron su propio complot.

Se dieron cuenta de que Rhun intentaría seducir a la esposa de Elffin para demostrar que no era honorable. Cuando Rhun llegó, le dio alcohol a la madre adoptiva de Taliesin. Cuando se emborrachó y se desmayó, le cortó el dedo anular, que estaba adornado con el sello de Elffin. Creyéndose muy listo, Rhun se apresuró a regresar a Deganwy con el dedo y el anillo.

Presumiendo, el rey Maelgwn reveló el anillo y el dedo a Elffin. Sin inmutarse, Elffin observó que el dedo tenía pasta de centeno y que la uña no estaba bien cuidada. Por lo tanto, no era el dedo de su esposa. Indignado, Maelgwn hizo encarcelar de nuevo a Elffin.

Sin que Rhun y Maelgwn lo supieran, Taliesin hizo que su madre cambiara de lugar con una de las criadas.

A continuación, el rey quiso demostrar que sus bardos tenían más talento que Taliesin. Un grupo de veinticuatro bardos y Taliesin compitieron para crear un poema épico y luego interpretarlo. Cuando los bardos reales intentaron demostrar su destreza poética, balbuceaban palabras y sonidos incoherentes. Pensando que estaban borrachos, Maelgwn convocó al bardo principal para castigarlo. El sirviente de Maelgwn abofeteó al bardo hasta que recobró el sentido. El bardo insistió en que ninguno de ellos había bebido nada, diciendo que era un hechizo de Taliesin.

Maelgwn exigió respuestas. Cantando una balada pensativa como respuesta, Taliesin explicó que quería que Elffin fuera liberado de la prisión por todo lo que había hecho por él. Si el rey se negaba, Taliesin crearía una tormenta épica que desestabilizaría el reino de Maelgwn. Para demostrar su habilidad, Taliesin concluyó su balada con feroces ráfagas de viento. Temiendo lo peor, Maelgwn ordenó la liberación de Elffin de su cautiverio. Los vientos amainaron inmediatamente.

También en verso, Taliesin informó a todos los presentes de que era el bardo principal del oeste. También explicó su linaje. Su poema hablaba de sus muchas existencias desde la creación del hombre y la mujer. Taliesin se convirtió en consejero de muchos reyes de todas las tierras, incluido el legendario rey Arturo. Sus profecías sobre el futuro inspiraron las acciones de muchos líderes.

Conclusión

Responder preguntas es lo que mejor saben hacer los mitos. Aunque el mundo ha cambiado drásticamente desde la primera vez que se contó una historia, nuestra herencia humana y nuestras conexiones continúan a través del vínculo común de personajes y situaciones que todo el mundo puede reconocer.

Las personas, independientemente de quiénes sean o de dónde procedan, tienen necesidades básicas similares. Todo el mundo quiere pertenecer, ser querido y estar seguro. Leer y compartir estos cuentos ayuda a alimentar estas necesidades. Podemos desarrollar una mayor compasión cuanto más nos comprendamos unos a otros. Experimentar lo mejor y lo peor de la humanidad permite conocer mejor a las personas.

Se puede encontrar consuelo en la conexión entre todos los pueblos. Cada sociedad tiene su propia colección de mitos. Esta recopilación de personajes y situaciones de los mitos y leyendas celtas aclara que las personas son tanto individuos como miembros de una cultura. Leer mitos hoy puede inspirarnos, reconfortarnos, enseñarnos y hacernos reír.

Aunque es fácil obviar la mitología por considerarla demasiado fantasiosa, leer sobre las historias de antaño puede ayudarnos a comprender aún mejor la historia. Así que no tenga miedo de seguir leyendo sobre mitología celta para comprender realmente lo que significa ser humano.

Vea más libros escritos por Enthralling History

Obras citadas

(IrishMyths.com), Publicado por I. E. "Were There Female Druids?". *Irish Myths*, 14 de enero de 2023, https://irishmyths.com/2022/04/29/female-druids/

17, marzo, et al. "Who Was St. Patrick?". *Diocese of St. Augustine*, 17 de marzo de 2022, https://www.dosafl.com/2022/03/17/who-was-st-patrick/?gclid=Cj0KCQjw8qmhBhClARIsANAtbocCRKLcgJRz8Y3uxPcO0sbIpQw9mInJbddIQf8WB75s2tV7PriTT1gaAuMZEALw_wcB

"8 Facts about the Celts". *History.com*, A&E Television Networks, https://www.history.com/news/celts-facts-ancient-europe

"Abhartach". *Wikipedia*, Fundación Wikimedia, 6 de febrero de 2023, https://en.wikipedia.org/wiki/Abhartach

"Ancient Celtic Women". *Wikipedia*, Fundación Wikimedia, 14 de marzo de 2023, https://en.wikipedia.org/wiki/Ancient_Celtic_women

"Ancient Celts Embalmed Enemy Heads as Trophies". *Nature News*, Nature Publishing Group, 9 Nov. 2018, https://www.nature.com/articles/d41586-018-07375-0

"AOS SÍ". *Wikipedia*, Fundación Wikimedia, 14 de marzo de 2023, https://en.wikipedia.org/wiki/Aos_S%C3%AD#:~:text=Aos%20s%C3%AD%20(pronounced%20%5Bi%CB%90s%CB%A0%20%CB%88%CA%83i%CB%90,comparable%20to%20fairies%20or%20elves

"Balor". *Encyclopedia Britannica*, Encyclopedia Britannica, Inc., https://www.britannica.com/topic/Balor

"Beliefs, Practices, and Institutions". *Encyclopedia Britannica*, Encyclopedia Britannica, Inc., https://www.britannica.com/topic/Celtic-religion/Beliefs-practices-and-institutions

Bhagat, septiembre 20. "The Origins and Practices of Mabon". *Boston Public Library*, https://www.bpl.org/blogs/post/the-origins-and-practices-of-mabon/

Bisdent. "Epona". *World History Encyclopedia*, Https://Www.worldhistory.org/#Organization, 2 de abril de 2023, https://www.worldhistory.org/article/153/epona/

"Brigid". *Wikipedia*, Fundación Wikimedia, 7 de febrero de 2023, https://en.wikipedia.org/wiki/Brigid.

"Cailleach - Irish Goddess of the Winter & Her Trail in Ireland". *IrishCentral.com*, 4 de enero de 2023, https://www.irishcentral.com/travel/best-of-ireland/cailleach-irish-goddess-winter-trail-ireland#:~:text=The%20Cailleach%20is%20the%20goddess,we%20celebrate%20today%20as%20Halloween

"Cailleach". *Wikipedia*, Fundación Wikimedia, 5 de marzo de 2023, https://en.wikipedia.org/wiki/Cailleach

"Canola (Mythology)". *Wikipedia*, Fundación Wikimedia, 14 de abril de 2022, https://en.wikipedia.org/wiki/Canola_(mythology)#:~:text=In%20Irish%20mythology%2C%20Cana%20Cludhmor,stroll%20to%20clear%20her%20head

Cartwright, Mark. "Ancient Celts". *World History Encyclopedia*, https://www.worldhistory.org/#Organization, 5 de abril de 2023, https://www.worldhistory.org/celt/

Cartwright, Mark. "Cernunnos". *World History Encyclopedia*, https://www.worldhistory.org/#Organization, 4 de abril de 2023, https://www.worldhistory.org/Cernunnos/#:~:text=Cernunnos%20was%20an%20ancient%20Celtic,a%20torc%20around%20his%20neck

Cartwright, Mark. "The Morrigan". *World History Encyclopedia*, https://www.worldhistory.org/#Organization, 3 de abril de 2023, https://www.worldhistory.org/The_Morrigan/#:~:text=Appropriately%2C%20then%2C%20all%20three%20goddesses,of%20which%20contains%20a%20serpent

"Celt Timeline". *World History Encyclopedia RSS*, https://www.worldhistory.org/#Organization, https://www.worldhistory.org/timeline/celt/

"Celtic Calendar". *Wikipedia*, Fundación Wikimedia, 30 de marzo de 2023, https://en.wikipedia.org/wiki/Celtic_calendar#:~:text=Among%20the%20Insular%20Celts%2C%20the,November%20in%20the%20modern%20calendar

"The Celtic Languages". *YouTube*, YouTube, 25 de diciembre de 2016, https://www.youtube.com/watch?v=ri1Vw3w1_10

"Celtic Metalwork Art (C.400 BCE - 100 CE)". *Celtic Metalwork Art: History, Characteristics of La Tene, Hallstatt Cultures*, http://www.visual-arts-cork.com/irish-crafts/celtic-metalwork-art.htm

"Celtic Religion - What Information Do We Really Have". *Celtic Religion - What Information Do We Really Have,* http://campus.murraystate.edu/academic/faculty/tsaintpaul/celtreli.html#BELIEFS%20IN%20CONNECTION%20TO%20CHILDREN

"Celtic Weapons: Art". *Celtic Weapons Art,* http://www.visual-arts-cork.com/cultural-history-of-ireland/celtic-weapons-art.htm

"Celts". *Wikipedia,* Fundación Wikimedia, 2 de abril de 2023, https://en.wikipedia.org/wiki/Celts

"CÚ Chulainn". *Wikipedia,* Fundación Wikimedia, 3 de abril de 2023, https://en.wikipedia.org/wiki/C%C3%BA_Chulainn#:~:text=C%C3%BA%20Chulainn%20(%2Fku%CB%90%CB%88,who%20is%20also%20his%20father

"CÚ Chulainn: The Legend of the Irish Hulk (Irish Mythology Explained)". *YouTube,* YouTube, 27 de abril de 2018, https://www.youtube.com/watch?v=GgHBGFL9v7s&feature=youtu.be

"The Dagda". *Wikipedia,* Fundación Wikimedia, 5 de marzo de 2023, https://en.wikipedia.org/wiki/The_Dagda

Daly, Zoë "Who Is Ériu, the Patron Goddess of Ireland?". *Ériu,* Ériu, 21 de septiembre de 2022, https://eriu.eu/blogs/learn/eriu-patron-goddess-of-ireland

Dhruti Bhagat. Abril 30. "The Origins and Practices of Holidays: Beltane and the Last Day of Ridván". *Boston Public Library,* https://www.bpl.org/blogs/post/the-origins-and-practices-of-holidays-beltane-and-the-last-day-of-ridvan/#:~:text=Beltane%20is%20a%20Celtic%20word,well%20as%20increase%20their%20fertility

Dhruti Bhagat. Junio 18. "The Origins and Practices of Litha". *Boston Public Library,* https://www.bpl.org/blogs/post/the-origins-and-practices-of-litha/#:~:text=The%20Celts%20celebrated%20Litha%20with,the%20bonfires%20for%20good%20luck.&text=Other%20European%20traditions%20included%20setting,into%20a%20body%20of%20water

Did Iron Age Celts Really Hunt Wild Boar (Sus Scrofa)? - Jstor.org. https://www.jstor.org/stable/pdf/20557283.pdf

Dorn, Lori. "The Mythology behind the Royal Fairies of Celtic Lore". *Laughing Squid,* 13 de junio de 2022, https://laughingsquid.com/supernatural-fairies-of-celtic-lore/#:~:text=The%20fairies%20of%20Celtic%20traditions,real%20ancient%20inhabitants%20of%20Ireland

"Druid". *Encyclopedia Britannica,* Encyclopedia Britannica, Inc., 15 de febrero de 2023, https://www.britannica.com/topic/Druid

"Dullahan: The Headless Horseman of Irish Folklore - (Irish/Celtic Mythology Explained)". *YouTube*, YouTube, 14 de enero de 2019, https://www.youtube.com/watch?v=NEUCF-AA5WM

"Epona". *Encyclopedia Britannica*, Encyclopedia Britannica, Inc., https://www.britannica.com/topic/Epona

"Exploring Celtic Mythology: Children of Lir". *YouTube*, YouTube, 18 de junio de 2018, https://www.youtube.com/watch?v=hROVjj0fX84

"Farming in Celtic Britain". *Roman Britain*, 26 de enero de 2023, https://www.roman-britain.co.uk/the-celts-and-celtic-life/farming-in-celtic-britain/

Fergus. "Tobernalt Holy Well, Sligo History". *The Irish Place*, 16 de febrero de 2020, https://www.theirishplace.com/heritage/holy-wells/tobernalt-holy-well-sligo-history/

"Fomorians". *Wikipedia*, Fundación Wikimedia, 27 de diciembre de 2022, https://en.wikipedia.org/wiki/Fomorians

Gill, N.S. "Boudicca: A Mother's Revenge or Celtic Society's Laws?". *ThoughtCo*, ThoughtCo, 12 de agosto de 2018, https://www.thoughtco.com/celtic-marriage-laws-4092652

"Glas Gaibhnenn". *Wikipedia*, Fundación Wikimedia, 4 de enero de 2023, https://en.wikipedia.org/wiki/Glas_Gaibhnenn#:~:text=Glas%20Gaibhnenn%20(Irish%3A%20Glas%20Gaibhnenn,yields%20profuse%20quantities%20of%20milk

"Goibniu". *Wikipedia*, Fundación Wikimedia, 10 de octubre de 2022, https://en.wikipedia.org/wiki/Goibniu

hawk99. "History of Bees and Beekeeping - Bedtime History". *Bedtime History - Educational Stories, Podcasts, and Videos for Kids & Families*, 5 de octubre de 2022, https://bedtimehistorystories.com/history-of-bees-and-beekeeping/

"Imbolc". *Wikipedia*, Fundación Wikimedia, 6 de marzo de 2023, https://en.wikipedia.org/wiki/Imbolc

"Ireland in the Bronze Age". *Study.com | Take Online Courses. Earn College Credit. Research Schools, Degrees & Careers*, https://study.com/academy/lesson/ireland-in-the-bronze-age-life-houses-facts.html#:~:text=The%20average%20person%20in%20Bronze,break%20than%20any%20stone%20axes

"Irish Legends: Aine the Goddess Who Took Revenge on a King". *IrelandInformation.com*, https://www.ireland-information.com/irish-mythology/aine-irish-legend.html

Irish Monasticism, http://www.earlychristianireland.net/Specials/Irish%20Monasticism/

"Irish People". *Wikipedia*, Fundación Wikimedia, 3 de abril de 2023, https://en.wikipedia.org/wiki/Irish_people

"Iron Age People: Celts". *Ask about Ireland*, https://www.askaboutireland.ie/learning-zone/primary-students/subjects/history/history-the-full-story/irelands-early-inhabitant/iron-age-people-celts/

Jaideep.krishnan. "The Arrival of Christianity in Ireland: The Romans and Saint Patrick". *Wondrium Daily*

Liao, Jenny. "Introduction to the Gaelic Languages: Glossika Blog". *The Glossika Blog*, The Glossika Blog, 3 de mayo de 2018, https://ai.glossika.com/blog/introduction-to-the-gaelic-languages

"Linguistics". *Exploring Celtic Civilizations*, https://exploringcelticciv.web.unc.edu/linguistics/

"Lugh". *Wikipedia*, Fundación Wikimedia, 10 de marzo de 2023, https://en.wikipedia.org/wiki/Lugh

"Lughnasadh". *Wikipedia*, Fundación Wikimedia, 30 de marzo de 2023, https://en.wikipedia.org/wiki/Lughnasadh

"Milesians". *Encyclopedia Britannica*, Encyclopedia Britannica, Inc., https://www.britannica.com/topic/Milesians

"Monastic City". *Glendalough, Co. Wicklow, Ireland*, 20 de abril de 2020, https://glendalough.ie/heritage/monastic-city/

Moody, Sabrina. "Meanwhile, in Ireland: Ostara". *The Comenian*, https://comenian.org/7527/news/meanwhile-in-ireland-ostara/

"Morrigan: The Fearless Celtic Goddess of War". *ConnollyCove*, 7 de marzo de 2023, https://www.connollycove.com/morrigan-goddess-of-war/#:~:text=Ancient%20mythology%20tells%20us%20that,dressed%20in%20a%20red%20cloak

"Muiredach's Cross". *Muiredach's Cross, the West Cross and the North Cross at Monasterboice*, http://www.megalithicireland.com/High%20Cross%20Monasterboice.htm

"Ogham". *Wikipedia*, Fundación Wikimedia, 23 de marzo de 2023, https://en.wikipedia.org/wiki/Ogham

O'Hara, Author Keith. "Dearg Due (Female Vampire): Irishman's 2023 Tale". *The Irish Road Trip*, 4 de enero de 2023, https://www.theirishroadtrip.com/dearg-due/

O'Hara, Author Keith. "The Banshee: Origin + What It Sounds like (2023)". *The Irish Road Trip*, 4 de enero de 2023, https://www.theirishroadtrip.com/the-banshee/

"Oidheadh Chlainne Tuireann". *Oxford Reference*, https://www.oxfordreference.com/display/10.1093/oi/authority.20110803100247501;jsessionid=E2B24DF9A20D347AA296ED414F8291EA

O'Neill, Brian. "Celts Arrive in Ireland - Iron Age Period - History of Ireland". *Your Irish Culture*, 1 de abril de 2023, https://www.yourirish.com/history/ancient/the-celts#:~:text=When%20the%20Celtic%20culture%20did,kingship%2C%20kingdoms%2C%20and%20power

"Pagan or Christian? Burial in Ireland during the 5th to 8th Centuries". *Home*, https://www.taylorfrancis.com/chapters/edit/10.4324/9781315087269-9/pagan-christian-burial-ireland-5th-8th-centuries-ad-brien-elizabeth

"Palladius (Medieval Ireland)". *Whatwhenhow RSS*, http://what-when-how.com/medieval-ireland/palladius-medieval-ireland/

"Pelagius". *Encyclopedia Britannica*, Encyclopedia Britannica, Inc., https://www.britannica.com/biography/Pelagius-Christian-theologian

"Pliny the Elder". *Encyclopedia Britannica*, Encyclopedia Britannica, Inc., https://www.britannica.com/biography/Pliny-the-Elder

Published by Tori On 9th August 2019. "All about Celtic Weddings- History, Handfasting and More! ★ Unconventional Wedding". *Unconventional Wedding*, 3 de abril de 2023, https://unconventionalwedding.co.uk/celtic-weddings-history-handfasting-and-more/

"PÚCA". *Wikipedia*, Fundación Wikimedia, 25 de marzo de 2023, https://en.wikipedia.org/wiki/P%C3%BAca#:~:text=The%20p%C3%BAca%20(Irish%20for%20spirit,hinder%20rural%20and%20marine%20communities

Quinn, Eimear. "Irish Language Guide". *Wilderness Ireland*, 31 de marzo de 2022, https://www.wildernessireland.com/blog/irish-language-guide/

"Sacred Grove". *Wikipedia*, Fundación Wikimedia, 25 de marzo de 2023, https://en.wikipedia.org/wiki/Sacred_grove#:~:text=The%20Celts%20used%20sacred%20groves,Druids%20oversaw%20such%20rituals

"Saint Patrick". *Wikipedia*, Fundación Wikimedia, 28 de marzo de 2023, https://en.wikipedia.org/wiki/Saint_Patrick

"Samhain". *Wikipedia*, Fundación Wikimedia, 16 de marzo de 2023, https://en.wikipedia.org/wiki/Samhain

"Shield: British Museum". *The British Museum*, https://www.britishmuseum.org/collection/object/H_1857-0715-1

"Sluagh". *Emerald Isle Irish and Celtic Myths, Fairy Tales and Legends*, https://emeraldisle.ie/sluagh

"St Patrick's Purgatory". *Wikipedia*, Fundación Wikimedia, 12 de marzo de 2023, https://en.wikipedia.org/wiki/St_Patrick%27s_Purgatory#:~:text=had%20substantial%20proof.-,St.,believe%20all%20that%20he%20said

"The Story of Tír Na Nóg". *YouTube*, YouTube, 12 de febrero de 2018, https://www.youtube.com/watch?v=cSp-ihnpJ64

"Strabo". *Encyclopedia Britannica,* Encyclopedia Britannica, Inc., https://www.britannica.com/biography/Strabo

Thompson, Chris. "Pleasing the 'King-of-Bling!". ~ Notes on the Tasks of the Sons of Tuireann". *Pleasing the "King-of-Bling!" ~ Notes on the Tasks of the Sons of Tuireann - Story Archaeology,* 4 de mayo de 2014, https://storyarchaeology.com/pleasing-the-king-of-bling-notes-on-the-tasks-of-the-sons-of-tuireann/

"Traditional Irish Fishing Methods". *National Museum of Ireland,* https://www.museum.ie/en-IE/Collections-Research/Folklife-Collections/Folklife-Collections-List-(1)/Fishing-and-Hunting/Traditional-Irish-fishing-methods#:~:text=Traps%20made%20of%20wicker%20or,salmon%20took%20place%20under%20licence

"Tír Na Nóg". *Wikipedia,* Fundación Wikimedia, 4 de febrero de 2023, https://en.wikipedia.org/wiki/T%C3%ADr_na_n%C3%93g

"Wheel of the Year". *Wikipedia,* Fundación Wikimedia, 1 de abril de 2023, https://en.wikipedia.org/wiki/Wheel_of_the_Year

"Who Were the Celts?". *Museum Wales,* https://museum.wales/articles/1341/Who-were-the-Celts/#:~:text=Where%20did%20the%20Celts%20come,and%20into%20the%20Czech%20Republic

World, Author Irish Around The. "Top 20 Irish Celtic Symbols and Their Meanings Explained". *Irish Around the World,* 19 de enero de 2022, https://irisharoundtheworld.com/celtic-symbols/

Segunda Parte

Las fuentes se utilizaron entre enero de 2022 y febrero de 2022

Guía de la mitología mundial para idiotas

https://www.worldhistory.org/mythology/ 1/27/2022

https://www.worldhistory.org/Ancient_Celtic_Religion/ 1/9/2022

https://www.bbc.co.uk/religion/religions/paganism/history/spiritualhistory_1.shtml#h2 1/9/2022

https://www.paganfederation.org/what-is-paganism/ 1/15/2022

https://symbolsage.com/celtic-mythology-overview/ 1/20/2022

https://owlcation.com/humanities/Celtic-Mythology-Myths-of-the-Ancient-World 1/20/2022

https://www.learnreligions.com/gods-of-the-celts-2561711 1/18/2022

https://onthescreenreviews.com/2012/09/25/mythology-in-movies-the-celts/ 1/27/2022

https://www.historic-uk.com/HistoryUK/HistoryofEngland/Robin-Hood/ 2/14/2022

https://www.thegamer.com/best-games-inspired-celtic-mythology/

https://media.ireland.com/en-us/news-releases/local/united-states/assassin%E2%80%99s-creed-valhalla%C2%AE-takes-gamers-on-a-virtu 2/22/2022

https://irishmyths.com/2021/04/15/irish-graphic-novels/ 2/22/2022

https://www.irishcentral.com/roots/irish-myth-children-lir-swan-lake 1/20/2022

https://www.worldhistory.org/Samhain/

https://www.irishtimes.com/life-and-style/abroad/how-tales-of-the-headless-horseman-came-from-celtic-mythology-1.4060086 1/20/2022

https://www.irishcultureandcustoms.com/ACalend/Dullahan.html 1/20/2022

https://folklorethursday.com/folktales/farming-in-british-folk-tales-respect-or-revenge/

https://www.askaboutireland.ie/reading-room/history-heritage/folklore-of-ireland/carlow-folklore/the-story-of-mad-sweeney/the-children-of-lir/ 1/20/2022

https://www.wildernessireland.com/blog/irish-myths-legends-children-of-lir/ 3/10/2022

https://bardmythologies.com/ 4/23

https://www.celtic-weddingrings.com/celtic-mythology

https://seawitchbotanicals.com/

https://emeraldisle.ie/irish-fairy-tales 5/5/2022

https://mythopedia.com/topics/cailleach 1/20/2022

https://owlcation.com/humanities/TheCailleach

https://weewhitehoose.co.uk/study/the-cailleach/

https://folklorethursday.com/myths/the-cailleach-irish-myth/

https://www.livescience.com/26341-loch-ness-monster.html

https://mythology.net/mythical-creatures/loch-ness-monster/

https://www.historic-uk.com/CultureUK/The-Kelpie/

https://celticcanada.com/scotlands-ghost-trail/

https://www.connollycove.com/the-legend-of-the-selkies/

https://www.irishcentral.com/travel/best-of-ireland/cailleach-irish-goddess-winter-trail-ireland 1/20/2022

https://www.scotland.org/features/scottish-myths-folklore-and-legends 4/1/2022

https://www.scotclans.com/pages/the-loch-ness-monster

http://www.nessie.co.uk/htm/searching_for_nessie/search2.html

https://www.mysteriousbritain.co.uk/

https://theroseandthethistle.com/2019/09/29/the-ghost-piper-of-duntrune-castle2/

https://spookyscotland.net/nine-maidens/
https://www.worldhistory.org/The_Morrigan/ 1/9/2022
https://www.worldhistory.org/Leprechaun/
https://mythopedia.com/topics/aengus
https://mythologysource.com/aengus-irish-god-youth/
https://brehonacademy.org/aengus-og-the-irish-god-of-love/
https://mythopedia.com/topics/brigid
https://bardmythologies.com/macha/
https://www.wildernessireland.com/blog/irish-folklore-fairies/ 1/20/2022
Wilkinson, Philip and Neil Philip. Mythology. DK Publishing: New York: 2007.
https://credoreference.libguides.com/c.php?g=139766&p=915787 1/30/2022
https://www.celtic-weddingrings.com/celtic-mythology/legend-of-the-banshee
https://www.worldhistory.org/britain/
https://www.english-heritage.org.uk/learn/story-of-england/prehistory/religion/
https://religionmediacentre.org.uk/news/stonehenge-a-neolithic-cathedral-a-healing-place-or-a-memorial-to-ancestors/
https://www.connollycove.com/banshee/